同行

中国式家长『自救』手册

魏迎娣 著

文匯出版社

图书在版编目（CIP）数据

同行：中国式家长“自救”手册 / 魏迎娣著 . —
上海：文汇出版社，2022.7
ISBN 978-7-5496-3732-4

Ⅰ. ①同… Ⅱ. ①魏… Ⅲ. ①家庭教育 - 案例 - 中国
Ⅳ. ① G78

中国版本图书馆 CIP 数据核字（2022）第 094573 号

同行：中国式家长“自救”手册

著　　者　魏迎娣
责任编辑　徐曙蕾
装帧设计　高静芳

出版发行　文匯出版社
　　　　　上海市威海路 755 号
　　　　　(邮政编码 200041)

照　　排　南京理工出版信息技术有限公司
印刷装订　上海颛辉印刷厂有限公司
版　　次　2022 年 7 月第 1 版
印　　次　2024 年 5 月第 4 次印刷
开　　本　890 × 1240　1/32
字　　数　220 千
印　　张　11.5

ISBN 978-7-5496-3732-4
定　　价　58.00 元

序

魏迎娣老师是我的师姐。接到魏老师写序的邀约时，我的心中首先升腾起来的是无比的敬佩。

我知道要潜下心来写一本书真不是一件容易的事，需要投入大量的时间和精力。魏老师在忙碌的工作之余用心写作，每周5000字，最终积累为这22万字的书稿，这份聚沙成塔的坚持让我由衷敬佩。

敬佩之余，我的内心也有很多忐忑："自己并非知名人士，够资格吗？我能写好吗？别给师姐拖了后腿。"在魏老师的信任和鼓励下，我决定一试。写序的过程是向魏老师学习的过程，同时对自己也是一次鞭策——实现梦想，就从一点一滴的积累开始。

收到书稿，我迫不及待地拜读起来。这本书最打动我的是魏老师的**真诚**。读这本书，你就好像是和一位真诚的朋友聊天，她带着一份热心与善意坐在沙发上，如果你愿意，可以走过去和她聊聊，她很乐意倾听你的倾诉，她也会开诚布公地和你交流她的感受和想法，还会分享很多她和儿子之间发生的故事，既有成功的经验，也毫无保留地把曾经的一些"教训"和反思说与你听。她是如此真诚地不计任何回报地希望这些可以帮助到你，帮助到更多的人。我想正是魏老师书里书外一贯的真诚，所以才有这么多家长愿意向她寻求帮助吧。

这本书，没有心理学家的高谈阔论，没有专家枯燥乏味的讲解，50篇来自生活中的小故事，是那样的**真实**。学习、作业、兴趣班、青春期叛逆、隔代养育、早恋、零花钱……每一个话题都真实而鲜活地在我们身边发生着，故事里的家长所说的话，可能也曾从我们的口中说出过。

书中有一个故事，我印象特别深刻。一个初中女孩说“世界上最难的事就是得到我爸妈的认可”，这让我想到给初中生上心理课的时候，也有学生哽咽着说父母总是打击自己，于是我问大家：“有多少同学有类似的感受？”我看到大部分同学都举起了手。但很多家长却对自己的“杀伤力”毫不知情。在这本书里，每个故事后面的“自问自答”环节，是魏老师精心设计的“自省”提问，它就像一面镜子，让家长照见真实的自己。

虽然魏老师谦虚地说自己不是“专家”，但她总能从一个个普通的小故事中提炼出诸多教育的**真义**，这是这本书非常精彩而富有智慧的地方。正如书中“一颗土豆引发的故事”那样，我们父母可能常常纠结在一些表面的问题上，却没有抓住问题背后真正的本质，而书中却通过你来我往的对话，抽丝剥茧，帮助我们看到“表面问题”背后的“核心与本质”，那才是“真义”所在。

由于自己曾经在高校从事过十年的心理教育工作，看到过不同教育方式培养出来的孩子是怎样的，特别是很多父母眼中很优秀的孩子，却在大学里出现沉迷游戏、挂科、留级、退学等各种问题，甚至选择结束生命，这些让人痛心的案例让我对魏老师书中所提炼出来的真义心有戚戚焉。就比如这本书中很多故事背后都有这样一条真义：“教育不能只盯着眼前，眼光要放长远。”我想每一位家长都希望自己的孩子成为一个自信、自立、自主，对世界抱有好奇，对学习抱有兴趣的人，但我们教育孩子的方式——催促着孩子在自己眼皮底下完成各项功课，盯着孩子不让他玩手机，接管孩子的生活让孩子只要好好学习就行……这样做真的能够支持这个目标吗？当然我也能理解父母的焦虑，毕竟当我们看到自己孩子和“别人家孩子”有差距时，或者是当我们接到老师的“投诉”电话时，很难还能保持淡定。但如果你能抓住“长期效果”这条真义，常常问自己“我这样做，从长远来看会起到怎样的效果”，你就不会被眼前的“挑战”所带偏。

书中，魏老师对案例的讨论非常深入，其中的真义值得我们细细品味。我想魏老师之所以在教育儿子时能保持那份气定神闲，也是因为她把握住了教育最本质的东西。

除了“真义”，魏老师还毫无保留地传授了很多接地气的“**真经**”，这恐怕是家长们最需要的。当孩子对学习失去兴趣时，当孩子坐不住总是跑来跑去时，当孩子冲我们发脾气时，当孩子总爱丢三落四时……面对这诸多问题，家长如果没有工具和方法，是很难真正去实践教育的真义的。赋权、鼓励、看见、示弱、注重解决问题……魏老师将这些经受过实践检验的“真经”倾囊相授，每个故事后面的“自救策略”部分都提供了具体、可操作的方法。

你还可以从故事的对话描写中，学习到怎样和孩子沟通，这个部分，魏老师可是做了很多非常棒的示范。

读完这本书，我受益良多，脑海中回想起来的是魏老师分享的自己做“勤奋妈妈”的一个例子：攻读在职研究生的两年里没有缺课一次，即使摄氏三十八九度高温或者大雪天都坚持上课。她用自己的身体力行告诉我们，最好的家庭教育就是让自己成为孩子的榜样。

做勤奋的父母，而不做勤快的父母，这句话很精辟。希望“勤奋父母”的队伍里，也有你同行。

北京大学发展心理学专业硕士

国家二级心理咨询师

系统式家庭治疗专业受训咨询师

傅　莉

2022年1月3日

诞生记（自序）

我对书，充满敬畏心和仰慕情。从小，我就喜欢看书，一看就入迷。因为看书，多次把饭做煳；因为看书，经常忘了其他要做的事。直到现在，依然会一捧读，就进入忘我的境地，无论是在行进的车上，还是在安静的桌前。书，带给我的，不仅有知识，还有快乐、启迪、思考、成长和富足……总之，书在我心里，有着极高的地位。所以，尽管我也算是“笔耕不辍”多年，但从未生出自己写书、出书的心。

最先被勾起这“心”，是起于一个朋友的“调动”。大约2006年，他女儿叛逆期遇到困扰，我给了他一些帮助，后来他就经常和我讨论亲子教育的话题。不记得什么时候，他突然说：“你应该写书，这样可以帮到很多人。像我这样的家长肯定不少，我们并不知道怎么教育孩子。”听他这么说，我吃了一惊，问道：“真的吗？你觉得我可以写书？你觉得我们讨论的内容对你有帮助？”他肯定地回答：“当然！”

虽然朋友很肯定，但我觉得这只是他的客套话。就算朋友有真实感受，我觉得也是因为他缺乏亲子教育方面的知识，才会觉得我“厉害”，可实际上我并非专职的咨询师、教师或从业者。我只是本科学青少年教育，后来拥有国家二级心理咨询师资质的一个家长，多年来愿意用所学知识，学以致用地看待问题、发现问题、解决问题，注意对自己的生活、工作和家庭教育不断实践、不断提炼总结而已；遇到有人咨询，根据自己所学和实际经验，谈点看法而已。我不求能帮人多大忙，只想力所能及为他人多打开一扇看世界的窗。我何德何能妄谈写书呢？但他给我最大的鼓励和启发是，确实有很多家长在育儿方面是“零基础”，也没意识到“做家长”还需要学习或接受培训。有的可能有意愿，但未必有机会接受相应的学习和培训。我毕业于青少年教育专业，有一些心理学知识，有些观点早已“内化”，认为是“毫无疑问”的，但很多家长可能“闻所未闻”。所以，我是可以做点什么的。

回想自己这一路走来，在家庭教育方面，确实积累了一些心得，实践了一些做法。如果写书，不求闻达，权当自我总结也是好的。

早在2003—2004年，儿子只有两三岁，我在学习国家二级心理咨询师课程的时候，就和《新金山报》编辑郁洁女士、罗幸先生共同策划，开设了“教育方程式”的八格漫画栏目，把两个家庭对同一事例的不同处理方法，以文字加漫画的形式加以呈现，让家长发现其中的不同，用直观的方式看见不同教育方式的效果。那是我最早的“学以致用”的尝试。

后来，随着儿子长大，我不断积累自己亲子教育方面“学以致用”的经验。有越来越多的朋友和我讨论亲子教育的话题，推动我学习了更多，思考了更多，也积累了更多。

2012年9月—2016年6月，儿子初中四年时间，我一边继续用自己的所学，种儿子这块“实验田”，一边尽己所能，帮助一些寻求帮助的人。其中有个案咨询的，有与朋友聊天的，也写一些亲子教育的豆腐块文章，尝试做一些亲子教育的讲座。而这些实践，又促使我读了更多亲子教育和心理学的书。所谓教学相长，大抵如此吧。

2016年9月—2019年6月，是儿子的高中阶段。因为之前对他的培养结果经历了中考的检验，我对自己的教育理念、方法越来越有信心。因为儿子高中阶段住校，原本以为会很少参与家校互动了，没想到，机缘巧合，我却倾注了非常多的时间和精力在家校互动方面，加深了我和亲子教育之间的关联。也是因着这段经历，我接触到了更多的家庭、家长，接触到了更多家庭教育鲜活的案例和真实的烦恼。反观自己十几年来“学以致用”的家庭教育方法，恍然发现，自认为“简单”“理应如此”的很多想法和做法，居然很多家长从来没这么想过。也有不少家长在听讲座、微信聊天或面谈后，会问：“您有书吗？可以带回家慢慢消化，和家人一起看。”这时候，我会再次想起多年前朋友说的应该写书的话，原来那不是他一个人的想法。

被问得多了，我就不知不觉问自己：“我真的可以出书吗？”不断被各种声音鼓励后，自己开始“信以为真”。儿子高二那年，我和他相约，高考，他用考进心仪的大学作为12年受教育的一个阶段性总结，我用一本关于家庭教育的书作为对他18年养育的一个阶段性总结，既是对过往的总结，更是给自己树立一个目标。

树立目标是容易的，实现目标就没那么容易了。自从树立这个目标后，我就更多地阅读家庭教育和心理学方面的书籍，期望给自己“助力”。却发现，越读越不敢提笔，越觉得自己的贫乏和无知，越觉得这些理念和方法早就有那么多人阐述过了，我干吗还去写书，既无法比人家写得更好、更专业，又没有人家有名气，何苦“贻笑大方”或“自讨苦吃”？一度就这么自卑地放弃了这个目标。

虽然，朋友还是会不断地“逼问”：“什么时候开始写书啊？”虽然儿子如愿考进了复旦大学，问我：“妈妈你的书呢？”虽然因为儿子高考的优异表现，很多人请我分享经验，追问“有书吗？让更多人看到好的家庭教育方法”，但我依然没有下决心写这本书。因为，我真的没想明白，为什么要写这本书，怎么写这本书，这本书写给谁看。

直到我想明白，我写的不是一本书，甚至这不是我写的，我只是一个整理者，把这么多年亲身经历的亲子关系的“课题”，家长们分享给我的“话题”，听众提出的“问题”，通过自己的思考和梳理，呈现出来。我也知道，很多心理学方面的书籍会有些艰涩，或者理论性强，让很多家长望而却步。而很多家长或孩子，并非是“有病”，并非需要“治疗”，他们只要了解一些相关知识，就能“治未病”，或者“自我保健”。就好比我们不是医生，无需读那么多医学书籍，但一点也不影响我们掌握一些有利于身心健康的知识，从而让我们更健康一样。想到这里，我豁然开朗，明白了自己为什么要写这本书，写给谁看，以及这将是一本怎样的书。

这不是一本指导大家怎么做的“教科书”，我也不是高高在上的“教育者”。这更不是一本“做学问”的“专业书”，我也不是“做学问”的“研究者”。这是一本成长手册，我和读者一样，是普通而独特的家长，我家孩子也和你们的孩子一样，是普通而独特的孩子。这是一本“自救”手册，因为，我觉得“家庭教育”的过程其实是个“自我教育”“自我救赎”的过程。同时，我也发现，凡是与我交流的家长，往往都是认为孩子“有问题”，他们“没办法”，他们渴望得到某种“灵丹妙药”，好让孩子“药到病除”。可实际上，每个家庭的教育难题，终究还要靠自己解。很多时候，家长希望“救救孩子吧”，归根结底还是一场“自救”，需要得到帮助和“救赎”的，首先是家长。所以，我先想到了“中国式家长‘自救’手册”的题目，后来，又想到用“同行”作为主标题。这里有三层意思。首先，我认为，父母与孩子，并非教育者和受教育者，而是同行者；其次，我认为，很多家长和我都是同行者，你们可能会在字里行间看到熟悉的影子；第三，我认为，有些读者，可能不仅仅是家长，还可能和我一样，兼具着教育工作者、社会工作者、心理学爱好者等多重身份。自己的孩子早已长大成人，或者并不存在困扰的问题，但愿意为更多的家庭和孩子力所能及地做些事，那我们就是志同道合的“同行（háng）”。期望我们能有更多的共鸣和交流，能够实现共同的理想。

2020 年，新冠肺炎疫情突如其来，让很多家庭面临意想不到的考验。我也意外地接触到更多的求助，经历了深入的互动，再次感受到自己认为的“不是问题”，在别人那里真“就是问题”。也因着疫情，参加了傅莉师妹的亲子教育的线上读书会，历时3个月的学习和交流，再次坚定了我的信心。

于是，下定决心，给自己定一个目标：在自己的知天命之年，完成这本册子，并逐步清晰了这本册子的结构：从以往接触到的真实家庭教育的故事中，筛选出具有代表性的50个，每篇文章都分为“自述案例”“自救策略”和“自问自答”三部分。期望通过讲述故事的方式，带家长轻松阅读，产生共鸣，继而通过“自问自答”引起思考，从自身出发，自我觉察，发现自己的问题，同时找到自己的“自救策略”。

2021年7月，国家“双减”政策出台，家庭教育的责任进一步凸现，很多家长一下子有些无所适从，愈发焦虑。我多次就“双减”政策背景下家庭教育的主题，和家长们交流。很多家长和朋友，听说我正着手写此书，感慨我的“敏感”和“及时”，捕捉到了“热点”。我都如实相告，我不会“神机妙算”，也无意捕捉什么“热点”，我只是遵从内心，做了认为值得做的事、可以做的事而已。正如对孩子的教育一样，我们只要抱持一颗“守正固本”的心，放眼孩子整个人生的长度，去发现、培育和创造真善美，一切便会如清风徐来花自开般美好、自然、恰到好处、水到渠成。

感谢儿子，不仅用他的成长提供了很多故事素材，还不断鼓励我：“万事开头难，只要开始写了，就总能完成……”感谢丈夫一直以来的默默支持、默契配合和鼎力相助。

感谢杨海先生不厌其烦地逼问我“啥时候写书啊”，感谢陈荣先生再三对我说“你应该做点什么，我们这样的家长很需要”，感谢时海芳女士和李平女士对我的信任和帮助。

感谢翁杨女士和潘任杰先生在天平路一家餐厅与我一起商议本书的相关事宜；感谢翁杨女士让我担任《新金山报》的《小城聊吧》专栏作者，使我有了近 20 年笔耕的园地；感谢罗幸先生多年来的提携和鼓励，并担任了本书有实无名的“志愿编辑”；感谢傅莉师妹拨冗审阅书稿、撰写序言；感谢潇墨同学，参与了封面设计的构想；感谢文汇出版社每一位为此书付出辛勤劳动的工作人员；是你们，让我送给自己的五十岁礼物，有了如此美好的呈现。

感谢每一位问过我“您有书吗”的朋友或偶遇者，感谢每一位找我咨询的家长和朋友，感谢每一位鼓励过我“你可以”的有缘人，感谢每一位同意我把他们的案例放进书里的家长，感谢每一位给了我启发和力量的同行者。

此书于我，犹如另一个孩子。故以“诞生记”代为自序。

目 录

老爸，我数学考了第一

自述案例

朋友正在和我讲述他宝贝儿子的近况，他儿子的电话就来了。隔着一米距离，我都听到了孩子兴冲冲的声音：“老爸，我数学这次考了全班第一！”朋友很平淡地说：“嗯，我知道了。”听上去准备立即挂电话，但手机里传来孩子急促的声音：“你之前说好的……”朋友说：“我知道了，知道了，回头再说。”感觉上想赶紧挂电话。孩子急促的声音又传了过来：“不能回头再说，你说好的考到第一名就奖励我 500 元的，什么时候给？”朋友才回过神似的：“哦，你说的是这个呀。我知道了，回头再说。”电话挂了。

我虽然万般焦急，觉得怎么能这样对待孩子呢，但又有些庆幸，这个电话是在我面前打的，让我能“抓个现行”。

朋友的儿子刚上高一，16 岁。之前，从初二开始，就陆续表现出青春期的各种言行。朋友苦恼不已，多次找我交流。因此，他家孩子的情况，以及朋友和孩子沟通的状况，我还是比较了解的。

初中的后两年，朋友不断尝试改变自己的沟通方式，亲子关系得到很大改善，孩子的学习成绩也不断提高。虽然孩子中考时未能如愿进自己心仪的学校，但好转的亲子关系和学习状态，让朋友还是欣慰很多。

孩子进了这个学校，虽然不是心仪的，却因为高分，成了班长，仿佛一下子对自己的要求高了很多，无论是学习成绩还是作息习惯。

我对朋友说，获得以前不曾获得过的荣誉或者地位，会产生极强的满足感、成就感和存在感。这样的体验，会带来极大的快感，所以孩子会想办法让自己更长久地体验到这样的快感。因此，要借势而为，把握好这个良好的开局和态势，高中三年可能会有意想不到的收获。因为，青春期的能量是巨大的，变化也会是巨大的。

朋友觉得很开心，说是和孩子约定了，如果这次考到第一名，就可以放宽孩子使用电子设备的时间，还会奖励500元。于是，就有了前面的那通电话。

我含笑听着朋友的讲述，说道：“不错啊，孩子果然考了第一名，说明你的方法是有效的。考到第一名，多么不容易啊，但好像你的反应很平淡啊。”

朋友一愣，然后说：“刚才他已经在微信里和我说了，我已经知道了。”

这下该我一愣了：“那说明你看见孩子考第一名的微信，并没有及时回应，不然，孩子怎么会又电话追过来呢？”

朋友嘟囔着说：“我想等晚上回去再说，而且，就是数学一门第一呀，又不是所有的功课都第一。”

我哭笑不得，对他说：“你的意思是，数学第一就不是第一喽，合着只有总分第一才是第一吗？那是不是只要总分不是第一，再多单科第一也没意义？”

他连忙说：“那倒不是，有一门第一，总是好的。关键是数学是他最好的一门功课，得第一不稀奇。”

我一听，更加来火了：“哪一门考第一都不容易！你考个第一名给我看看。你儿子虽然数学是学得最好的功课，但以前考过全班第一吗？据我所知，没有。这是多大的进步啊！你凭什么就认为他学得好的功课考第一就很容易呢？”

朋友默不作声了。

我继续说：“之前就和你说过，对孩子要多鼓励，除了多发现孩子的长处和优点，最重要的是看到有变化，就要及时肯定和鼓励。可是今天，你分明错过了一个非常需要及时肯定和鼓励的机会啊！孩子考了第一，兴冲冲地和你分享，如果我是你，一定无比激动地说，儿子，你太棒啦，居然考了第一名，厉害厉害！”

朋友插话道：“他急着告诉我，主要是为了让我兑现给他的奖励。”

我再次哭笑不得地说：“你呀你呀，真是不懂孩子啊。青春期孩子的得意，是不可能直接在父母跟前说的。他要奖励，就是变相地说‘怎么样？我做到了吧’，而你，那份平淡，多少也有一些‘不肯承认他胜利’的味道啊。”

朋友嘿嘿地笑了。

我放缓语气说：“青春期的孩子，挑战权威是一个非常典型的特征。而父亲，对男生来说，肯定是权威之一。所以，很多男生的挑战，都是从挑战父亲的权威开始的。而你作为父亲，要勇于接受挑战，积极肯定孩子的成长和进步。得到你的认可，会让他有更大的满足感和更强的自信心，会感受到尊重和信任，这对青春期的孩子来说，是很珍贵的。很多男生，就是因为总是得不到父亲的认可，才会低自尊，没有内驱力，觉得自己无论做多少，做多好，都得不到父母的认可，从而失去动力，破罐子破摔，心里想着‘反正我做什么都没用，反正你们就是觉得我不好’。”

朋友若有所思地说：“嗯，有道理，我知道了。我们父母的想法，总是希望他更好，就怕一夸，他就骄傲。”

我对朋友说：“想他更好的话，就必须先肯定他现在的好，不然，怎么变得更好呢？你还担心他骄傲呢，被你这么忽略和不认可，你担心的事肯定不会发生了，因为他以后能值得骄傲的事会越来越少，而不是越来越多。你有没有想过，要先让他变得越来越好，才会有机会骄傲啊！如果现在小小的骄傲，能让他变得更好，那这骄傲又未尝不可呢？”

我继续问朋友：“如果你辛辛苦苦替单位做了一项工作，获得了上级单位评比的第一名，你兴冲冲地去告诉你的领导，然后领导只是平淡地说，哦，好的，我知道了。你会是怎样的心情？会不会很失落？会不会觉得成绩和努力没被领导看见和重视？会不会影响你今后的工作热情？”

朋友立即说：“那肯定的。”

我说："对啊，如果领导非常激动地说，你太棒了，为单位争得了如此殊荣，太不容易了，我们要为你庆功。你是不是会很开心，而且可能会说，自己也没想到会得第一，多少也有点运气。其实还是可以做得更好的，有些地方还是有瑕疵的，还有提升的空间。我相信你会以更大的热忱投入今后的工作。同理可得，对孩子的进步，也是一样的呀。"

朋友频频点着头。我又说道，还有一个细节，我看得出，你几次三番急着想挂电话。如果你是因为正在和我说话，觉得和儿子的通话可以稍后再进行，那你就应该明确地告诉他，爸爸现在有事，不方便和你通话。你有什么急事吗？如果不是很急的事，回头爸爸方便的时候再打电话给你，或者我们晚上再说。这样的表达，有几层意思。首先，你及时回应了孩子，并没有简单粗暴地只说"回头再说"，那会让孩子感觉不到"拒绝"或者"不被重视"；其次，你告知了自己的不方便，让孩子有了边界感，知道每个人都有自己的独立时空，即使是最亲密的家人，也需要彼此尊重这种权利。再次，你向孩子示范了一个很好的回应和沟通的方式，以后孩子遇到类似事情，就不会不耐烦地说"回头再说"，然后挂掉电话。

朋友感慨地说，被你这么一说，感觉做父母，一言一行都是学问啊！以前从来没想那么多，做什么说什么都是出自自己的本能和惯性，或者自己的理解。现在看来，做父母太不容易了，还真得好好学习。

自救策略

- 对孩子的进步，有没有不能或者不肯及时认可和表扬？可以拿个本子，每天写至少一条孩子的进步，或者一件有趣的事，并且试着告诉孩子。记录自己一周里肯定或者表扬孩子的次数、频度。记录自己肯定或者表扬孩子距离其相应言行的间隔，是立即、当天、隔天，还是一周后。表扬和奖励一定要及时，越及时，激励效果越好。为什么那么多孩子喜欢玩游戏，很重要的一个原因就是游戏可以获得“及时奖励”，所以满足感极强。

- 孩子主动和家长沟通的时候，有没有不能抓住机会，反倒轻易错过或简单粗暴地拒绝？每次孩子主动和家长说话的时候，停下手中的事，看着孩子，认真地听孩子说话。如果接听电话，也要停下手中的事，不要以为电话只是听，看不见，其实自己的状态和语气，对方是完全可以在心里“看见”的，是能感觉到在认真听还是在敷衍。只有孩子说话的时候，你认真听了，以后你说话的时候，孩子才会认真听。如果你对孩子说话表示出不耐烦，那孩子迟早有一天，会对你说话表示出不耐烦。

- 每次处理问题的时候，想一下自己像孩子这么大的时候，是否遇到过类似的问题，当时父母是怎么处理的，自己的感受是怎样的。还可以用工作场景中领导对自己的态度，想象一下处于弱势的你的心理感受。

自问自答

➤ 你有没有在孩子兴冲冲和你说话的时候，脱口而出“好了好了，哪那么多话，赶紧写作业去”？

➤ 你有没有在孩子考出比以往好的成绩时，很不以为然地说“这有什么好高兴的，有本事考进前五名”；可当孩子真考了第五名的时候，又说“这有什么了不起的，有本事考个前三名”；当孩子真考了第一名，你又说“这有什么稀奇，有本事下次继续考第一名”？

➤ 你有没有在孩子得了体育比赛奖项的时候说过“就知道玩，不知道好好读书”之类的话？

➤ 你有没有在孩子打电话来的时候说过“我忙着呢，回头再说”之类的话？

➤ 你有没有在孩子要求兑现奖励的时候说过“这次就算了，再考出一次好成绩，一起奖励”之类的话？

不是车，打一字

自述案例

儿子上大二的时候，我们家庭聚会。上小学五年级的侄子，兴冲冲地过来对我说，他现在很厉害，掌握了一些猜字谜的方法，想出字谜给我猜，问我“敢不敢”，大有一副“一决高下”的架势。

我还没回答，弟弟在一旁先说话了：“那你不是撞枪口上了吗？二姑猜字谜很厉害的。”我倒是一愣，完全忘了自己曾经猜字谜很厉害，哈哈大笑着说：“那是以前，已经很久不练习了，而且年纪上去了，反应也慢了，未必能猜得过你。”

侄子将信将疑地看看他爸，又看看我，仿佛犹豫该听谁的。

“要不试一试？”我微笑着对侄子说，“说来听听啊，看看二姑的脑子是不是还好使。”小家伙在我的鼓励下，一连说了好几个字谜，我都一一猜出来了。弟弟在一边说：“看吧，我告诉你二姑猜字谜很厉害的吧。”我则给侄子讲着字谜的规律，为什么这么猜，然后云淡风轻地说了句：“知道了这些规律，就一点都不难了。”

这时，儿子突然对侄子说：“很失落，是不是？”侄子望着他点点头。儿子接着说：“我太清楚你的感受了。我到现在都记得，我小学四五年级的时候，就差不多你现在这么大，学校开始教猜字谜。我绞尽脑汁想到了一个，觉得特别厉害，特别好，就兴冲冲地跟我妈说，不是车，打一字。”

我有点惊讶了，我记得这事，但完全没想到儿子还记得，而且显然有很多我不知道的“内心戏”。儿子接着对侄子说：“你二姑秒回：辈！那一刻，我一边心里冒出四个字，惊为天人，一边在想，花了那么久时间想出来的字谜，她怎么一下子就猜出来了呢？心里有种说不出的沮丧和失落，她却在那里一个劲地讲什么秋千格、梨花格等猜谜的规律，就和刚才跟你说的那样。我心里有些气呼呼地想，谁要听你说这些！所以，我很理解你现在的感受。”

弟弟听着哈哈大笑，我却着实被惊到了，连忙问儿子：“那是不是让你很受打击，心里很难受？”儿子回答：“那当然，不然怎么会记这么久。想想看，小学的事情，记到了大学，而且以后肯定也不会忘了。你想想看，小学的事情，我能记住多少？”

被他这么一问，我心头一紧，心中一惊。有多少家长会想到，自己很随意的一句话，一个举动，孩子可能会记一辈子，对孩子的影响可能会很深远；有多少家长会想到，在你看来非常简单的一件事，孩子可能是费了很大劲才做到的；有多少家长会想到，孩子兴冲冲来和你分享成长的喜悦、发现的快乐，却被你一秒钟就毁灭了。

自救策略

☀ 不要立即给出答案，"秒杀"孩子。当孩子向你提问题的时候，即使你知道答案，也不要立即回答。可以假装思考一会儿，可以和孩子交流，怎么想到这个问题的？可以说自己也不是很确定，和孩子一起寻找答案。也可以和孩子一起，找其他家人讨论，问问有没有不同的答案。还可以像孩子那样，提出类似的问题，让孩子回答……总之，方法可以很多，可以拓展出很多和孩子交流、学习的方式方法，但就是不要立即给出答案，"秒杀"孩子。

☀ 家长的"强大"，在于更多地关注自我能力的提升。之所以有以上做法，归根结底还在于背后的心法，也可以称为家长更认可的"理论依据、科学道理"，那就是"示弱"。相对于孩子，家长肯定是更"强势"的一方，尤其是在孩子低龄的时候。他们的生命力还很脆弱，他们的能量还很弱小，他们如蹒跚学步时一样，跌跌撞撞地向前走，锻炼自己的肌肉、神经、大脑以及全身的协调能力，锻炼自己的承受能力，探索世界的边界，也探索自己的可能性……如果家长肯示弱，无疑会让孩子感受到更多自己的"强"和"能"，也能推动孩子不断地探索，让孩子收获更多探索后的喜悦，得到自我满足后激发出更多的自信、更强的好奇心和探索的勇气。能够得到父母的认可，是孩子一生的礼物。低龄的孩子，最渴望得到的就是父母的认可，这会让他们有安全感、高自尊，感受父母是喜爱自己的，是悦纳的。而青春期的孩子，虽然喜欢挑战权威，尤其是父母的权威，但恰恰这是因为他们想证明给父母看，我是可以的，我是对的。其实，这是另一种形式的渴望得到父母认可。有些孩子终其一生，磕磕碰碰，闯荡世界，远走高飞，奋力拼搏，甚至惊世骇俗，离经叛道……无非，只是想让父母看见，离开你们，我也是可以的；不按照你们的想法做，我也是可以成功的；我不是你们想象的那么不行，我还是挺厉害的……可是，有些人，可能功成名就，赢得了很多财富和名望，征服了自己和世界，却依然得不到父母的认可，这可能会是他们一辈子无法言说的心伤，是他们停不下来的“魔咒”，是他们幸福不起来的“内因”。

所以，家长学会“示弱”，真的非常重要。家庭也是一个“生态系统”，好比大树底下的小草不会长成高大的树一样，家长过于“强势”，孩子就只能成为你“树荫”下的一株小草，甚至是缠绕在大树上的一株藤蔓，而无法拥有独立的生命。家长的“强大”，在于更多地关注自我能力的提升，更多地对孩子的生命充满好奇和尊重，和孩子一起探索他们生命的神奇和可能性，并收获由此带来的觉察、惊喜，以及对自己的否定、更新和救赎。当我们能够俯下身子，听孩子说话，看孩子成长，以孩子的视角重新观察这个世界时，我们不是变得弱智了、弱小了，而是更强大了、丰富了。当我们有朝一日能仰视孩子，那就是更大的喜悦了。孩子不会因为你的“弱爆”而低看你，反倒会激发出他们自己内在的生长动力。终有一日，他们会明白，原来爸妈早就知道，他们只是装作不知道，他们只是故意输给自己。

自问自答

➤ 你有没有打击过孩子，“这么简单，你怎么都不会”？

➤ 你有没有在孩子想和你玩游戏的时候，说过“这么幼稚的游戏，有什么好玩的”？

➤ 你有没有嘲笑过孩子，“都五年级了，怎么还在玩三年级小朋友玩的东西”？

➤ 你有没有和孩子一起游戏时总是赢，然后笑话孩子“你怎么这么笨”？

➤ 你有没有发现孩子本来兴冲冲地来和你玩，后来突然说“不玩了”？

一颗土豆引发的故事

自述案例

一个朋友和我聊起，她家儿子最近在学校遇到的一件烦心事。老师给每桌发了一颗土豆，布置作业，让两个小伙伴为一组，一起观察土豆发芽的过程，并且画下来。

同桌把土豆带回了家，而且没有带回学校。她儿子先是让同桌第二天把土豆带回来，可是同桌没听他的。于是，孩子就向老师反映。老师也让同桌把土豆带回学校，但同桌没有那么做。她儿子又对老师说了，老师大概不耐烦了，觉得这也不是个事，而且她已经说过了，继而觉得她儿子太多事，总是“盯着一件事不放”。

她儿子很着急，觉得看不见土豆发芽，就没办法画画，交不了作业。他真的很想看看土豆到底发芽了没有，就把这个苦恼告诉了妈妈。妈妈更苦恼，一方面觉得自家孩子明明没有错，就不能批评孩子；另一方面觉得既不能指责老师，或者为这么小的事与老师交涉，也不能去找同桌家长，让孩子把土豆带回学校。但是孩子提出来的问题还是要解决的，一时间，她被一颗土豆搞得左右为难。

听罢故事，我问她：“你觉得老师布置这个作业，教学目的是什么？”

她沉吟了一下，说：“观察土豆发芽，然后画下来呀。”我说，那就好，说明只要观察到土豆发芽并且画下来就可以了，对吗？老师并没有规定一定要和谁一起观察，在哪里观察，对吗？虽然布置了两个同桌观察一个土豆，但这并非唯一的方法，只是最简便的方法而已。既然孩子已经尝试了几种方法，都不能让同桌把老师发的那颗土豆带回教室，那你不妨和孩子讨论一下，看看还有什么方法可以观察到土豆发芽，并且画下来。

她又是一愣。

我继续说道，比如，自己买一颗土豆，每天放学回来，在家里观察，然后画下来；或者观察学校里其他小朋友的土豆，画下来；或者还有没有其他的方法可以观察土豆，然后画下来。可以让家庭成员讨论一下，每人想个办法，还可以把家庭成员的想法整合成一个全新的想法。比如，爸爸妈妈也一起观察，一起画；还可以有分工，孩子观察、画画，爸爸妈妈到网上搜索一些关于土豆的知识，讲给孩子听，或者找一些和土豆有关的童话故事……这样，你会发现，家长不仅帮助孩子完成了作业，又不是替代行为，没有直接帮他“搞定”事情，而且，启发了孩子更多的学习方法，既紧紧抓住了这个作业本身的教学本质，同时让孩子学到了求知之外的知识，那就是“全观”的视角，“多维”的思考。

要让孩子很自然地明白解决问题的方法不是唯一的，学会更多解决问题的方法。家长和孩子一起寻找到的解决方案，孩子会印象很深，是直接经验，比书本上读到或者家长要求的深刻得多。孩子也不会继续纠结于和其他小伙伴以及老师的“较量”中。

朋友恍然大悟，连声说，怎么就没想到，可以不必纠缠在“怎么让人家把土豆带回来”的问题上，真是豁然开朗啊！

我对朋友说，我一贯的观点是，重要的事情不是说三遍，而是一定要有三个以上的解决方案。这其实就是“预案”，也是更开阔的思维，更包容的心态，从小可以训练。

即使很小的事情，爸爸妈妈和孩子，一人想一个方法，至少就有三个了，如果再相互启发，说不定会有更多方法。让孩子看到更多的可能性，学到更多的方法，家长也可以更多地了解孩子的想法，从孩子那里学到不一样的新知识、新方法。更重要的一点，可以让孩子感受到家长对他的尊重和信任，对孩子的自信心、求知欲、独立性都是非常有帮助的。而到了青春期，这一做法的优越性就更大地表现出来。因为从小有良好的亲子互动模式，到青春期的时候，孩子不会特别争取自己的权利，家长也早就习惯了“有商有量”和“没有唯一的方法”，不会和孩子过度争夺权利。

潜在的好处是，从小接受了这样的学习和训练，孩子会潜移默化地接纳，凡事都会有更多的解决方案，而不至于遇到难事或者大事的时候采取极端方式，认为某件事如果搞不定就完蛋了。

当一个人开始思考“这件事还有没有别的方法可以解决”的时候，就是找到希望的时候。

自救策略

☀ 当孩子向你告状或者求助的时候，不要立即对事情本身和孩子做法进行评价，更不要立即给孩子建议，甚至直接帮孩子解决。而要先听听孩子忧虑的是什么，觉得很难的是什么，孩子想解决的是什么，然后和孩子一起讨论，看看有没有更多的解决方法，讨论一下不同的视角，让孩子能听到爸爸妈妈等人的声音和想法，最后再让孩子选一个他认为最能接受的方法。

☀ 孩子说，家长倾听，这个过程很重要。如果孩子只是有情绪，在表达的过程中就会得到宣泄和舒缓。所以，家长的态度很重要，不能急于评价或给出建议，而要给孩子充分的表达机会，家长要真诚倾听。很多时候，孩子表达充分了，事情可能也就解决了。家长和孩子一起讨论解决方案，而不是批评、指责或者一味地提要求、布置任务，这会让孩子觉得家长是自己强有力的支持，会更有安全感。很多时候，孩子找到家长，只是想确认一下，自己不是孤独无助的，是有“同盟军”的，是有可依赖的人的。案例中的孩子，当老师和同桌都不听他的，自己能想到的方法都不奏效的时候，他希望有个人能让他感受到“自己的诉求是被重视的，自己面临的困难是可以解决的”。

自问自答

➤ 你有没有在孩子找你求助的时候，不耐烦地说：“这么小的事，至于没办法吗？”

➤ 你有没有当孩子向你哭诉委屈的时候，气恼地说：“怎么这么没出息？”

➤ 你有没有当孩子和你说要做某事的时候，直接说：“这个你不用管了，妈妈来帮你解决，你赶紧去做作业吧。”

➤ 你有没有听到孩子和你说与其他同学的矛盾时，着急地说：“怎么可以这样，我去找你们老师！”

➤ 你有没有在听到孩子讲学校的事情的时候，直接说：“这个事情你没错，是你们老师太没水平了，你的同学太没素质了，以后别理这样的同学了。”

说明你家孩子是块读书的料

自述案例

工作上的合作伙伴，听说我儿子考上了复旦大学，特意来“取经”。想知道我在工作如此忙碌的情况下，是如何管孩子学习的。

我坦诚而客观地说，我没怎么管他学习，学习是他自己的事，关键还是靠他自己。而且，学习的事，是学校在教，现在的教育内容、要求和方法，都和我们那个年代不同了，我不认为我有能力教他学习，所以，就让他好好上课，好好听老师的。不懂的，问老师。

合作伙伴问，那你们是上公办学校还是民办学校？

我回答，一路公办。幼儿园是小区里的，小学和初中都是对口的公办学校，高中是全市统考，进了公办的市重点高中。

合作伙伴继续问，那上了什么补习班或者请了“一对一”家教吗？

我说，几乎没有。他有过两次短暂的补课经历，基本上“社交意义”大于“学习意义”。

第一次是初中的时候，他主动提出要去某个校外老师那里补数学。我问“为什么”，他回答：“想到那个老师那里补课，得面试，只有好的学生他才收。所以，年级里厉害的同学都在那里补数学。”他还加了一句，“我还不一定能通过面试呢。”我们一听，就明白了他的意图，多少是想证明一下自己“行不行”，另外，也有“见贤思齐”的意思，所以就同意了。

第二次也是他主动提出来的，是在中考结束之后的暑期里。我们更是意外，都考上市重点了，还补什么课？补什么内容？初中的已经不需要了，高中的还没开始。他再次刷新了我们家长的认知，告知是补高中的学科知识，提前学习一下，因为高中可能会有分班考，考进市重点的学生都很厉害，很有可能都在外面补习，自己不提前学习一下，可能会跟不上。最关键的是，他强调了一下：“我们同学都已经在补了，我要参加的话，不知道那个班还有没有名额，他们已经上了一周的课了。”听下来，是他初中几个“死党”一起在补，当然，包括他心仪的女生。所以，我们又同意了。除了英语是必须报一学期的课程才行，数学和物理都只是报了暑期班。

当学期课程结束问他“是否续费”，他说“不了”。问“为什么”，回答是“没必要”。所以，整个高中阶段就没再报过任何补习班。

合作伙伴说，那说明你家孩子是块读书的料，我们家的不行！

我很诧异地问，你怎么知道我们家的孩子是块读书的料，而你们家的就不行？

她很坚定地说，你看，你家孩子你也没管过，也没“鸡血”过，就上了这么好的大学，那不是天生的读书料又是什么？我们家的就是不行，我天天那么辛苦地“鸡”他都没用，说明就不是读书的料。

我听着她的“逻辑”说，我们家孩子在考上大学之前，我怎么知道他是不是读书的料？在我不清楚他是不是读书的料之前，漫长的12年中小学期间，我是应该“鸡”他还是应该随他去？你又是哪里来的自信，觉得自己可以管好孩子的学习？你管了他学习依然不好，凭什么就得出结论他不是读书的料，而不是你管的方法有问题呢？我们家孩子如果也用了像你这样的方法，学习没有达到预期效果，你是不是就会得出他也不是读书的料的结论？

我发出一连串的问题。不知道是一下子没反应过来，还是真的开始思考了，她沉吟了一会儿说，倒也是，好像从来没考虑过这个问题。只是本能地觉得，孩子学习就是要家长管的，管了就应该有效果的。没效果的话，就是孩子的问题。其实也有可能是管的方法不对，或者方法不适应自家孩子。

我说，是的，每个孩子天生有差异，不仅仅是智力因素方面的，还有脾气性格、兴趣爱好、身体特点等诸多方面的差异，没有好坏优劣之分，只有各具特色之别。家长们可能会用世俗的标准来评价孩子的特质，认为孩子某方面不好，或者家长太在乎那个世俗标准“好”的特质，急切地想“补短”，往往忽略了孩子其他的特质，最终的结果反倒是短处没补上，长处也不突出了。孩子并非没有这方面的能力，比如“读好书”，只是因为一些不恰当的操作，导致孩子对学习失去了兴趣，甚至产生了逆反，最后呈现的结果是读书不好。家长得出的结论就是，孩子不是读书的料。

其实，这就好比同样的食材，在不同的家庭，烧出来的菜就是不同的味道一样。差别不在食材本身，而在烧的方法，和“治大国如烹小鲜”一个道理。孩子教育，方法、“火候”同样重要，也忌讳“瞎折腾”，心里着急，频繁操作，或者过多动作。孩子成长，有其规律性，需要尊重，不能急于求成、拔苗助长，一通操作猛如虎，结果孩子无所适从，亲子关系也剑拔弩张。各个孩子，各有特质，同样需要尊重。孩子究竟是块什么料，需要仔细观察，用欣赏、好奇、尊重的目光去发现。“不同种类的花草可能会随着环境的变化而荣枯交替，没有哪一株植物能保证会成为最高、最美或最长盛不衰的那一株。”我曾经和很多家长说，我儿子可能是“仙人球”，你家孩子可能是“莲花”，养育方式是不同的。但很有可能，你家孩子也是“仙人球”，但你却用养“莲花”的方式在养他，他不仅不会变成“莲花”，反倒会被“溺亡”。但养育孩子比植物更难的，在于一开始他们看上去是一样的“生物”，你并不能一眼就识别出他们是“仙人球”还是“莲花”，而准确无误地采取相应的养育方式，需要长期耐心、虔诚地观察，才能感觉到或者判断出他们更像是哪种生物，哪种养育方式更适合他们。

“照顾孩子就像照顾花园，做父母就像做一个园丁。”可是在当下的家庭教育中，很多父母更像一个木匠。“基本上，你的工作是将这些材料塑造成最终产品以符合你的最初计划。你可以通过查看完成的产品来评估你所做的工作有多好。这是门吗？这把椅子牢固吗？混乱和变异是木匠的敌人，精确和控制力是他的盟友。你要静心测量、果断下手。而当我们照顾花园时，我们为植物创造了一个受保护的培育空间。”“优秀的园丁致力于创造肥沃的土壤，以涵养整个生态环境，其中不同的植物具有不同的优势和美丽，同时也具有不同的弱点和生长困难。”《园丁与木匠》的作者艾莉森·高普尼克的话给我们很多启迪。

自救策略

- 将你认为孩子最突出的问题写下来，逐条分析，这些问题是孩子自身的问题，还是自己的不合理预期，或是自己方法上的问题。尝试列举出其他的解决方案。
- 每给孩子提一个要求的时候，也给自己提一个目标，可以和孩子的一样，也可以不一样。孩子努力去实现他的目标，你努力实现你的。也可以共同实现一个目标，各自有分工。也可以是相同的目标，一起去做，展示最后结果，分享中间过程和心得。
- 和孩子讨论他更喜欢做的事情，或者更喜欢的学习方法，并尝试让他按照自己喜欢的方式学习。

自问自答

➤ 你觉得自己是一块什么料？

➤ 你有没有小时候最想做却始终没机会做的事？是什么原因导致没做成？

➤ 你有没有被父母或者老师、同学、同事评价为“不是这块料”？听到这样的评价，你心里是怎样的感受？

➤ 你有没有不为人知的爱好或潜能？

➤ 你有没有自己觉得可以做得好而别人认为你做不好的事？当时的感受是怎样的？对后来有影响吗？

➤ 你觉得自己现在的样子，是先天注定的，还是后天塑造的？

你俩买一样的，多没意思啊

自述案例

我独自一人坐城际列车，坐在靠窗的座位看书。突然耳边传来两个小姑娘嗲声嗲气的声音：“妈妈，我们的座位在哪里啊？”妈妈说：“就是这里。”于是，两个小姑娘坐在了我身边的两个空位上，她们的妈妈坐在后面一排的位子上。

两个小姑娘一坐下来，就迫不及待地向妈妈要她们刚买的玩具。妈妈一边看着手机，一边把玩具掏出来给孩子。她们兴冲冲地打开玩具包装开始玩起来，并呼唤妈妈过来看玩具。妈妈漫不经心地瞄了一眼，丢出一句：“你俩买一样的，多没意思啊！”一瞬间，我的心一缩，隐隐感受到了扫兴的气息。

果然，两个孩子一声不吭，没了刚才和妈妈交流的喜悦和兴奋，只是各自摆弄着手里的玩具，相互看看拼装的进度，再没和妈妈交流。

我不知道其他家长面对这样的情况，会如何应对。

如果是我，我会充满好奇地问孩子：“你俩买了一模一样的玩具，为什么呀？”听孩子诉说，你会发现孩子和我们大人不一样的想法。无论他们是为了可以更好地一起玩，为了比赛谁拼得更快，还是根本就没想法，只是单纯为了“你有我也有”……总之，理由本身并不重要，重要的是尊重孩子的选择，并了解他们的想法，给他们表达的机会和选择的权利。

家长不要用自己的想法干涉孩子，或者用成人的标准评价孩子，尤其是负面的评价。正如案例中的妈妈，“多没意思”就是非常负面的评价，会让孩子觉得自己的选择是不好的。多次被负面评价以后，孩子会越来越低自尊、低自信，越来越不敢选择，不敢相信自己的判断，不敢追求自己想要的，不敢表达自己的想法。

类似的场景，其实我经常见到。超市里，时不时会听到家长嫌弃地对孩子说：“这玩具有什么好玩的。你都这么大了，还是买这个开发智力的玩具吧……”小区里，也时常听到家长说：“这有什么好玩的，这么无聊，有这工夫，不如回家弹两遍琴呢……”

诸如此类的言语，相信家长们不陌生，也许我们自己也经常这样说。看上去，家长好像显得更有智慧，看到了孩子没看到的，帮孩子做了个更好、更厉害的决定。

其实，家长已经在不知不觉中剥夺了孩子探索世界和自主决策的权利。这个玩具或者游戏是否无聊，不应该以家长的视角和体验作为标准，因为毕竟是孩子的玩具和游戏，他们的感受才是至关重要的。经过他们的玩耍和探索后，最后的结论是他们自己体验后得出的，而不应该是家长直接告知的。他们有可能和家长得出不一样的结论，也有可能是一样的。但无论怎样，都需要让他们自己去体验，而不是家长直接用自己的感受去评价并做出判断。

自救策略

☀ 不把自己的标准强加给孩子。可以先问问孩子的想法，然后讲出自己的想法，还可以听听其他家庭成员的想法，让孩子了解到，一件事，不同的人是会有不同的想法的。

☀ 坦然告知孩子，他的一些想法，家长并没有想到。肯定孩子的想法，并和孩子一起探索。也可以请孩子尝试一下家长的玩法，并交流心得。

☀ 当觉得孩子的想法和做法很“无聊”的时候，想想自己像孩子这么大的时候在玩什么，当时是怎么想的。试着理解这个年龄孩子的视角和乐趣。

☀ 回想一下自己小时候被家长或者哥哥姐姐嘲笑幼稚、无聊的经历，当时是多大年龄，怎样的情景，心理感受和反应是怎样的。试着理解，如果当时的自己面临现在这个处境，会是怎样的感受和反应。

☀ 孩子的想法和做法让你觉得“幼稚”的时候，不要立即评价，让自己深呼吸 3 秒钟，觉察一下自己的想法是不是先入为主了，然后对孩子说，妈妈爸爸很想听听你的想法。

自问自答

➤ 你有没有在孩子决定买某个玩具的时候，嫌弃那个玩具“低智”，而替孩子选了另一个玩具？当时孩子的反应是怎样的？

➤ 你有没有对孩子说过“这么无聊，有什么好玩的”之类的话？当时孩子的反应是怎样的？

➤ 你是否认为自己是在“帮”孩子，或者“指导”孩子？你觉得这种“帮”或者“指导”的好处是什么？实际效果达到你的预期了吗？

➤ 当孩子不接受你的“帮”或者“指导”的时候，你是怎么做的？当时的感受是怎样的？

➤ 如果再有类似事情发生，你觉得应该是继续跟着“本能”应对，还是尝试一下以上“自救策略”？

零花钱，按时发还是按需花

自述案例

一个朋友突然问，我家孩子每个月生活费和零花钱应该怎么给、给多少？是每个月固定一个金额，固定时间给，就像我们工作的人领工资一样，还是让孩子根据自己的实际需要，实报实销？

我很诧异，朋友怎么突然想起来问这个问题，因为他家孩子已经大四了，貌似这个问题应该是孩子刚上大学的家庭才会面临。一问才知道，原来朋友以前给孩子办了主副卡，孩子消费只要刷卡就行，从来不需要申请，也不担心没钱花。因为家庭条件不错，又是女儿，朋友想着既然是“富养女儿”，也不想让女儿在学校里太苦，就采用了这样的方式。现在发现，每个月的开销实在太大，觉得女儿对钱完全没概念。就目前每月的支出，女儿未来工作后，肯定是入不敷出。这才想到需要对孩子的生活费和零花钱有所限制，让孩子学会量入为出，有管理钱的意识。

我听完后，恍然大悟。这个问题，其实许多家庭都会面临。孩子的压岁钱该不该让孩子保管？对自己的压岁钱怎么花，孩子能不能有一定的决定权？多大开始可以让孩子参与压岁钱的使用决策？多大的孩子可以给零花钱，是每月给固定金额还是父母视心情而定即兴给，还是有需要了才给？需不需要给孩子开个独立的银行账户，多大开始可以开，孩子银行账户里的钱如何使用，孩子能否有一定的决定权……一系列和钱有关的问题，多多少少都引起过家长的思考，只是时间早晚不同，发生的契机不同而已。

不肯让孩子管理零花钱或者压岁钱的家长，最大的顾虑往往是担心孩子乱花钱。但实际情况是，恰恰是没机会花钱的孩子才更容易乱花钱。

管理金钱和财富，也是需要学习的。只有当孩子体验过对自己财富的管理，感受到金钱的流动、失去、增加，感受到想要的东西是需要付出金钱的，而金钱是有限的，通过劳动或者努力是可以获得金钱的，有些东西是金钱买不到的等一系列对金钱的认识，才能对金钱有感性的认识，才不会一味钻钱眼里，成为守财奴，也不会大手大脚，花钱无度。

还有一类家长和案例中的朋友一样，想让孩子从小不要为金钱烦恼，“富养”着，免得长大后因为对金钱的渴望而迷失自我。认为让孩子从小随心所欲用钱，以后就会对金钱“免疫”，不会“为了五斗米折腰”。事实并非如此。也正因为此，才有了文初朋友的咨询。

鉴于朋友家孩子已经大四，我和他讨论的办法是，回去和孩子一起讨论，制订一个执行方案。可以先让孩子报出每月的固定生活费数额，并列出明细。也就是说，不管每个月是2000元还是

3000元，这个数额是基于实际生活需要算出来的，而不是孩子心里想出来的。同时，要区分哪些是必要开支，也就是刚需，哪些是可选择性开支。针对可选择性开支，要加以区分，哪些是家长可以提供支持的，比如某些学习班或者考试的费用，节日、纪念日礼物的选购，艺术展或文化活动的门票等。哪些是家长不提供支持，需要其自行解决费用的，比如非刚需的消费品，满足个人兴趣爱好的活动开销等。有些事情，也可以一事一议，相当于专项经费。执行一个阶段后，还可以进行评估，看看这样的方法是否可行，金额是否合理，包括孩子执行的情况，做得好的地方要及时肯定和表扬，有不足的地方，也听听孩子的说法，分析一下产生的原因，商量下一步的解决方案。还可以听听孩子执行一段时间后的感受、评价和收获，也可以对方案进行调整。

这都是很好的方法，不是为了管住孩子的钱，而是通过和孩子讨论如何使用钱，让孩子对金钱产生认识，从管理自己的零花钱开始，逐步形成自己的财富观，既不会对金钱有永远满足不了的贪婪，也不会对金钱完全无感。

这些方法，同样适用于低龄小朋友。只是管理的金额可以少一些，可以是记账模式，钱由父母保管，但孩子拥有使用权，提出申请，并有相应理由，家长就予以满足。初中生进入了青春期，可以考虑每月有一定额度的零花钱。

当然，每家情况不同，有些孩子可能住校，生活费问题面临得更早，需求更多。道理是相同的，家长不要一味认为替孩子管住钱，他们就不会乱花了，或者他们有足够多的钱，就不会被钱迷惑了。

对金钱的管理，和其他知识一样，是需要学习的。只有当孩子学到管理金钱的知识和技能，他们才会觉得“钱，不过如此”。就像面对一道自己会做的题，才会说“这不难”。

自救策略

☀ 如果孩子还在小学阶段，不妨给孩子一个储钱罐。孩子有些想买的东西，可以让他使用储钱罐里的钱，体验储蓄和花钱的感受。

☀ 有时候去超市，可以给孩子 10 元钱，让他自己决定这 10 元钱怎么花，父母不发表任何意见，完全让孩子做主。

☀ 如果是初中生，没住校的话，可以考虑每月给一定数额的零花钱，数额可以和孩子商量。建议孩子做个账本，收支做记录。

☀ 可以考虑在银行给孩子开账户，存孩子的压岁钱，以及其他的收入等。

☀ 孩子高中阶段的零花钱可以视情况增加，孩子做决定的权限也更大。

☀ 可以考虑让孩子自己出钱，给老师、家里长辈买礼物。有些家庭开支，可以让孩子也出一份，或者某样开支让孩子承担。

☀ 如果以前没规划过，可以选定一个节点，开始讨论执行。

自问自答

➤ 你觉得你的财富都是你孩子的吗？是什么让你产生了这样的认识？

➤ 你孩子觉得你的财富都是他的吗？你是怎么知道这个想法的？知道这个想法后，你的感受是怎样的？

➤ 你觉得孩子需要有管理财富的能力吗？为什么？

➤ 你是不是觉得孩子还太小，不该为钱的事情操心？那你觉得孩子多大可以和他讨论钱的事情？

➤ 你有没有对孩子说过“我们家太穷了，就等着你长大了挣钱给我们花了”？孩子当时是什么反应？

➤ 你有没有说过“反正爸妈的钱都是你的，你只要开心就好”？孩子当时是什么反应？

我该给他停掉哪个兴趣班

自述案例

朋友很苦恼地来问我，到底应该给儿子停掉哪个兴趣班？原因是，儿子本来已经有了在社会机构报的篮球班、围棋班、钢琴班、英语班，这学期又参加了学校的长笛班，还要增加一个书法班，因为小升初要考试的。她觉得孩子报的班太多了，而且都是很花时间的班，学的都是课后要花很多时间练习的课程，认为孩子一点自由时间都没了，想给孩子减负，当然，也给自己减负，因为她一直接接送送，陪读，盯作业，也是相当疲惫。她说："最没用的围棋班已经让我给停了，尽管他已经考过了四级。钢琴已经过了六级，但孩子主动提出不想学了，我也准备给他停了。钢琴班，我觉得太累了。英语班，他说太难了，不想学，我觉得不行。学校的长笛班，他说太花时间，不想参加了。可我觉得艺术类的班，还是要有一个的，所以想让他继续参加学校的长笛班。省事，就在学校上课，不要接送，费用也比较便宜，最关键的是放心，就在学校。你说我怎么办啊？到底应该给他停掉哪个班啊？"

我看着她笑笑，问道，篮球班你倒没说，貌似比围棋更没用，围棋至少还有个几级的证书呢。她立马说，不行的不行的，篮球班，儿子是坚决不肯停的。我哈哈大笑说道，还好你还有听儿子意见的时候。我听你说的时候，好担心你说要把篮球班停掉，准备告诉你篮球班不能停掉的诸多理由呢。

我说，上哪个班和停哪个班，听上去都是你在做取舍，你在考量利弊。可这毕竟是儿子在上，还是所谓的“兴趣班”，可儿子真的感兴趣吗？听上去只有篮球班是他真正意义上的兴趣班。你有没有问过他的意见、感受和理由？篮球班之所以知道他不同意停，显然你曾经也是想停的，但是被孩子坚决反对了，所以才得以保留。没有像围棋班，仅仅因为你觉得没用，就停了。围棋，儿子喜欢不喜欢，想不想继续学，对你来说都不重要。孩子主动提出来停掉的班，比如学校的长笛班，“太花时间”可能只是个理由，其中有没有其他不开心的事发生，比如和老师或者某个小朋友关系相处不好，或者他有总是掌握不了的学习内容，被老师批评了，失去了学习的兴趣？你有没有和孩子深入聊过，或者找老师了解过其他情况？比如他提出太难的英语班，有没有深入了解过，是学的内容太深了，他觉得难，还是进度太快他跟不上觉得难，还是课程对他现在的水平就是偏难了？解决的方法，是换个老师，还是降个等级，还是改成小班化，甚至“一对一”的辅导，这些都是可以和孩子一起讨论的，并不是只有“上”和“不上”这两个选择。还可以和孩子讨论一个再坚持一下的时限，商议一些方法，等到了那个时限，再讨论如何解决。并不是所有的事都要立即解决。

其实在和孩子讨论的过程中，了解了更多信息，可以找到问题的症结，便于更好地解决问题。讨论的过程，本身就是一个学习的过程，让孩子学会如何看待问题、分析问题、解决问题，让孩子看到多维的视角，知道事情并不是非此即彼的。同时，也能让孩子知道家长是关心孩子感受的，是尊重孩子意见的，并非只关心成绩，硬逼着孩子学这学那。经过这样的讨论，孩子对兴趣班的态度可能会发生变化。很多时候，不想上兴趣班的背后，其实有其他隐藏的问题，需要家长耐心发现。

自救策略

☀ 既然是孩子的事，就要让孩子多参与，多做主。很多时候，我们家长会觉得“孩子懂什么呀，他能做什么主啊”，可谁也不是天生就会做事和做主的，正因为不会，所以才要学习。这个学习，就是从日常生活中学起。家长要学会从日常生活入手，多听孩子意见，和孩子多讨论，讲讲自己的看法和建议，但并不要求孩子一定按照家长说的去做，让孩子自己多做事、多做主，哪怕错了，哪怕不那么好，都没关系，试错也是一种学习。孩子自己选择学什么、做什么，比家长一开始要求他们学什么、做什么更能让他们接受，效果也更好。

☀ 很多家长最焦虑的可能是“输不起”“错不起”，所以不敢让孩子做事、做主，觉得一旦错了，就“耽误孩子一辈子”。其实，真正会耽误孩子一辈子的恰恰是家长的这种想法。学习都是从易到难、从少到多，日积月累不断习得的。所以，必须从小开始，从小事开始。刚开始错的事，影响似乎很小，但对孩子成长的意义却是重大的。比如今天穿什么衣服，六一节怎么过，买这个还是那个玩具，现在做作业还是半小时以后做……这些都是很小的事，让孩子自己做主，体验不同选择带来的后果，体验为自己的行为负责。从小事开始，慢慢开始面对更大一点的事情，孩子在一次次的尝试中感受到自己的力量，感受到自己的“行”。这才能让孩子更敢于前进，敢于追求，敢于成为自己，敢于为自己负责。小事输过、错过，知道怎样应对，大的事就不怕“输不起”“错不起”。人生没有标准答案，也不可能总是赢、总是对，总是要面对输和错，所以，这也是需要从小就学习的。而且，越是早学，越容易学，也越早受益。小事都没主动做过的人，面对人生大事，怎么会做主？小挫折都没经历过的人，第一次遇见人生大挫折，真有可能不知道如何应对，而从此一蹶不振。

☀ 尝试着从一些小事开始，让孩子自己做主。家长可以和孩子讨论，告诉孩子不同的建议，以及不同的选择可能会是怎样的结果，但最终的决定让孩子自己做。当然，可以有一些时间限制，比如试一个学期，然后评估效果，再次讨论解决方案。不是一旦做决定了，就只能这样。

自问自答

➤ 你有没有让孩子自己做主的时候？是什么事？

➤ 如果某件事孩子的想法和你不一样，你会让孩子试一下他的想法吗？

➤ 你是不是经常会在征求完孩子的意见后，说“不行，就按我说的办”？

➤ 你家孩子的兴趣班是不是大部分都是你给报的？

➤ 你知道孩子对自己上的兴趣班的真实态度吗？

➤ 如果孩子主动要求上某个兴趣班，你知道孩子的真实需求吗？

➤ 你认为上兴趣班除了学知识或技能外，还有其他什么“功能”或作用吗？

没想到，这样，她倒不怕了

自述案例

一次去家长课堂上课。课后提问环节，一个爸爸说，他也很想带女儿，但因为平时都是妈妈带的多，所以，女儿“不要他”。难得妈妈不在，不得不他来带的时候，孩子往往就是哭闹不止。尽管他也很心疼女儿，但怎么说“别哭了”也没用，孩子反而会哭得愈发厉害，吓得他连“别哭了”也不敢说，只能看着孩子哭，直到孩子抽泣的时候，才见缝插针地说几句，但效果终究是不好的。妈妈回来看到孩子哭闹，他会因此招致一通“臭骂”。可喜的是，这个爸爸并没有借机撒手不管，而是非常想知道，怎样才能赢得女儿的“芳心”，怎样和她相处，她才不再哭闹?

课堂上的妈妈们给了不少方法。平时多和孩子相处，增加熟悉度，了解孩子更多喜好。妈妈带孩子的时候，爸爸也一起参与，不要因为有妈妈带，就觉得自己没事了。爸爸可以通过和妈妈一起带，观察妈妈是如何与孩子相处的，既降低孩子对自己的疏离感，也提高自己带娃的一些具体技能。还可以找一些三个人一起做的游戏，让娃适应和爸爸一起玩耍，爸爸也找到存在感。单独带娃面临孩子哭闹的时候，不要说“别哭了，不许哭”之类的话，更不能说一些吓唬孩子的话，而是认同、接纳孩子的感受。“我知道妈妈不在，你很伤心，你想妈妈，我也好想妈妈，你还能哭，可爸爸不行，你能抱抱爸爸吗？你能让爸爸抱抱吗？”另外，需要单独带娃的时候，向妈妈请教孩子的喜好，留一些娃喜欢的玩具或者零食、读物等，做一些孩子平时喜欢做的游戏，或者平时爸爸不在孩子做不了的新奇有趣的游戏。发挥爸爸的特长，展示一下爸爸特有的才能……当然，还有一点，是需要妈妈配合的。爸爸和妈妈沟通，以后即使爸爸带娃带得不好，也不要“骂爸爸”，尤其是当着孩子的面，这会加深孩子的印象，认为爸爸就是带不好孩子。妈妈应该鼓励爸爸，看到爸爸的努力和不容易，毕竟肯带，就是很大的进步。只有不断肯定，爸爸才会更有信心继续尝试。妈妈要加以辅导，教一些方法，多创造机会，让爸爸多参与，孩子才更能接受爸爸。爸爸有信心和存在感，才能做得更好。孩子和爸爸都需要一个从做得更多再到做得更好的过程。

第二次上课，这位爸爸非常欣喜地和我们分享“神奇的收获”。孩子近阶段生病，而且有点严重，需要到医院接受检查和治疗。但等待X光检查的时候，孩子害怕得不得了。这个爸爸说，我看到孩子在发抖。想起自己小时候也特别怕看医生，怕吃药打针，所以就对孩子说，爸爸也很害怕，爸爸小时候比你现在更害怕，没有你现在表现得这么好。没想到，我这么说了，她倒没那么害怕，就去检查了。检查后，她非常得意，觉得检查也没什么可怕的。接下来的吃药也就顺理成章，确实比我小时候表现好。

我后来想，如果当时我只是一味地对她说，这个检查不疼的，不用怕，反倒未必有这样的效果。

课堂上，大家进行了热烈的讨论。确实，很多时候，我们家长坦然承认自己的错误、不足和自己的“胆小”，和孩子分享小时候自己的表现，会让孩子得到更大的鼓舞，感受到更多的认可和支持，也能消除更多的顾虑和苦恼。

这让我想起我弟弟家孩子的故事。他总是因为有人说“你都五年级啦，一点看不出来，感觉像三年级”之类的话，就非常气恼，因为他确实有些瘦小，所以特别在意别人说类似的话。我弟弟知道后，就告诉他，爸爸小时候和你一样，身材瘦小，看上去比同龄小朋友小，总是有人嘲笑爸爸。弟弟的孩子一听，马上情绪不一样了，好奇地和爸爸交流。不仅不开心没有了，以后也再没有被这个事困扰。

由此可见，家长面对孩子胆怯、愤怒、害怕、生气等不良情绪或言行的时候，不是简单制止或鼓劲就能奏效。有时候，家长如果能坦言自己的真实感受，承认自己同样会有胆怯、愤怒、害怕、生气等不良情绪或言行，孩子反倒会得到鼓舞。主要原因在于，孩子感受到了家长对自己的“看见”和“接纳”。很多时候，孩子反复出现的言行或者持续强烈的情绪，某种程度上是为了让家长接受和承认。所以，你越是不让他哭，他越要哭，你越是不让他动，他就越要动。

有些事，在大人看来是很简单的，但对孩子，确实是存在困难的。在孩子尤其是低龄的孩子眼里，家长都是非常高大的，面对家长，他们是不自信的。所以，当家长能够承认自己也会害怕，有些事也搞不定的时候，孩子反倒会一下子对自己有信心了，会觉得连爸爸妈妈那么厉害的人都害怕，那我害怕也是很正常的，没什么大不了的。

自救策略

☀ 勇于承认自己的不足和错误，这不会影响你在孩子心目中的“高大形象”和权威，反倒会让孩子高看你。同时，也能很好地示范“如何承认不足和错误”，这也是一种需要学习的能力。

☀ 多回想自己和孩子同龄时的一些经历、记忆和感受，并和孩子分享。

☀ 回忆自己像孩子这么大的时候，父母是如何与自己相处的，遇到类似事情是如何处理的，当时自己的感受是怎样的。当时对父母有怎样的期望，是否现在对父母当初的言行有了不一样的理解。

☀ 可以和孩子聊聊他心目中理想爸爸妈妈的样子。再问问孩子爸爸妈妈在他心目中的样子。

自问自答

➤ 你向孩子示过弱吗？如果没有，是什么原因导致的？如果有，你觉得效果怎样？

➤ 你看到孩子害怕、胆小的时候，是不是很生气？为什么生气？你气的是什么？说过“这有什么好害怕的”“真没用”“胆小鬼”之类的话吗？

➤ 你小时候有没有害怕的时候？小时候最让你害怕的事是什么？这件事你现在还害怕吗？

做个“懒妈妈”，你会吗？

自述案例

我的一个师妹，跑来和我“吐槽”自家娃和老公，说娃已经上初中了，懒得不得了，样样事情不自己做，早上起床要叫很多遍，晚上写作业很拖拉，吃饭磨磨蹭蹭，自己的房间从来不整理。师妹觉得自己为孩子做了那么多，孩子一点也不念她的好，还经常抱怨“老妈烦，啰嗦”。尤其让她生气的是，老公不仅不帮她说话，还觉得她是“自找的”，有些事，没必要。这下师妹更火了，觉得老公“站着说话腰不疼”，自己什么事都不管，当妈的多做点，反倒变成“没必要”了，认为老公是为自己的“不作为”找借口。师妹说，孩子上小学的时候，她帮孩子理书包，盯作业，觉得都是正常的，毕竟孩子小，自己还能应付得了，现在已经上初中了，很多功课，她已经辅导不了了，生活上的事，也不应该继续那么事无巨细地照顾。“看着个头都比我高了，可什么都不会做，以后怎么办啊？”

听着师妹的“吐槽”，我笑而不语，直到她说“看着个头都比我高了，可什么都不会做，以后怎么办啊”时，我回应了一句，你能想到这点，已经非常不错了。师妹一愣，显然不明白我的意思。我告诉她，很多父母，和她的状况差不多，区别是可能到了初中，甚至高中，依然没想过“什么都不会做的孩子，以后怎么办”。他们心目中，只有一个目标：好好读书，考上好大学。仿佛考上好大学，一切问题都迎刃而解，一切本领也都有了，自己的孩子就像童话书里说的那样“从此过上了幸福的生活”，自己也从此就解脱了。他们完全没想过，孩子漫长的一生，需要学习的东西、需要具备的能力很多，绝对不是仅仅读书考试这点事。有些看着不是读书考试的事，做了，学了，反倒会对读书考试有所帮助，更不用说，对一生都有帮助。

师妹看着我，困惑地问：“还要学什么？还要我做什么？我觉得已经做得够多了，中年老母亲有种做不动了的感觉。”我笑着说：“你就是做得太多了。如果让你做个懒妈妈，你会吗？”师妹惊呼：“那么卖力地做了，还是这个样子，我哪里还敢偷懒啊！我恨不得生出三头六臂。”

我继续笑着对师妹说，所以问你会不会做个“懒妈妈”。这个“会”，首先不是“能不能”做到的意思，而是意识上“想没想”做的意思。也就是说，在认知上，你从来没有意识到妈妈并不是什么事情都要做，妈妈并不是“越勤快越好”。其实，孩子之所以“什么都不会做”，恰恰是因为家长做得太多，剥夺了孩子学习做各种事的机会，也就剥夺了孩子体验成长快乐的权利。孩子因为没有体验到做这些事情的乐趣，自然就不会去做了。另一方面，没学习，就不会做，做不好，可能还会被妈妈指责，那就更会选择“不做”，越不做就更加不会做，就会更加退缩。

师妹若有所思。我告诉师妹，不是只有坐在书桌前看书做题才是学习，做家务、社交、与他人沟通、表达自己的感受、体育锻炼、培养兴趣爱好等，都是学习。如果想让孩子能做的事情多，会为自己负责，会珍惜他人的付出，那就让孩子“多做事、多做主”。只有多做事、多做主，能力才能得到锻炼，才会学会做事、做主。每个人对自己付出过的事，更有感情，更在乎，更珍惜。也就是说，如果这件事，孩子付出过劳动或者时间，他就会更在乎。比如说，如果今天家里的卫生是孩子打扫的，他就会更愿意保持整洁，因为他不希望自己付出的劳动成果那么轻易地失去。如果今天的晚饭是孩子做的，他可能会吃得特别香，特别多。同时，也会因为亲自做过，更能体味到其中的辛苦和不易，所以今后就会对他人的付出多一分理解和珍惜。这些，都只有亲自经历过，才会有感悟。也正是因为这个原因，就很能理解，为什么父母对家庭更在乎，而孩子们则无所谓，因为父母为这个家庭付出更多，而孩子则是得到更多。所以，如果想让孩子更有责任心，更珍惜这个家庭，更尊重他人的付出，也就是平时大家所渴望的感恩，那就让孩子多做事、多做主，而绝对不是样样事情替孩子做好，然后眼巴巴地等着他感恩你的付出，那是绝对等不来的。

人们总是对自己付出的更在意，更珍惜。所以，做个“懒妈妈”，不要什么事情都大包大揽，都包办代替，以为是为了孩子好，为他们节省时间，为他们解决难题，宁可自己辛苦一些，能替他们做掉一些就做掉一些。事实上，这真的是“出力不讨好”的做法。

妈妈们一定要学会先给孩子“赋权”，让孩子有选择权、决策权、自主权等各种权利，然后再给孩子“赋能”，让孩子们在学习的过程中拥有各种能力。

自救策略

☀ 先从小事开始，尝试让孩子自己做主，并为自己做的主负责。比如，今天穿什么衣服，让孩子自己做主，可以给个小建议，带一件备用的衣服，如果冷了，可以加。这样，既让孩子自己感受了冷热，体验了自己做主的快乐，也学到了解决问题的不同方法。如果孩子坚持不肯带备用的衣服，要尊重孩子的选择，这才是真正意义上的“让孩子做主”，孩子也才能真正体会到“做主”背后需要承担的责任。

☀ 从小事开始，让孩子参与家庭事务。比如，周末家里要来客人，分工让孩子照顾好小朋友，给小朋友买什么食物或饮料可以听听孩子的意见。客人来的时候，明确告知今天的某样东西是孩子挑选的，并告知对方的孩子，有什么需求都可以找自家孩子，他今天负责照顾小朋友。这样，会让孩子很有成就感，今后也会更愿意承担类似事务，能力自然会不断得到提高。

☀ 孩子如果某些事情做得不好，不要打击、嘲笑和批评，而要积极肯定和表扬他的态度和努力，第一次能做成这样就很不错了。然后和孩子一起讨论，觉得问题出在哪里了，如果下次再做，如何改进等。要创造机会，让孩子再次练习。

☀ 和孩子一起制订一个“懒妈妈”计划，让孩子说出他最希望你不要做的事，然后和孩子一起讨论，为什么是这件事，如果妈妈不做，谁来做，怎么做。

☀ 写出你替孩子做的事，看看能否让孩子自己去做。

☀ 写出一件你最想“懒”却最做不到的事，思考一下原因是什么，看看有没有办法分步骤改善。

自问自答

➤ 你觉得自己不敢做“懒妈妈”是因为什么？是出于你的角度考虑还是孩子的角度考虑？

➤ 你敢放手让孩子做事和做主吗？如果不敢，是因为什么？

➤ 你希望你的孩子能够学会做事、做主吗？还是一切只要听你的安排就好了？

➤ 你有没有觉得做事、做主这些都没必要学，至少现在没必要学，等孩子长大了再说？或者你认为，这些长大了自然就会了？

➤ 你是否觉得，怎么能做个“懒妈妈”呢？妈妈就应该“勤快”“勤劳”。如果是，你这样的想法是怎么产生的？

➤ 你觉得自己至少可以在哪件事上尝试“懒”一下？

你是勤快妈妈，还是勤奋妈妈

自述案例

因为多次在讲座或者交流中，提到做个“懒妈妈”的观点，很多熟悉我的听众和朋友，就会忍不住问，你一点都不懒，你那么勤快，为什么让我们做“懒妈妈”？我每次都会澄清对方的一个认识误区。我说，我不是勤快，我是勤奋。对方多数都会迟疑片刻，然后问，这有区别吗？我坚定地回答，当然有区别。

勤奋，是基于自身视角的；勤快，是基于孩子视角的。也就是说，如果你是个勤奋的妈妈，那你的忙碌，更多是让自己更充实，自己不断追求进步，不断学习和成长。直白地说，就是给自己订立目标，让自己去努力，重点在“奋斗”上。而勤快则不然，主要是为孩子，重点在“忙碌”上，目光总是跟随着孩子，总是希望第一时间为孩子解决问题，为孩子忙碌，为孩子节省时间。为孩子忙碌，孩子的事就是优先级的，就急切地想要帮忙解决，甚至有些孩子都没想到的事，或者没需求的事，都已经帮孩子提前想到或者处理了。

经常有家长“吐槽”自家的孩子“衣来伸手，饭来张口”，什么事情都不会做。我会告诉他们，不是孩子什么都不会做，是你们太勤快，什么都做了，他们根本就没机会学习做这些事，又怎么能做事呢？没人生下来就会做饭洗衣服，所有的能力都是习得的。家长太勤快，就会剥夺孩子习得很多技能的权利和机会。我对有些家长说，你家娃不太爱说话。她问我，是啊，你怎么知道？我回答，语言，首先是工具，可以帮助我们表达需求和情感。如果他一个眼神，你就满足了他的需求，那他根本就不需要语言这个工具了。你下次试试看，即使知道了他的想法，也等他说了后，你再去做，也许会有不一样的感受。几天后，她激动地对我说，还真是神奇，这几天孩子和我话多了很多。

我为她开心，再次告诉她，你已经明白“不要太勤快”的意思了，尝到了甜头，以后你不会想着做“勤快妈妈”了。同时，你也成了更加勤奋的妈妈，因为你已经在学习新的知识，而且在努力改变自己。这只会让你变得越来越勤奋，因为越学习，成长越多。你成长得越多，就会更加自发地学习，就这样不知不觉进入一种良性循环。你这种勤奋的状态，一方面，会成为孩子的榜样，另一方面，基于自己视角的勤奋多了，基于孩子视角的勤快少了，对孩子的剥夺行为少了，孩子就成长得更好。

还有个朋友，孩子上初中后，她觉得自己连勤快的机会都没了。因为以前自己的勤快，多数是帮孩子做点生活起居的家务活，还有就是帮着孩子参加学校的一些活动，以及上下学接送之类的事。现在，这些事越来越用不着她了。她有些失落，尽量找些事情帮孩子做，可孩子往往不领情，有时候还引起冲突。我告诉她，事实证明，孩子的成长，在促进你成为勤奋的妈妈，而不是勤快的妈妈。她不解地问，什么意思？我回答，因为孩子的成长已经在督促你、提醒你，你可以更多为自己努力，把更多时间和精力用在自己的人生上。她更加不解，对我说，他马上中考了，接下来还有高考，都是人生很关键的阶段，难道我不应该把更多时间和精力用在他身上吗？我的人生有什么好忙碌的，工作嘛，就那个样子了。我也没想着升官发财，只要这几年把他的事情忙好，我的人生就功德圆满了。

我看着她，问道，一个孩子，看着自己的妈妈，工作上能将就就将就，生活上也没什么追求，整天就知道围着孩子转，他会感觉好吗？他会对你没情绪吗？他会不会在学习上采取你对待工作的态度，甚至用你对待工作和生活的态度来对待你？他和你斗智斗勇、糊弄你的样子是不是像极了你和领导斗智斗勇、糊弄工作的样子？

她沉默不语，半天后说，她从来没想过这些问题。我继续说，我们抛开这些问题，你想通过孩子的高考实现自己的人生“功德圆满”，对他公平吗？他凭什么要背负你的人生？你不想努力了，所以让他加倍努力来实现你的梦想或者回报你，就算我们不考虑这是否对他公平的问题，单从目标实现的角度来看，对你，也是风险很大啊！因为，一切都掌握在他手里，而不是你手里。也就是说，无论你为了他多么勤快，只要他自己不勤奋，你所有的付出都可能付诸东流。你此刻想更多地为他付出，你不能接受那没有回报的付出，你控制不了他，只能逼迫自己更多地付出，更勤快地为他忙碌。不管未来结果如何，至少你认为自己一直在努力。可实际上，你努力的方向错了。退一万步讲，他如你所愿考上了理想的大学，你觉得自己的人生真的就功德圆满了吗？我看未必。现在你已经开始觉得自己没有存在感了，觉得他不怎么需要你了。等他上大学以后，你的这种存在感缺失是不存在了，还是更加严重了？我看恐怕是后者。在人均寿命已经到80岁的今天，才四十几岁的你，已经没有了存在感，你觉得人生会圆满吗？你会快乐吗？你后面的人生，准备怎么过？朋友显然没想过这些问题。我告诉她，所以说，孩子的成长正是在促进我们成长，是时候要为自己勤奋了，而不是只为孩子勤快。于是，我和她分享了我跟儿子一起勤奋的故事。

儿子3岁的时候，我开始读在职研究生。有段时间，每个周五的下午和周六都要去学校上课。儿子有时候和我玩得开心，不想让我走。我告诉儿子，妈妈要去上课，上课是不能迟到、不能随便不去的。就这样，即使摄氏三十八九度高温或者大雪天，两年的学习，我没有缺课一次。在职研究生的出勤率是不高的，全勤就更加少见了，老师都很吃惊。我说，我要给儿子做个榜样，如果我现在随便就不去上课，等他上学后，他说不去上课了，还问我“你不是也不去上课的吗”，我不是无言以对吗？后来我发现，儿子即使上兴趣班，也都是全勤，从来没有提过“不去上了”的要求。至于工作上，我一直是非常投入的。他上小学的时候，我和他一起在书房，一人一个位置。我告诉他，你做你的作业，妈妈做妈妈的工作。我们一起各自做好自己的事情。等他上初中了，他一个房间，我一个房间，还是各自做自己的事情。他如果有事情需要我帮忙，一定会征求我的意见："是否有空？"他很小就对朋友说过，我妈妈很忙的，我得问她有没有时间。上高中后，他如果想让我参加家长会，也会很早就和我确认时间，是否有空参加。他高二的时候，我为了激励他为进入自己理想的学校奋斗，和他约定，我们一起努力吧！还有两年时间，你为了你心仪的学校努力，妈妈给自己的人生也订个目标，等你高考结束，把养育你 18 年的一些心得，结合自己所学，以及开讲座和生活中遇到的关于亲子教育的一些思考，写本书，算是我自己的人生大考吧。听上去，儿子对这个目标，比我更有信心。我给自己留后路，对儿子说，无论你成绩如何，高考结束的那天，你的考验就结束了，可妈妈不一样，你高考结束的时候，很有可能妈妈的书出不了甚至根本就没写完。他安慰我，不要紧，时间不是问题，只要开始写了，总能写完的。说不定，有了第一本，就有第二本了。加油吧！只要开始就好。

于是，真的就有了这本书。尽管时间确实如我担心的那样，晚了好几年，但是，正如儿子所说，那又有什么关系呢？只要最终完成了就好。说实话，我当时真的非常感动，觉得被他激励到了。这也恰恰说明，做个勤奋的妈妈，对自己、对孩子，都是非常有意义的，彼此一定会进入一种相互激励的良性循环中。

我又和朋友聊起，媒体报道的很多高考状元的故事，父母并非高知、高薪之人，不少都是普通工薪阶层，甚至不少家庭条件很艰苦，有的父亲在建筑工地或码头上讨生活，有的母亲做家政、打零工挣钱，有的父母摆个小摊度日，有的父母就是种地的农民……他们不知道如何辅导孩子功课，更不懂得如何给孩子确立好的目标，或者如何给孩子制订计划，也不会陪孩子一起学习……甚至，他们都顾不上管孩子的很多事情，更不会围着孩子转，自然，也不会替孩子做很多事。因为，他们有他们的事，他们要忙着挣钱养家糊口。可这些，一点都不影响他们对孩子产生的激励作用，因为，他们各自在自己的战场上奋力拼搏着，全力以赴着，他们给孩子树立了最好的勤奋和努力的榜样。

所以说，最好的教育，就是父母自己变得勤奋起来，而不是天天逼着孩子勤奋，看着孩子努力，管着孩子学习。

自救策略

☀ 把自己一天或者一周里花在孩子身上的时间和自己身上的时间，分别记下来，看看比重有多少。如果发现在孩子身上的时间比重过多，把所做事项列个清单，和家人包括孩子商议，哪些事情需要其他人分担，或者由孩子自己完成。先从自己最容易放手的事或者孩子最能承受的事情开始，多尝试几次。重要的是寻求变化，让自己不能放弃自己，不能迷失自己。

☀ 写下自己最近一个月、半年或者一年里学的新知识、新技能，看过的书，听的讲座，参加的活动等。

☀ 写出自己近期工作或生活中最让自己自豪的一个事例，或者完成的一个最艰难的任务。

☀ 和孩子一起制订一段时间的目标，但必须你是你的，孩子是孩子的。

自问自答

➤ 除了孩子，你最喜欢交流的话题是什么？你最得意的爱好或者技能是什么？

➤ 孩子不在家的时候，你都干些什么？

➤ 你觉得自己是勤快妈妈，还是勤奋妈妈？你是怎么得出这样的结论的？

孩子总是跑来跑去，我该怎么办

自述案例

有不止一个家长来问我这个问题：孩子总是喜欢跑来跑去，坐不住，怎么办？以后上学怎么办？不是说专注力对学习很重要吗？总是坐不住肯定没有专注力啊，这是不是意味着他以后学习的能力会不行？

还有家长问，办法想了很多，骂过，也惩罚过，甚至打过，都没用，怎么办？还有的说，孩子太小，讲道理他肯定听不懂，打吧，又舍不得。不知道打孩子是不是好的教育方法，但看着孩子跑来跑去坐不住心里很着急。跑来跑去，在家里也就算了，在一些公共场所，比如商场、游乐场所或者聚会的地方，实在让人抓狂。不管，肯定不行，可管又管不住，根本没用，太苦恼了。总不能眼睁睁看着自家娃成了熊孩子，到底该怎么办？

每次有家长问类似问题，我都不会立即回答，而是先问家长一个问题：你家娃几岁了？家长往往也不立即回答，而是立马反问：“是不是年龄大了就好了？”我笑着回答，那得看你家娃几岁了，有些问题，确实会随着年龄的增长发生变化。不同年龄段的孩子，会有不同的敏感期，如果孩子恰巧是处于运动敏感期、秩序敏感期，他可能必须得到这方面的满足，才会停下来。如果他非常执拗，那家长肯定是说什么也没用的，甚至可能会引起孩子的反感。所以，孩子的年龄是做出判断、采取措施的重要指标。如果是4到5岁，处于这一敏感期的孩子，家长就要多一些观察、理解和耐心，再加以适当引导，让孩子的敏感需求在合适的时间和场所得到满足，从而降低在公共场合奔跑的概率。同时，明确一些规则，在哪些场合和时间不能够随意奔跑，并且要讲明理由。

讲到这里，马上有家长说，道理都讲过了，好话说了一箩筐，说的时候都没问题，做的时候就没用了，还是会乱跑。这就涉及另外一个问题：强化和惩罚。

我问过好多家长，孩子安安静静坐着或者玩的时候，你有什么反应？表扬过吗？还是趁着他不闹，正好忙自己的事情，然后等孩子跑来跑去的时候出来制止，甚至呵斥？有没有经常说“这孩子，就是坐不住，喜欢跑来跑去”？

好多家长会被问得愣住，也有频频点头，说“对呀”“是这样的”。我对这样的家长说，其实，这就是因为“强化”没用好，导致孩子越来越向着你不喜欢的方向发展，不喜欢的行为会不断强化。心理学家通过实验证明，当孩子尖叫的时候、跑来跑去的时候得到了更多关注，那这个行为就会被强化。也就是说，如果孩子安安静静的时候，能得到家长更多关注，甚至表扬，那安安静静的行为就会被强化。所以，面对孩子坐不住的问题，与其在他跑来跑去的时候批评，不如在他安安静静的时候表扬。另外，不要总是说孩子“坐不住”“喜欢跑来跑去”，这是贴负面标签，同样是一种强化行为，不会使错误得到改正，而是会变得更严重。

另外一个问题就是“惩罚”。家长对孩子的某些言行进行告诫，或者定出规矩后，还应该有相应的惩罚机制，如果做不到，承担什么后果。一种是“阳性惩罚”(付出更多)，就是因为这个言行，增加他不喜欢的事情，使其付出更多。比如多做某个家务，或者多做几张试卷。另一种是“阴性惩罚”(失去更多)，就是因为这个言行，剥夺他喜欢的某些事情，使其失去更多。比如，减少固定的游戏时间，扣掉一些零花钱等。这样，孩子才能明白这些言行带来的直接后果，出于“趋利避害”的心理机制，孩子会学会约束自己的言行。

当然，还有一些问题我也经常问家长，所谓的经常跑来跑去，有多“经常”？是一刻不停，还是只是一天里有那么几个时段，比如放学回来，或者课间？是你“觉得经常”还是“确实经常”？时间的长度、间隔的频度，能不能准确描述一下？

往往很多家长说不上来，甚至有家长会说“反正我带他的时候，就是一刻不停的”。所以，家长也要自我觉察一下，孩子的很多言行，其实是在正常范围内，但往往家长因为个人喜恶或者某些期许，而作出自己的主观判断，认为孩子“总是”或者“经常”跑来跑去。其实孩子可能已经上了一天的课，好不容易见到父母，可以“撒欢”了；也有可能因为家长难得带他，他就异常兴奋，跑来跑去；或者家长难得带他，有亏欠心，会由着孩子；或者不太会带孩子，孩子就会“不服管教”等。其实，孩子的心思是细密而敏感的，各家的情况也各不相同，不能一概而论。家长只有用心观察孩子，并自我觉察，才能找到根本原因和解决办法。

至于爱动的孩子是不是专注力不够，更是个不能一概而论的问题。有些孩子不是一直好动，在他们感兴趣的事情上，他们是完全可以有专注力的。家长需要观察，并加以保护和挖掘。动静是需要结合的，低龄的孩子，专注的时长和大人的预期有差别，家长要有科学的态度，要尊重规律，不能急于求成。如果孩子“动”的内在需求没有得到满足，过于压抑，是无法做到“静”的。

另外，不同的孩子，天生的气质类型是有差别的，确实存在相对更好动或者更好静的孩子。这需要家长耐心观察，积极面对，不做简单的比较，不拿别人家的孩子作为参照，硬性约束或者要求自家孩子。

自救策略

自我检视。孩子“好动”的问题，是客观存在，还是家长的主观判断？判断的依据是什么？孩子此类问题出现的频度和强度是怎样的？

自我觉察。是不是在孩子出现问题的时候，才会给予更多关注，从而强化了孩子的问题？试着在孩子表现好的时候给予关注和表扬，表现不好的时候降低关注。

- 观察孩子。观察孩子的年龄、性别、性格、言行等，记录“好动”的时间、情景，寻找规律，看孩子在什么样的情况下更“好动”，并试图寻找背后的原因。

- 制订计划。和孩子一起制订张弛有度的作息安排，保证孩子有充分的自由活动时间和空间，明确相应的奖惩策略。

- 和家庭成员的沟通。把认为孩子有问题的地方，和家人交流，听听其他家庭成员的意见。一方面有利于判断是否只是你一个人的认知，或者只在你带的时候才会出现问题；另一方面，如果是共性的问题，就需要家庭成员达成共识，采取一致的行动，而不至于让孩子就同一问题面对不同家长的不同做法，从而无所适从，这样不利于行为的矫正。

自问自答

➤ 你是在孩子“捣蛋”的时候更关注他，还是在安静的时候更关注他？

➤ 你有当着孩子的面，对他人说过孩子就是个“皮大王”或者就是“太内向”之类的话吗？

➤ 当孩子跑来跑去的时候，你问过他为什么吗？你知道他那一刻的乐趣吗？

➤ 你在孩子跑来跑去不听话的时候，尝试过不同的解决方法吗？

➤ 你有没有就孩子跑来跑去的问题，和家庭其他成员讨论过？其他家庭成员有怎样的看法？

小屁孩，居然跟我说“自尊”

自述案例

有个朋友，很“义愤填膺”地“控诉”他10岁的儿子，说儿子就是个“小屁孩”。因为爸爸接他放学的时候在校门口随地吐痰，被同学看见了，他觉得爸爸的行为很没素质，让他在同学面前抬不起头，很伤自尊，就让爸爸以后不要来接他了。

无独有偶，另一个妈妈也来“吐槽”。她和中学同学家庭聚会，听同学讲她家娃的趣事，就很自然地对女儿说：“听听，你看姐姐多棒，看看你，什么都不会，就知道玩，以后要多向姐姐学习。”本来挺开心来参加聚会的女儿，之后就一直闷闷不乐，也没什么话。她觉得女儿上不了台面，席间也不好发作，只能自己生闷气，忍着，还时不时想着法逗女儿开心，但也没什么效果。回到家，她终于爆发了，责问女儿。女儿告诉她，因为她的话，“太伤自尊了，没法高兴起来”。她被震惊到了，什么？一个8岁的孩子，跟我谈自尊？！她知道什么是自尊吗？她还伤自尊了，我这个当妈的都没说伤自尊呢。

相信类似的事情，要么你们经历过，要么身边朋友“吐槽”

过。现在的孩子，动不动跟你提自尊，这么小的孩子，有自尊吗？小孩子的自尊真那么重要吗？他们就是“说不起”“就是惯的”“打击几次就好了”“不然以后长大了，自尊心太强，不好，更容易受伤”……类似的话，相信很多家长都听到过，或者这么说过、想过。

其实，人生而为人，首要的就是自尊，或者说，这是人之所以成为“高级动物”的高级之处。人有自体的感受和获得尊重的需要。也就是说，自尊是人类生而有之的心理需求。随着年龄的不断增长，孩子3岁以后，“我”作为个体的意识越来越清晰，自主的力量不断被感受到，自尊逐步开始觉醒。但那时候，毕竟孩子还小，无法和大人抗争，自己也对自尊不能充分确认，不能清晰表达，但这丝毫不影响他们在追求自尊的道路上一路前行。这也就是为什么很多家长觉得5到6岁的孩子“狗都嫌”。因为，他们不再满足于做爸爸妈妈怀里的宝宝，而是在探索世界、探索自我，确信自己可以在道路上跌跌撞撞前行。

然而，大部分家长都没有意识到孩子已经开始不断“宣示主权”，还想当然地认为孩子就是自己的孩子，自己是有所有权的。其实，孩子从诞生那一刻起，就是一个独立的生命，拥有自己的权利。

中国传统的家庭模式，是家族共生的关系，个体的自主是被忽视的，甚至是不被允许的。光宗耀祖、子承父业、传宗接代等观念，都是以家族利益为上的。在历史的长河里，这样的家族模式，有其必然性和特殊价值。随着时代的变迁，以及新式教育的影响和城市化的推进，传统的家庭模式越来越式微，核心家庭成为新常态。家庭观念和家庭教育理念发生了巨大变化，“以人为本”的理念在心理学、教育界和社会治理领域都已经得到了广泛认同，个体的差异和权利越来越得到认可和尊重。

当下的孩子，就是生在了这样的环境中。而我们很多父母，却是成长在传统的家庭模式下，潜移默化地接受了传统的家庭教育理念。所以，面对孩子提出的自尊诉求，难免会不理解，还会觉得憋屈，甚至觉得自己才是伤自尊的那个人。毕竟，自己从小就是那么被父母管教过来的，给吃给喝还能给钱就不错了，谁还会想着给自尊。

自救策略

孩子的自尊，看不见摸不着，又随时会遇见。其实，孩子的自尊，最直接的体现，就在于他们想拥有选择和做主的权利。选择和做主是一个人最基本又最具个性的需求，这需求能被看见，并得到满足和尊重，就会有高自尊，反之，就会是低自尊。很多家长会觉得，一个小孩子，有什么好选择的，要做什么主？可对孩子，今天穿什么衣服，周末去哪里玩，能不能吃自己想吃的那种口味的冰激凌，上画画班还是舞蹈班，都是他的选择权，都关乎自尊体验。只有日常自尊满足多的孩子，才不会日后对一些看上去的小事那么敏感。所以，应当从小时候开始，尝试让孩子多选择，多做主。

☀ 孩子和家长讨论自尊问题，说明孩子长大了。家长需要意识到，要越来越多地尊重孩子的感受、诉求，而不再是简单地替代，帮孩子做主。“堵不如疏”，与其等到孩子和自己冲突，争取权利，不如早早觉醒，主动让渡控制权，让孩子充分感受到尊重，学会选择和做主。

☀ 家长自我觉察一下，是否自己平时过于在意自己的权威，忽略了孩子的成长需求，打压了孩子的一些权利，使孩子感受不到充分成长的快乐和生命的力量。家长是否保护过度，孩子被束缚太多，有被压抑、未能得到充分满足的成长诉求。家长可以回想一下自己的成长经历，有没有曾经被剥夺自尊的经历，当时是怎样的感受，后来是如何解决的。设身处地感受一下孩子的心境，实现共情，寻找到更好和孩子相处的模式，让孩子获得更多尊严。同时，家长也可以探寻自己实现更多自尊的方法，而不是只在孩子面前通过控制来实现自尊。

自问自答

➤ 你认为的自尊表现在哪些方面？你有过很伤自尊的经历吗？当时是怎样的情况，你是怎样的感受，对你产生的影响有哪些？你后来是怎么处理的？

➤ 你觉得自己是个高自尊的人还是低自尊的人？为什么？你是怎么得出这个结论的？

➤ 你觉得自尊对一个人很重要吗？如果你觉得重要，你认为自尊的重要性体现在什么地方？如果你觉得不重要，你是如何形成这个认识的？

我得“晾”他几天

自述案例

朋友来说儿子的事。老毛病又犯了！本来电脑、手机、游戏都已经管理得挺好了，约定的使用电脑、手机的时间，以及玩游戏的时间，都能遵守。可这几天放假，妈妈发现，爸爸不在家的时候，儿子一直在玩游戏。于是，朋友火冒三丈，回家后就冲进儿子房间。虽然儿子在拿着英语书看，但他发现电脑摊开在书桌旁，就责问儿子为什么不自觉，不按照作息计划学习，而是偷偷玩电脑？儿子生气地回答：“你是不是认为我之前都在打游戏，你进来前才开始假装看书？”朋友说：“那倒也没有，但你至少打游戏的时间比以往长，比计划的时间长。我虽然没在家，但你妈看到了……”后面的状况很多人应该都熟悉，就是父子起争执，母亲进来劝，结果朋友更加来火，让老婆“以后再也别发这样的信息给我了”！于是，亲子间的“战争”转变为夫妻间的“战争”。

好在朋友盛怒之下意识到，自己在气头上，还是需要抽离的，所以离开了“战争主战场”，回到自己的独立空间，平复情绪。

故事还在继续。晚上，到了以往计划中把电脑和手机拿到客厅的时间，朋友听见儿子在客厅和家中的猫咪对话：“看来这个黑板上的作息计划可以擦掉了，用不着了。”朋友故意装没听见，等儿子回自己房间后，他去客厅见到电脑和手机都在桌上。朋友心里还是欣慰的，觉得儿子意识到自己的问题了，也愿意继续执行计划。第二天，儿子通过手机，发了一张夜景模式拍的作息计划照片，告诉爸爸，新手机的功能很强大，晚上拍的作息计划很清晰，不用看客厅的黑板，从手机里就能看到这个作息计划。朋友说，我觉得他就是给我传递信息，他还是愿意继续执行原来的作息计划和约定，但我决定“晾”他几天，先不理他，让他长长记性。

听朋友讲完，我笑眯眯地问他：“看来，你觉得错都在儿子，这场战争你一定要取得胜利。需要服输、认错和承担后果，并发生改变的应该是儿子，对吧？”

他立即说：“那肯定的，打游戏的是他，破坏计划的也是他。我只是指出了他的问题，他难道不应该改正吗？”

我告诉他，其实，孩子已经知道错了，也已经在认错了，而且不止一次，但你却没“接住”，还是执着于“晾”他几天的战术。

他愣愣地看着我，问了句：“是吗？”

我问他，你听到儿子晚上在客厅里的话了，他说给猫咪听，其实是说给你听，对吗？你也明白，但你就是不想搭理他，假装没听见。孩子已经按时把电脑、手机放回客厅，就是用实际行动在改正，你看见了，却觉得是应该的。你错过了“接住”孩子认错的两次机会了。第三次，孩子发现爸爸还是没反应，只好再次明确地展示给你看，直接发信息给你。而你，居然再次选择不理他，因为这次你不可能没看见。这一切，都是因为你要继续采取“晾他几天”的战术。

我问朋友，你觉得你和孩子是“战友”还是“对手”？

他看看我，没回答。我说，我认为所有的家长都应该明白，我们和孩子是“战友”，我们要一起并肩作战，帮孩子克服一些困难，和孩子一起成长，为孩子创造条件，给孩子有力的支持，让他们一步步成人。而很多家长，把自己活成了孩子的“对手”，有各种和孩子的较量，各种对孩子的控制和打压，各种对孩子的不尊重和不接纳，各种对孩子的不宽容、不容错，各种选择性“看不见”，各种选择性“放大”，各种要求和指责，却很少有鼓励和肯定。

朋友怔怔地看着我，迟疑地说：“没有吧，家长肯定都是和孩子在一起的。”

我说，既然是在一起的，那为何“晾”他几天？这分明就是站在你的立场上考虑问题。如果是为孩子好，那最佳的做法，应该是孩子“示好”“示弱”“认错”后及时回应，肯定孩子，让孩子感受到家长的回应。这好比我们对着大山呼喊，听到回声一样，每个人都会喜悦的。孩子得到家长的回应，就好比听到自己呼喊的回声一样，是喜悦的，是感受到自己“所做的努力没有白费”的成就感，是被父母看见和认可的存在感。而你根本不会往这个方面想，你想的只是自己在这次“战争”中，要让他感受到你的力量，你对事态的控制力，因为“理不理他，你说了算”。你可以采取你想采取的任何措施，即使孩子在努力改了，一而再、再而三地和你发生连接，你都断然拒绝了，因为你还是采取“晾”他几天的策略。你们不是“对手”是什么？至少肯定不是“战友”。“战友”难道不应该在需要的时候，第一时间就互相支援吗？试想一下，如果你和单位同事发生了一点不愉快，你事后想想，自己确实有做得不好的地方，于是你有一搭没一搭地在办公室拿点东西让大家吃，说些大家都能听见的话，指望和同事打破僵局，那同事却没反应。你想他大概没注意，所以第二天专门发信息给他，告诉他一个重要的事情，他依然不回你信息，你会怎么想？是不是会觉得对方太过分了，不肯接自己的“橄榄枝”，给了梯子还不肯下？接下来的想法就是，既然这样，那就随便了，反正我能做的都做了，既然你不在乎，我也无所谓了。可实际呢，你并非不在乎，你只是没想这么快原谅，却不知道，这就错过了最佳的解决时机。所以，不管是3天还是5天，还是视对方反应而定，都要适时抓住机会。

你所谓的“让他长记性”也是出于家长视角，是站在你的立场上，以为这样就可以让他长记性，恰恰再次说明，在你们的亲子关系中，你是那个更有决定权和控制力的人。不管家长们承不承认，这就是事实。孩子要完全听家长的，不然家长就可以用各种方法让他们“长记性”，哪怕孩子大声呼喊，家长也不会让他听见回声；哪怕孩子已经在努力改正了，家长也假装看不见。家长们认为，这些都是为了让孩子“长记性”。那到底长什么记性呢？就是记住，你必须听我的，不然，我可以不理你，可以不给你零花钱，可以取消你各种想要的……归根结底，是家长拥有“予取予夺”的权力。孩子，想抗争，而家长，感受到被冒犯。所以，经常发生冲突，其实，这已经超越了事情本身的对错了。

我对朋友说，就算你没有想那么多，只是凭着本能和个人意愿，就不想那么快理他，就想“晾”他几天，那说明，你自己也是无法控制情绪，那你凭什么要求孩子能完全控制行为呢？你像他那么大的时候，就没有玩得忘了回家的时候吗？没有晚上躲在被窝里看小说的时候吗？工作后没有熬夜看电视转播球赛的时候吗？那为什么就要求孩子时时刻刻都要执行计划呢？偶然没做到又能怎样，更何况是假期，适当调整也没问题啊！你们不能把孩子当机器，得把他当活生生的人，有七情六欲，有主观能动性。事实上，如果你们不是总盯着他没做到的这次，而是肯定他已经做到的那么多次，对他的积极意义更大。

朋友若有所思地点点头。我继续说，说到这里，就要说到你前面的两个反应。第一，收到老婆的那个说孩子一直打游戏的短信，可以先做老婆的工作，了解“一直”是多久，是几点到几点，是真的“一直”还是只是一个模糊的感觉。家长很多时候都会夸大孩子玩耍的程度。了解清楚情况后，可以安抚老婆的情绪，而不是立即火冒三丈，找儿子算账。事实证明，后来不仅问题没解决，火还烧到自己。第二，可以和孩子聊聊，但不必兴师动众直接冲进儿子房间，而是在自己情绪平复的情况下，轻松平等地和儿子聊，不是居高临下地责问。即使在儿子房间看见电脑开着，也不必想当然地认为孩子一直在打游戏。其实孩子如果长时间打游戏，自己也会内疚，你不说，反倒会让孩子有了个自我改正的机会。你说了，孩子当时会有对抗情绪，改得心不甘情不愿，因为不是他自愿的，而是父母逼的，是为父母改的，即使做好了，也没有自我成就感，只是觉得被动完成了一件事。

总之，整个事情都弄拧了。该“接住”儿子反应的时候，没“接住”；该慢点反应老婆信息的时候，却快速反应了，而且反应还很激烈；该选择“装没看见”的时候却偏偏不依不饶，该及时响应的时候却选择“装没看见”。

自救策略

☀ 听老师、配偶或者长辈说孩子某些不是的时候，不要第一时间就把矛头指向孩子，先向提供信息的人了解一下具体情况，多问一些细节，便于了解真实情况，让自己和提供信息的人平复一下情绪。很多时候，说的人未必就是让我们去解决问题，只是表达一下他的感受和情绪而已。多了解一些客观情况，对解决问题是有帮助的。

☀ 和孩子讨论问题的时候，避免先入为主，认为孩子是不对的；或者先想好了解决方案，而不是先听孩子怎么说。事情的真实情况是怎样的，孩子的想法是怎样的，孩子有没有自己的解决方案，能不能共同讨论，商议一个解决方案。这样，就是站在孩子立场，为了帮助孩子认识问题、解决问题，而不是解决孩子制造的问题，更不是消灭问题，不是教训孩子，不是和孩子较量，也不是治服孩子，收拾孩子。

☀ 面对冲突，多问自己几个问题：自己为什么这么做？为什么生气？有没有其他办法？自己是不是意气用事了？自己像孩子这么大的时候有没有类似情况？当时是怎么想的？如果自己是孩子，面对此情此景，会怎么想？

自问自答

➤ 你如果遇到类似事情，是不是也会用“晾”他几天的办法，明知道孩子在示好了，就是故意不理孩子？

➤ 你什么时候，会选择故意不理孩子，或者假装没看见、没听见？

➤ 当孩子某次做错事了，你会选择“假装没看见”吗？是什么想法使你决定如此做？事后孩子的反应是怎样的？

➤ 你会主动与孩子和解吗？如果会，你是怎样主动与孩子和解的？孩子的反应是怎样的？

➤ 你有向孩子示好，孩子不理的经历吗？当时你是怎样的感受？这事对你产生什么后续影响了吗？

理解一下我，真的有那么难吗？

自述案例

一对母女坐着我面前，妈妈一个劲地诉说着初中生女儿的种种“不可理喻”和“难以忍受”，希望得到指点，帮孩子解决这些问题。说孩子不肯剪短的刘海；说孩子不像朋友的孩子那么乖巧；说孩子为什么总是喜欢戴着耳机做作业，听着音乐能做好作业吗？说孩子喜欢的都是歌星，唱的歌那么难听；说孩子不肯努力学习，报了很贵的补习班，成绩一点起色都没有；说孩子整天冷着个脸，和自己说不了几句话，说自己多么不容易，孩子怎么就一点都不理解。

说到孩子一点都不理解她的时候，一直沉默不语的女儿终于爆发了，怒吼道，理解理解，你整天光说让我理解你，可你呢，什么时候理解过我？你甚至没有完整听我把话说完，我的想法和道理从来都不重要，在你眼里都是借口和理由，都是不务正业！你不是总是说你吃的盐比我吃过的饭都多，那你理解一下我，真的有那么难吗？难道我现在吃过的饭，你没吃过吗？你不是应该更能理解我才对吗？为什么不是吃盐多的人理解吃得少的，而是让吃得少的理解吃得多的？

妈妈一下子被震惊到了，不知道是因为女儿突然一下子连珠炮似的责问让她始料未及，还是女儿的问题确实让她无言以对。女儿倒是因为这一番爆发，把心里积压许久的话说了出来，有了释放后的轻松。

可能很多家长都抱怨过孩子不理解自己的苦衷和良苦用心。可我也听到过很多孩子抱怨，为家长不能理解他们而苦恼。正如案例中的女儿，孩子觉得大人一边口口声声说自己“见多识广”，以“过来人”自居，一边却不能用“过来人”的经验和视角，对孩子们多一些理解。孩子们甚至说，我们根本没指望家长能完全理解我们，但哪怕有一点点理解也是好的，可理解为什么就那么难呢？大人不是应该更聪明，懂更多吗？为什么就不懂我们小孩呢？有的孩子用了很极端的表达方式：理解一下我，他能死啊?!

也许，孩子们不明白，有些家长，不是不能理解孩子的想法，而是不能接受孩子有和自己不一样的想法和做法。因为，在他们心里，觉得向孩子让步，意味着自己的“失守”，继而就是“节节败退”，那真是“濒死”的紧张和恐惧感。所以，这样的家长，需要战胜的是自己的“虚弱”和自己安全感的缺失。正是因为安全感缺失，才需要通过强的控制来守住自己的阵地。

很多不能很好理解孩子的家长，往往更多站在家长的立场要求孩子，看着是“好心”，好像都是“为了孩子好”，其实不然，背后都有一个需要通过孩子来满足自己心理需求的自我。因此，只有当真正觉察到那个真实自我的存在，并且正视这个真实的自我，才有可能看见孩子的真实需求，才能把自己的需求和孩子的需求分离开来，才能学会理解孩子。

朋友的孩子，把爸爸的手机解锁后，给自己的游戏买了装备。朋友发现后，气愤不已。我对他说，说明孩子对你的了解，远远大于你对孩子的了解。给你三次机会，解锁孩子的手机，可能吗？朋友摇摇头，说“估计三十次都不行”。他思索了片刻后说，好像我们对孩子关注的东西，关心太有限了，只关心我们想关心的，比如学习好不好，在学校有没有闯祸，身体怎么样，其他的好像都不太清楚。但孩子却对我们的所有都感兴趣，正因为如此，他们对我们的了解更多，而我们对他们知之甚少。

朋友的感悟，不是每个家长都有的，我为他高兴。相信他日后会对孩子多一些观察和发现，自然也会多一些了解和理解。由此引发了我另外一个想法，即使同在一个屋檐下的父母和孩子，经历着相同的事情，但获得的信息、感受到的东西都是不同的，自然也会发生相互不理解。这就好比孩子发了一条朋友圈，妈妈看到的，只有自己点了赞，可孩子和朋友们互动了上百条，妈妈却是看不见的，因为妈妈的朋友和孩子的朋友不是朋友。同理可得，妈妈在朋友圈的互动，孩子也不知道。同一条微信，朋友圈所见都可以不同，更何况其他更复杂的事情，包括不同生活场景的很多事。比如，孩子在学校经历的事，或者孩子内心的想法，都是更加不那么显而易见，更需要家长多一些心思去理解。

自救策略

☀ 当孩子和自己说话的时候，尽量先多听，不要急于做判断、下结论，也不要急于给建议，更不要粗暴打断，或者不耐烦。真的手头有急事，可以非常坦诚地告诉孩子，自己正好有个急事需要处理，或者正在接听电话，能不能处理完这个事再听他说。如果是这样，记得事情一处理好，就必须主动问孩子，刚才没说完的事是什么，并且认真听孩子说完。千万不要事情处理完后就把之前的事忘了，那孩子就会认为你是不想听他说，或者是对他的事情不感兴趣，或者觉得他没有他人重要。

☀ 平时多和孩子聊聊他感兴趣的事，比如喜欢的音乐、球星、电影、书籍之类的，学校要好的同学，喜欢的老师、学科等，也讲讲自己像孩子那么大的时候，生活和学习日常印象深刻的事，喜欢的学科和老师，要好的同学，当时读的书籍和杂志，还有和父母“斗智斗勇”的故事等，既可以拉近和孩子的关系，增进了解，也能让孩子从家长的经历中明白，其实家长也和自己一样有过类似的苦恼，这对孩子战胜困难、打消顾虑是有帮助的。而家长，也能从中把自己拉回到孩子的视角，能对孩子多一些共情和理解。

☀ 和其他同龄孩子的家长多一些交流，发现有些问题不是自家孩子特有的，而是当下很多孩子的共性，就能减少很多焦虑，也能多一些理解，矫正一些自己认识上的偏差。

☀ 读书学习，了解不同年龄段孩子的特点、规律，用更科学的方法和孩子交流。自己能不断进步和成长，和孩子能聊的共同话题就会更多，孩子也更愿意和你聊，彼此就更容易理解，继而进入良性循环的状态。

自问自答

➤ 你知道你家孩子最喜欢的明星吗？如果知道，你是怎么知道的？如果不知道，你怎么看这件事？

➤ 你家孩子有难处的时候，会和你说吗？如果有，是怎样的难处？当时你是怎样的感受和反应？如果没有，你觉得孩子有难处会和谁说？

➤ 你和孩子聊过你小时候的事吗？如果有，孩子是怎样的反应？你又有怎样的感受？如果没有，是什么原因使你没有做？

➤ 你家孩子有没有让你难以理解的事，你是怎样的感受和反应？

奥运冠军和你一样大

自述案例

一个朋友对我说，家人一起看奥运，他脱口而出对儿子说了句：“人家和你一样大，都奥运冠军了。”没想到，儿子回怼了一句：“你咋不说，你和张文宏一样大呢？”然后就气鼓鼓地进自己房间了，还把门关得很大声。朋友一时有点懵，觉得儿子的责问让他无言以对，又觉得自己说那句话，并没有指责儿子之意，没有要儿子也成为怎样的人的意思，儿子为什么反应那么大？难得一家人共度好时光，就这么不欢而散了。

我笑着对他说，这就是“言者无意，听者有心”。你儿子回怼你的话，你也说不出他哪里有错，或者哪里对你有攻击性，但你肯定会觉得不舒服。因为你被置于了比较关系中，即使说的人主观上没有这个意愿，但听的人会产生这样的联想。正值青春期的孩子，对同龄人的言行比较敏感，所以青春期追星多，模仿同龄人言行多，对父母和老师的权威挑战欲强。如果你平时和孩子的沟通不是很好，或者有过类似拿“别人家孩子”和他比的言行，那此刻，自然会激起他的不适联想和情绪反应。

朋友说，我只是感慨一下而已，人家年纪轻轻，都已经是奥运冠军了。听他这么一解释，我说，那说明儿子回怼你，不冤。看比赛，你看见的，只是冠军和你儿子之间无法改变的关联，比如年龄，还有对方的成绩。而没有看见，体育比赛本身深层次的意义，以及能够给儿子包括你带来的可改变的关联。

我和儿子看比赛的时候，会看赛前或赛后的采访，会交流心得。会和儿子讨论，像奥运冠军这样厉害的人，也会在大赛时紧张，更何况我们普通人，平时考试紧张也是正常的。选手说，“只要正常发挥水平就行”。我和儿子讨论，有数据证实，比赛时能发挥出平时80%水平，就很不错了。所以，不要总想着“超常发挥”，这样的事可遇不可求。要想让考试（比赛）有好成绩，只有通过平时更多、更刻苦的练习。只有把“平时当战时”，把每次练习都当比赛，才能在“战时”有“平常心”，发挥出平时的真实水平。很多运动员都会提到，比赛的时候，心里只想着动作本身，排除杂念和干扰，聚焦自身，集中注意力。这些，其实在所有人的日常学习和工作中都会遇到，都可以借鉴。奥运金牌只有一人可得，而奥运精神人人可学。这样的交流，就不会让孩子感受“被拿来比”从而产生抗拒，而会从中有所收获，感受父母的平常心，而不是企图心、功利心。

我和朋友讨论，你先让自己成长，让自己更丰富，让自己看世界的眼光和心态更宽广，才能和孩子有更深入的高质量交流。他马上说，是的是的，我儿子就是不喜欢和我交流，说我除了学习成绩，只能问点吃吃喝喝、打没打游戏之类的问题，他不知道和我说些什么。

我接着话题说，对啊，所谓“无聊”，就是没有什么话说。你如果想让孩子和你有更多话说，那先要让自己成为一个“有趣”的人，能有更多的趣味，或者能看到更多趣味。体育兼具德育、美育和智育的功能。正如顾拜旦先生所说，体育运动是可以“促进心灵美好、社会和平”的。现代科学已验证，体育会促进大脑发育，提高多巴胺、内啡肽等激素水平，而这些激素不仅能使人更快乐，还能使注意力更集中，内驱力更强。而这些，恰恰是学习或者说智育发展非常需要的。类似这样的趣味和益处，你要尽量多让自己看到。

这让我想到另外一个朋友的困惑。她说为了女儿的弹琴，亲子关系一度很紧张，孩子也很抗拒弹琴。她想，为什么要学琴啊，有必要吗？自己那么累，出力不讨好，还要花不少钱。以后又不走艺术这条道，现在何必那么辛苦。

我说，你要想明白，艺术熏陶是美育，会激发人对真善美的领悟、感受、表达、尊重和欣赏。这是一个潜移默化的过程，是隐形的教育价值，可能直接、明显的效果一时看不到，但不知不觉会对人产生影响。这是怎样的力量，谁也不会在学音乐之初就想到。想明白这个初衷后，就不必那么焦虑，没有功利心后，就更接近事物的本质，看待事物的眼光和角度就会发生变化，情绪体验也会不一样。同时要看到，艺术还是一种很好的表达方式，是和他人与世界建立连接的一种方式。有些人，不善于语言表达，但通过音乐或者绘画，就可以更好表达。这对个人的健康、人生的探索，都有积极意义。学艺术也是一种很好的压力释放方式。我儿子初中时学吉他，也没考级，就是因为喜欢。高中住校后，就中断了学习。但是，高三学期，每个周末回来，我发现他都会弹弹吉他。本来以为有什么演出，然而并没有。我想，这是他放松自己的一种方式吧。学艺术还有一些积极的意义，一些艺术家的成长经历，会成为孩子的榜样，给孩子带来人生力量、前行动力。当然，还会扩大孩子的社交圈，因为有共同爱好的人更容易有相同话题。还有，因为他的某个特长和爱好，会得到一些意想不到的机会等。

朋友诧异地说，经你这么一说，才知道美育的好处有那么多啊！

我说，还不止这些呢。美育不是孤立的美育，对智育的开发肯定有促进作用。美育也承载着德育的功能，发现和创造真善美，不正是体现了德育的意义吗？刚才你说到练琴的枯燥和孩子的退缩，战胜这些困难，需要通过磨炼意志品质才能实现。而意志品质的磨炼，不也是德育的重要内容吗？在美育中，和体育一样，有很多德育的内容，比如如何面对挫折和失败，如何面对竞争和合作，如何面对个体和集体等。德育不是枯燥的说教，而是通过鲜活的生活来实现的。

所以，五育并举，五育融合，不是一句空话，而是真的对孩子的全面发展、对人生的成长，有着积极的意义。当然，有益不一定一开始就有趣，枯燥的练习、艰苦的坚持，这些过程不可替代，也没有捷径。但当你经历了这些过程，就会逐渐发现有趣和有益的部分。要让孩子看到学习的艰巨性，要接纳自己和孩子一下子做不到。可以和孩子一起探索更多的练习方法，成为孩子学习路上的帮手，而不是只提要求、下命令的那个人。这样，孩子才能同时感受家长的爱和艺术的美。

自救策略

☀ 让自己学一些新知识、新技能，或者流行语，保持年轻心态。

☀ 保持好奇心，时不时请教孩子一些问题，听听孩子怎么说，了解他们的思维模式。别轻易批评和下判断，多问“为什么”。

☀ 培养自己一个兴趣爱好，如果以前就有，坚持下去，别放弃。就自己的兴趣爱好，和孩子讨论，了解现在的孩子是否有这样的爱好，如果有，他们是怎样培养这个兴趣爱好的。

☀ 觉察一下，自己是不是存在把自家孩子和别人家孩子比较的现象。如果有，是什么情况，比较的是什么。把自己的真实想法写出来，为什么自己更在意这个点，为什么更喜欢拿孩子的这个点和别人的孩子比。

自问自答

➤ 你小时候最不喜欢父母把你和谁比？为什么？当时是什么感受，又是怎么应对的？

➤ 你最容易把自家孩子和谁家的孩子比，或者最容易把孩子的哪些方面和其他孩子比？为什么？

➤ 孩子有没有对你有关“比较”的话提出抗议？当时是什么情形，你是如何处理的？

我儿子想做米其林厨师，怎么办？

自述案例

一个初中生家长前来咨询：“儿子说他想当米其林厨师，我该怎么办啊？”我说，这不是挺好的吗？有想法就有动力，有追求啊！现在就怕孩子什么都不想要，什么想法都没有。她说，可这太难了，全球才几个米其林厨师，哪有他想的那么简单。我问她，你真的只是因为成为米其林厨师太难了，才产生苦恼吗？如果抛却这个因素，或者说他已经成为米其林厨师了，你会介意他的职业吗？会觉得再厉害也不过是个厨师吗？你会介意在亲朋好友跟前丢面子吗？她回答，这倒不是问题，我知道米其林厨师是很厉害的，也不会用世俗的眼光来评判此事，就是单纯觉得太难了，花了很多时间和精力，成功的概率很低，何必呢？而且，我也不希望他太辛苦。

听她这么说，我就问了她另外一个问题，你会因为高考竞争激烈、太辛苦而不让孩子参加吗？她说，那倒也不会。我说，苦不苦，难不难，其实未必是选择的重要依据。你更多的是担心选择了这条路，最后没成功，其他的机会也没了，是吗？她连声回答，就是啊，高考无非就是考得好坏，就算上不了好大学，但至少有学上。米其林厨师一旦当不上，以后怎么办啊，又做不了其他工作。

我说，所以，你忧虑的是孩子未来的出路，而并非现在的困难。所以，我的想法是，既然你已经知道了做米其林厨师的难，那就坦诚告诉孩子。把米其林厨师的事迹找出来，和他分享，榜样的力量是无穷的。看看成为米其林厨师需要具备什么能力，要做哪些准备，然后和他一起准备起来。她立马说，对的对的，他知道当米其林厨师英语必须好，所以，现在已经在认真学英语，这学期成绩明显进步，英语老师还表扬了。我说，看看，这不是很好嘛，再次说明，一个人只要做自己喜欢的事想做的事，就会有内驱力，就会动力十足。这也正是我说“他有想法是好事”的原因。既然他已经主动学英语了，接下来，你可以帮他整理更多的资料，让他明白，做米其林厨师，光英语好是不够的，还得有生物学、营养学、化学、物理、美学，甚至医学、心理学、文学、历史等很多学科的丰富知识，最好还能彰显民族特色，要有所创新，才能冲出重围，获得成功。而且，做米其林厨师，对身体素质的要求非常高，所以，要加强体育锻炼，磨炼意志品质等。

当我们和孩子一起为他的目标努力的时候，孩子就不会抵触，也不会觉得辛苦。事实上，大多数人做自己喜欢的事，再累也不觉得苦。不是为了家长学，或者为了老师学，而是为了自己学，才会学得更有动力。这样的引导和支持，适用你孩子的各种爱好。

有个家长说，她家孩子喜欢上了滑雪，但上海没有条件，只能每次寒假孩子和妈妈回东北外婆家的时候，才可以滑雪。所以，孩子为了能去滑雪，主动确定了学习成绩进前几名的目标，天天早上主动跑步，锻炼身体，还和妈妈商量，能否去健身房请个针对性教练，在不能滑雪的时候，加强肌肉力量训练等。孩子主动提出，会带着假期作业回去，会每天保质保量完成。我说，多好啊，家长最在乎的“学习”，人家主动搞定了，这就是兴趣爱好的驱动力。可那个妈妈却说，他不是真的喜欢学习，而是为了能去滑雪才学习。我忍不住笑了，问那个妈妈，你觉得有多少人会主动喜欢学习？学习不可能一开始就喜欢上的，一定需要经过一个过程。当我们从中感受到学习带来的成就、快乐和力量等，才会逐步喜欢学习。为了让孩子喜欢学习，教育者和家长要花很多心思，甚至做很多研究，才能找到方法。你儿子现在自己找到了一个“一举两得”的办法，你何乐而不为呢？那个妈妈继续忧虑道，他不是为了学习而学习，回头不喜欢滑雪了，也就不喜欢学习了，怎么办？我回答，他现在喜欢，喜欢一阵是一阵，总比从来没喜欢过好。学习带来的快乐，是成长性的、发展性的。也就是说，他一旦体会到进入前几名的喜悦，品尝到战胜自己的快乐，获得了自信和成功，就会渴望继续重复这样的体验。这就是心理学上说的，一旦心理体验有过一次，就会渴望再次体验；一旦成功一次，就会相信自己会再次成功。正是如此，我们会发现很多人“成功上瘾”，不断“自我激励”，不断前行，不断成长。

作为家长，不必过于忧虑孩子以后会怎样。应当聚焦当下，此刻，他是有追求的，有动力的，渴望成功的，那我们就全力以赴支持孩子，引导孩子向自己追求的方向努力，并且把孩子原本没看到的一些更基础、更长远的能力和知识叠加其中，最后的教育效果就会非常好。

无论那个想做米其林厨师的孩子最终能不能实现自己的梦想，但在实现梦想的过程中，他全力以赴学了很多知识，克服了很多困难，知道为了自己的梦想而努力，这些，最终都会给他带来很多显性的成果和隐性的财富，这才是最重要的。

那个妈妈完全不必担心未来孩子做不了米其林厨师就没工作，其实孩子在追求这个大目标的过程中，一个个小目标都是他的收获。最终，他可能随着年龄的增长，兴趣爱好发生变化，不想当米其林厨师，或者在学习的过程中，发现了自己更喜欢的方向。这都不要紧，重要的是在他有梦想的时候，家长和他一起，为这个梦想努力过，这个努力的过程一定会带给他收获。“滑雪宝宝”也一样，无论以后和滑雪的缘分有多深，但既然滑雪能带给他一种动力，那就保护好这种动力，用好这种动力，使其发挥最大化的作用和价值。

后来，“米其林宝宝”的妈妈对我说，儿子给她做过几次吃的，食物口感真是很不错，超乎她的想象。我说，那不是挺好吗？多鼓励孩子。现在“劳动教育”是“五育”里最难的，你家孩子喜欢自己动手做美食，多好。无论他是否能做米其林厨师，这个能力和品行都会为他的人生增添乐趣和机会。她又忧虑，说虽然做得不错，但儿子为此花了太多时间，会影响学习。她想帮他做点基础工作，也节省点孩子的时间。

我和她交流：其实，并不是花的时间越多学习就会越好，有时候，一些动手活动和运动，反倒是有利大脑发育的，有利一些激素水平的变化，可以提高学习效率，反倒比整天坐在书桌前效率高。有些基础工作的准备过程，是需要他体验的，对制作美食的理解、食材的选择、程序的把控等，都不是“无用功”，让他做做未尝不可。当然，你可以婉转地参与进来，比如，向他提出，很想知道他是怎么做出这么好吃的美食的，想和他一起做，向他学两手之类的想法。孩子如果能接受，当然最好，家长可以一举两得，既在不知不觉中帮孩子节省了时间，又创造了和谐的亲子共处时光。当然，这个过程中，要特别注意“管好自己的嘴巴”，是抱着欣赏和学习的心态，去看孩子怎么做，给孩子“打下手”，而不是“唠叨嘴”，一会嫌这个没弄好，一会觉得那个不应该，那就成为“事故现场”了。以后，孩子就再也不会答应你和他一起做美食了。

自救策略

☀ 当孩子提出一个想法、目标或理想的时候，不要急着否定和打击，千万别说“就你这样，还想……”之类的话。

☀ 和孩子一起看看，如果实现这个想法、目标或理想，需要具备哪些能力，要做些什么准备，和孩子一起商议出更细分的阶段性目标，并且让孩子明白，家长是他强有力的支持。也可以征求孩子意见，看看在这个过程中，希望家长做些什么。

☀ 家长不要主动替孩子做很多事，或者动用家长的资源帮孩子搞定，比如，哦，你想上美院，我帮你请个好老师，他可厉害啦……从一开始就否定了孩子自身的努力。其实，即使有再厉害的老师，孩子没有学习动力，都是没法取得好的学习效果的。所以，无论怎样，都要让孩子认识和感受到，这件事，只有通过他自身的努力才能实现。最终实现的时候，即使家长也做了某些方面的努力，还是要更多看见孩子的努力，肯定孩子的努力。这样，孩子才能更有动力和信心持续努力。

自问自答

➤ 你有没有对孩子说过类似“就你这样，还想当……”的话？如果有，回想一下孩子当时的反应，之后的影响有什么？

➤ 你小时候的梦想是什么？和父母说过吗？当时他们是怎么说的？你的情绪体验是怎样的？你的应对又是怎样的？对你后来的人生产生了什么影响？

➤ 你现在还有什么梦想？你觉得这个梦想还有实现的可能吗？为什么？如果要实现这个梦想，你觉得还需要做些什么？你觉得实现这个梦想，最大的障碍是什么？

欣然接受，就是最好的礼物

自述案例

有朋友“吐槽”，没想到上了大学的儿子，给她带来了新的困扰。因为孩子在本地上大学，所以最开始，是每个周末回家。她平时享受着“一下子自由了”的生活，周末，总是期盼儿子回来，精心安排各种食谱，想着给孩子改善生活，也尽一点父母的责任。结果，发现儿子并不领情，睡懒觉到中午，吃什么“随便”，还会有不少自己的安排，比如和同学聚个会什么的。起先她还能劝自己，这样的状况多了后，就开始有点失衡了，觉得孩子不懂事，浪费了自己的一片好心，觉得自己吃力不讨好。为了孩子周末回来，她放弃了所有周末的活动安排，孩子却不领情，就更加觉得委屈。所以，在孩子面前抱怨和数落过。

后来，孩子不知道是因为感觉不舒服，还是因为真的学业忙、社会活动多，反正周末回来越来越少。她又出现新的不适应，一下子有一种空落落的感觉，又开启“每周五追问是否回家”的模式。孩子回，她就开始忙碌，然后是两天的“摩擦”。周日孩子返校时，她竟然有一种“终于回去了”的释然，但又为这种释然感到自责，觉得妈妈应该舍不得孩子离开才对，自己是不是太自私。

如果孩子不回，她会感到失落，并且怀疑自己是不是哪里做得不好，孩子才不愿意回来。所以，她陷入了这种无论孩子回还是不回都开心不起来的状态。

我和她儿子聊的时候，发现儿子并非妈妈说的不懂事、不领情，反倒是很多做法，是为了体恤妈妈。儿子非常清楚，每次回去，妈妈都会忙前忙后。孩子心疼妈妈，不希望妈妈为了自己如此辛劳，觉得妈妈如此付出并非是自己想要的，反倒给自己带来了很多压力。他觉得回家是一件很轻松自然的事，自己的家，想什么时候回就什么时候回，想做什么就做什么，不需要提前周密准备和安排。可妈妈如此精心准备，让他有一种做客的感觉，很有压力，没办法得到放松和休息。后来减少回去的次数，也确实有逃避这方面压力的原因。可实际上，他也明白妈妈很希望他回去，他也是喜欢回家的。这样，无形中给他造成了一定的困扰，本来很自然的一件事，现在要挣扎一番才能做出决定：这周，回还是不回？

我把孩子的想法告诉妈妈，妈妈挺意外的。她没想到，孩子会有这么多想法，更没想到，自己的精心准备，带给孩子的却是如此体验，会是一种压力。我问妈妈，你觉得这些精心准备，是真的为了孩子，是孩子需要的吗，还是你自己的想象，认为是孩子需要的？有没有为了满足你心理需要的成分在，觉得自己是为孩子做了些事的，自己是个好妈妈，是关心孩子的？她沉思了一会儿，缓缓地说，有时会觉得，孩子难得回来一趟，总要为孩子做点什么，至少做点好吃的。我们现在能为孩子做的，已经很少了，也就这点事了吧，总不见得他回来一趟，我什么也不做吧。

我和她分享了一些我的感受。我挺能理解她儿子的心理的。我从 18 岁上大学开始，就远在他乡，每年只有两个假期回去。那时候，很多同学假期勤工俭学或旅游，我都是第一时间回家，最后一刻返校，因为觉得妈妈希望我在家的时间越多越好。我和同学出去聚餐，她会不开心，认为“辛辛苦苦做了好吃的，外面的饭有什么好吃的”。我有个特殊情况是，因为身体原因，很多食物忌口，不能吃。而我家乡的饮食中，很多都是我的忌口。所以，妈妈更加不希望我和同学聚餐，我也接受了。妈妈所做的这些，都是为了我好。直到多年以后，我才对妈妈说：“我和同学聚会，不是为了吃饭，吃什么不重要，重要的是见同学。”我相信，那一刻，接受女儿的观点，对妈妈来说，也是艰难的。庆幸的是，无论多难，我说出来了，妈妈也接受了。自此后，我和妈妈约定，如果我出去吃饭，提前告诉妈妈，让她有所准备。这准备，肯定既包括心理上的接受，也包括具体家务上、时间上的应对。很多父母可能会和我妈妈一样，孩子在，饭菜就很丰盛，孩子不在，“怎么吃都可以”。所以后来，我经常在电话里和妈妈说的一句话就是“别我们不在，吃饭就瞎凑合”。

再后来，我成家立业后，回去的时间更少了。当然，每次回去，父母更加“兴师动众”。但是毕竟几年回一次，父母再怎么忙碌，我也会理解他们的心情。每次得知我们回去，父母的喜悦和期盼，都是溢于言表的。我甚至有一种感觉，我们回去，对他们就是一种福利、奖励，是节日，是最重要的事。所以，为了让他们开心，我不断增加回去的时间。再后来，从偶然的机会得知，其实每次我们离开后，妈妈都会累倒，会大病一场。我一下子愧疚了，不忍了，自责自己的幼稚和自私，只看见了父母开心的一面，却没想到他们的辛劳，被他们的报喜不报忧蒙蔽。所以，一度我陷入了“不回去，觉得不孝，对父母有歉疚；回去，觉得不忍，对自己有自责”的进退两难的境地。

后来，我突然想明白了，问题大约是出在我们都太想给予对方，而且还特别想把最好的给予对方，完全忽略了什么才是对方想要的。所以，我不再纠结和抗争，不想着“有没有既不增加父母负担，又能满足父母愿望的办法”，既不逼自己做得更好，也不要求父母成为理想型或者完美型父母。欣然接受父母的一些言行，更多的是为了满足父母的心理需求，而并不是自己的实际需求，不追求改变父母的认知，只是去接受、去成全。也许，欣然接受，就是最好的礼物。我也欣然接受自己的一些言行，不是为了自己，而是为了父母，开始尝试在满足父母需求的同时，兼顾自己的一些需求，并减轻父母的一些负担。果然，有了这一认知后，我就没有那么挣扎了，开始致力于改善和父母的沟通方式，讲出自己的一些真实想法，给他们一些建议，和他们一起商量解决方案。事实证明，这样的方法是可行的，父母的变化也是可喜的。父母并没有我们想象的那么不可理喻，只是之前，孩子的很多想法，他们并不知道，他们还没学会理解孩子的世界、孩子的需求，以及孩子已经长大这个事实。

在父母心目中，孩子无论多大，都是孩子。可实际上，孩子已经长大，不仅父母能为孩子做的事越来越少，反倒很多时候，越来越需要孩子为父母做一些事了。这是事实，是现状，更是规律。只是对这一规律的认识，很多父母滞后了，是被动认识的，甚至可能是通过很痛苦的方式才领悟到的。

当然，这份欣然接受，不单单是父母对孩子的，也包括孩子对父母的。很多时候，孩子不想被绑架，想着“明明不是我要的，我为什么要接受”，或者觉得“有些事，没必要那么复杂，简单一点就好”，或者有些事，自己并没有那么在意，可父母真的太在意了。这其实可以看作是代沟，但有些也是父母自己的“投射”，把自己青春年少未获得满足的一些需求，投射在了自己和孩子身上，希望做个符合“理想父母”的父母，而不是孩子希望的父母，更没有从孩子实际的需求来考虑。所以，如果孩子不能理解父母的这些内在需求，就不能接受父母的很多付出。

我也是因为有了对父母的那份觉察，所以对自己孩子，多了一些欣然接受和顺其自然。他周末回来与否，完全由他自己决定。我的生活安排，也不会特意跟着他变化或调整。如果正好他回来的那个周末，遇到自己有安排，就会告诉他，妈妈有什么事，不能为他做饭，也不能陪他，如果有什么需要妈妈做的，可以提前告知，我尽量安排。他爸爸也是如此，如果加班，会告知他“晚饭自理”。这样，我觉得他更少压力，不会觉得因为自己回家，带给父母很多负担。只有当他更舒适、更自在，他才更愿意回来。

有个朋友告诉我，她家娃必须家长去学校接，才回来。我问为什么，她回答，孩子觉得又不是自己要回来，是家长想让我回来，那你们就来接我，不然我就不回了。我对朋友说，你要觉察一下，孩子为什么不愿意回来，一定是因为家里没有他想要的，或者有他不想要的。趋利避害是人本能的心理。

实际上，没有完美的孩子，也没有完美的父母。同样的做法，有的孩子喜欢，有的孩子抗拒。同样的做法，有的父母不以为然，有的父母如临大敌。我们，可能都需要一个逐步接受的过程，然后在此基础上加深了解，进而有更深的理解，才能不断改善方法，然后有更深的了解和更全然的接纳。这就进入了更加良性的循环。

自救策略

☀ 把自己和孩子最容易起冲突的事写下来，如果有几件，可以根据强度或者频度排序。然后看看，这些事中，孩子的诉求是什么，自己的诉求又是什么，这之间的差距在什么地方？孩子的想法是否有合理之处，自己能接受多少，是全部否定，还是能接受一部分？

☀ 从能接受的那部分入手，和孩子商量一个折衷的办法，自己接受孩子的一些诉求和做法。然后征求孩子意见，也采用父母的某一做法，形成一个初步的方案。

☀ 在这个方案的执行过程中，尽量多看到变化和进步，无论是自己的，还是孩子的，都给予积极的肯定和表扬。对孩子的变化和进步，不要吝惜表扬，不必担心表扬了又回到老路上，相信孩子会越变越好。因为舒适的状态、好转的局面，谁都希望长久些。对自己，同样需要不断“看见”，给自己鼓励和肯定，为自己加油。即使效果没那么明显，也不要着急，慢慢来，相信自己可以变得更好，但不要寄希望于一下子变成另外一个样子，那是不现实的。

自问自答

➤ 父母为你付出的事，有没有你没法接受的？如果有，你无法接受的部分是什么？是事情本身还是父母付出的方式，还是其他什么原因？你的心理感受是怎样的？你觉得用什么方法可以改变？父母如何做，你会更容易接受？

➤ 你对孩子的付出，有哪些不仅仅是为了孩子，还有自己的心理需求？

➤ 你对孩子的付出，有哪些是你觉得不舒服，想改变的？你觉得有什么方法可以改变？难以改变的，你觉得制约你改变的因素是什么？

小挫折和小激励，哪个效果更好

自述案例

有个朋友问我，小挫折和小激励，哪个对孩子的进步更好？对这个问题，我有点诧异。朋友当年是学霸，如今也小有成就，以她的学识和经历，这个问题的答案是显而易见的。我的反应是，你怎么也会问出这样的问题？

她说，我也知道，激励肯定是好的，可是光激励效果好吗？孩子会不会骄傲？是不是需要一些小挫折，才能激起他的斗志，让他看见难的地方、不好的地方，他就不会得意忘形？现在不是流行挫折教育吗？我担心一直鼓励，他就听不进反对意见，或者经不起挫折，或者看不见风险，觉得一切都是顺理成章的。太顺了是不是不好？是不是应该让他先经受一些小挫折，以后有了大挫折，就不至于应付不了？

朋友抛出一连串问题，我感受到她强烈的焦虑。朋友的认知是，不是孩子现在不好，而是希望为孩子的未来提前做一些应对，希望他“永远都好”，什么都“提前做好准备”。

我告诉她，正如你说的，未来，他一定会遇到一些挫折，但这个挫折是什么，什么时候出现，我们都不知道。所以，你“预演”一些挫折，来提高他未来应对挫折的能力的想法，我非常理解。但我只能说，想法是好的，效果未必是好的。

孩子是不是那种“越挫越勇型”，吃不吃激将法那一套，多数是由先天气质类型决定的，而不是靠父母的挫折教育带来的。也就是说，如果你家娃是“越挫越勇型”的，你根本不需要通过制造挫折让他变得更好。因为，人一生的成长，就是在不断面对挫折。他已经自带这个气质，你所担心的“因为现在没练习应对挫折，未来就应对不了”的问题，根本不会成为问题。可如果你家娃不是这一类型的，你再早给他挫折教育，也不可能使他成为“越挫越勇型”的人。

无论战胜什么挫折，无论方法有多少种，最终都少不了坚定的信心和顽强的意志，这是内在的驱动力，可以激发潜能、活力和斗志。而内在的驱动力，不是通过制造挫折培养出来的，而是通过鼓励和肯定才更容易获得。也就是说，你如果想让孩子有战胜困难和挫折的信心，不应该让他多经历挫折，而应该让他多经历成功。一个人只有经历过成功，知道怎样才会成功，知道成功的滋味是怎样的，他才能更加渴望成功，更加有信心追求成功，这是激励才能起到的作用。当孩子经过一次次努力得到成功后，他才能更加坚定信心，相信自己是可以的，才更有勇气面对更大的挑战，或者更大的挫折。

每个人，从生下来，就在不断经受挫折。我们的生命中并不缺少挫折教育。初生婴儿，想吃，得不到，需要他人喂养，还不能通过语言清晰表达，只能通过哭声表达。还有，拉了、尿了、困了，任何诉求，都要通过哭声表达，还要被看护者“解读”，这样的过程，都是受挫。再大一些，学翻身、学说话、学走路等，都是艰难的受挫经历。在父母或者成人眼里的小事，对孩子都是大事。大家都认为，孩子生下来就应该会吃奶，其实也要经历很大挑战才能完成。不然，就不会有那句“使出吃奶的劲”的话了，那真是非常有同理心的话。再大一些，一些运动能力，如跳绳、拍球等，更是对孩子的挑战。相信很多家长都记得孩子为这些学习流下的汗水和泪水。在家长眼里，这有什么难的，这有什么好哭的，但在那个年龄段，就是极具挑战性的事。

每个年龄段，能承受怎样的挑战，能具备什么学习能力，是有科学规律的。家长急不得，不要小瞧这些事对孩子的挑战和带给孩子的受挫感。等再大一些的文化课学习，就更不用说了。所以，孩子一直不缺少挫折。

家长一方面希望孩子一切都是最好的，一方面又担心他太顺了，是不是应该制造点小挫折。其实，现在制造的挫折，解决不了也替代不了未来的挫折。随着年龄的增长、孩子能力的增长、发育的成熟，有些事就能轻松应对，就不是挫折了。家长让孩子提前承受他这个年龄还不能承受的压力和挫折，不仅不是未雨绸缪，反倒可能拔苗助长，会使孩子受到伤害，削减他成长的信心和勇气。

很多家长，看不见生命本身带来的挫折教育，也就看不见孩子的努力和成长，所以就不肯鼓励和肯定孩子，反倒认为，这些都是应该的、轻松的、容易的，总想着不断给孩子加码。他们只看见孩子可以更厉害，没看见孩子的更难、更不容易。孩子真的战胜了这些挑战和困难，他们不是给孩子鼓励和肯定，反倒想着“我是不是应该再给他一些挫折，好让他别那么得意，好让他知道还有更难的在等着他，他现在的这些都不算什么……”这样，就是把自己的焦虑投射给了孩子。

人生的路很漫长，人的发展是有规律的，好比一年有四季，一天有白天黑夜一样，未来发生的困难和挑战等到了之后再去面对。聚焦当下，孩子解决了现在的困难，就是好的，就值得表扬和肯定，孩子就值得为自己骄傲。只有这样，他才有信心去面对未来的困难和挑战。

人都是用过往的经验或经历来理解当下的事，甚至未来的事。如果过往他成功过，或者一直能成功，他就有理由相信自己当下也可以成功，他还会用曾经成功的经验指导当下的实践，再次验证这个方法是否有效。可如果从未体验过成功，那就很难树立成功的信心。

也许有人会说，不是有句名言“失败是成功之母”吗？我的理解是，这句话有两层意思。第一，从失败中总结经验教训，可以孕育出成功。但并不是说，失败过后一定就会成功。第二，所有的成功，都先经历过失败，但经历过失败未必就能迎来成功。所以，请家长不要简单把这句话理解为，给孩子多一些失败的经历，他未来就能获得更多或更大的成功。真的不是这样的。

还有一点，就是每个孩子是不一样的，家长一定要基于自家孩子的性格特点，把握激励或者批评的方式方法，不能简单照抄照搬，或者拿别人家的方法来要求自家的娃，更不应该用自己的经验，来要求自家的娃。他是你的孩子，个性、性格未必就像你。随着时代的变迁，以及孩子养育方式的变化、家庭经济条件的变化，孩子会对同样的事有不同的反应和需求，家长不能简单拿自己曾经的奋斗史来要求孩子。

“中国幼教之父”陈鹤琴先生近百年前就说过，无论什么人，受激励而改过，是很容易的；受责骂而改过，比较不大容易的。而小孩子尤其喜欢听好话，不喜欢听恶言。

著名心理学家武志红在他的《梦知道答案——和另一个自己谈谈心》中说道：“子宫，是最初的安全岛。出生，则是最初的挫折。”由此可见，人从一出生，就在遭受挫折，就在不断“升级”和“打怪”，就在不断战胜自我。所以，生命初期，最缺的不是挫折，而是激励。

自救策略

- 当你不确定是不是需要表扬孩子的时候，可以让孩子写下来，自己做这件事，付出了哪些努力。你也写一些，可以让其他家庭成员也写出对此事的看法。然后，家庭成员一起交流看法。

- 当你完成一件很难的事时，也不妨写下来，自己是通过哪些努力才获得成功的。然后，和孩子分享感受和经验。

☀ 当孩子感觉对某件事没信心，经受了挫折和挑战时，和孩子一起说说或者写下来，觉得困难有哪些，然后逐条分析，寻找解决困难的方法。从之前某个成功经验中找到战胜困难的方法，鼓励孩子尝试。

☀ 孩子尝试后，不要先做好与坏的评价，而是先听孩子说，尝试的过程中经历了什么，有什么感受和体会，成功的地方是什么，不足的地方是什么。然后对孩子的尝试给予积极的肯定，对你认为孩子做得好的部分给予表扬。你也许会发现，孩子在乎的某些感受你并没有发现，要感谢孩子的体验和发现带给你的启发、惊喜。对孩子没做到的部分，表示理解，并和孩子一起讨论。如果再有一次机会，或者以后有类似的事情，可以有几种解决方案，爸爸的方案、妈妈的方案、孩子的方案、其他家庭成员的方案、整合出来的方案等。这个过程，对成长非常有帮助，有举一反三的效果。

自问自答

➤ 当孩子做了一件事，但做得不是很好的时候，你会如何表达自己的意见？

➤ 你对孩子是以激励为主还是批评为主？具体的做法是怎样的？选择这样的做法你是出于怎样的考虑？

➤ 你小时候得到父母激励多还是批评多？被表扬的时候，你的感受是怎样的？有没有你以为会得到表扬却没有的时候？当时的感受是怎样的？

你怎么就不能像李阿姨女儿那样

自述案例

有朋友发来微信，“吐槽”女儿“好自私”“好没良心”。我有些奇怪，问她为什么得出这个结论。朋友向我讲述了发生的事情。原来，那天是女儿 15 岁生日，朋友好心约了三个闺蜜搞一次家庭聚餐。三家的孩子年龄相近，从小就在一起玩，是非常熟悉的。聚餐后去 KTV，因为女儿喜欢唱歌。朋友知道女儿不太喜欢和外人一起吃饭，尤其是初中以后，大人的聚会更不肯参加。但这次毕竟是熟悉的几家，还有同龄人，又有她喜欢的唱歌，而且事先征得了她的同意，所以，朋友觉得应该没问题。活动结束，回家的车上，朋友看着女儿“不晴不雨”的表情，问女儿，你今天玩得不开心吗？女儿说，没有啊！朋友又问，那你为什么不笑？女儿反问她，为什么要笑啊？朋友有些不耐烦地说，你怎么就不能像李阿姨女儿那样，总是笑眯眯的，看着就开心，多好。女儿一下子就“炸”了，你觉得她好，让她做你女儿呀！朋友气不打一处来：“你怎么能说这种话！你也太没良心了吧，你过生日，为了让你开心，我辛辛苦苦张罗，你倒好，一点不领情，反倒说这么伤人的话。”

听朋友吐完槽，我说，听了你的这句话，我都替你女儿难过。如果我妈这么说我，我也会“炸”的，我觉得是你伤她在前啊！为什么你要求自己的女儿和别人的女儿一样，每个孩子都是不一样的，正如每个父母都是不一样的。如果她也要求你和别的家长一样，你能接受吗？心情会愉悦吗？你只看到了她不高兴，那你发现她为什么不高兴吗？发现她不高兴背后的诉求吗？有时候孩子不高兴，甚至捣乱或者发脾气，其实是渴望被看见、被尊重。即使很小的孩子，都要尊重他们作为一个人本身的权利和尊严，她不仅是你的孩子，她首先是一个独立的人。更何况她已经15岁，14岁以上法律都赋予了很多权利呢。青春期的冲突，往往都是因为家长无视孩子的长大。脚长大了要换鞋，更何况心智长大了，需要新的沟通模式、相处之道。家长如果总是想让孩子像小时候一样，或者像你想象的那样，或者像某家的孩子那样，无疑有削足适履之嫌。

听我这么一说，朋友马上说，是的，她嫌弃我们大人在她们唱歌的时候，大声聊天和玩游戏，对她们一点都不尊重。她们唱的歌，我们一个都没听过，根本不熟悉，所以我们聊聊天，怎么了？可女儿说，大人唱歌的时候，她们虽然也不熟悉那些歌曲，但就是玩玩手机，不会大声说话，影响别人唱歌。对歌唱者不礼貌、不尊重，是一种没教养的表现。她认为大人们从心眼里，就是把她们当孩子，根本就没想过要尊重她们。所以，她很生气。

听了这番诉说，我反问了朋友一句：那你觉得你女儿说的有道理吗？朋友没有直接回答问题，说了一句，可另外两个姑娘也没像她那样把不开心摆在脸上啊，我觉得她那样才是不礼貌、不懂事呢。为什么别人家的孩子可以笑眯眯的，她就不可以？

我对她说，现在，我们讨论的是两个问题。首先，你女儿提出的关于“大人也需要尊重孩子”的问题，我觉得她是有道理的，尽管你心里可能也觉得有点道理，但嘴上多少是不愿意承认的。其次，你抛出了另一个问题，转移话题，不再讨论自己是否有错，并提出了你认为女儿有问题的地方，试图对女儿进行攻击，让自己在另一个回合里“赢”。而你提出的有关女儿的问题，恰恰又是女儿无力改变的。成为“别人家的女儿”这个目标本身不合理，而且有极大的杀伤力，就是对她自我价值和存在感的否定。她先是不被尊重，然后又被否定，这样的双重打击，对青春期的女孩可以说是很重的伤害。

其实，朋友这个做法，很多家长都会不自觉地用。当孩子对我们提出某些质疑的时候，我们觉得被冒犯或顶撞了，没法接受，又不知道如何反驳。于是，我们就会选择“进攻”孩子的其他地方，好让自己能“赢”。事实上，这样的做法，不仅不会让家长“赢”，还会让孩子伤得很重。

所以我觉得，在和孩子相处的过程中，家长要有成长心，而不是胜负心，不要总想着“赢”孩子。要抱着欣喜的心态看到成长。这成长，既有孩子的，也有自己的。某种意义上，孩子“赢”得越多，家长就越厉害。因为，能够让孩子“赢”的家长，有颗大心脏，能够“看见”孩子，而不是只有“自我”。相反，那些总是“赢”的家长，孩子往往长不大，心智上总是难以成熟。

一番交流后，朋友的气消了，问接下来怎么办。我告诉她，你主动修复关系吧，该道歉的道歉，该承认不足的承认不足。她将信将疑地说，就她那臭脾气，能接受吗？再给我脸色看怎么办？我说，你没试过，怎么知道？没准她会觉得你这样的做法很帅呢。

第二天，朋友很开心地说，还真是没想到，我昨天微信里向她道歉了，把我做得不好的地方对她说了，感谢她很诚恳地和我交流，指出了我的问题。我也希望她能给我时间，让我慢慢改，更欢迎她以后再发现我有什么让她不舒服的地方，直接告诉我。她给我点了个大大的赞，还说“没想到老妈这么酷”，这份道歉她“收下了”。然后，中午女儿主动帮妈妈做午饭，说“老妈辛苦啦”。朋友激动得不得了，觉得女儿还是挺懂事的，也没那么自私。她发现孩子更容易原谅家长，家长只要稍微有点改变，孩子就会心满意足。

听到这些，我很开心。告诉朋友，孩子其实要的真的不多，就是被看见，被尊重，把孩子当独立的个体看待。不要把家长的意愿强加给孩子，也不要随意揣测孩子，更不要总想让孩子变成另一个人。很多时候，孩子对家长的了解，远远超过我们对他们的了解。所以，真的是“我们给点阳光，他们就灿烂”。

自救策略

☀ 当孩子提出质疑的时候，不必急着反驳，也不必否认或者承认。让自己先深呼吸三下，可以说“让我想想”，也可以说“你说的有点道理”，也可以说“我好像一下子不是很能接受”，也可以表达“我不是这么认为的”……这都是在讨论问题的层面。可以给自己的情绪一个缓冲，不至于一下子起冲突。

☀ 有情绪是很正常的，无论是你还是孩子，不要觉得有情绪是不对的。情绪不可以用对错来判断，所有的情绪都是真实的，都应该被看见，关键要看到情绪背后的需求。看到了这些需求，就知道怎么解决问题，而不是想着如何“控制情绪”甚至“消灭情绪”，那是不合理的，也不现实。

☀ 当孩子或者自己情绪很大的时候，不必急着去平复情绪，或者讨论对错，可以先识别或者自我觉察一下，为什么会有如此大的情绪，情绪背后的需求是什么，这需求是否可以得到满足，如何才能得到满足。

☀ 如果发现自己确实冤枉或者误解孩子了，勇敢向孩子道歉或者承认错误。如果觉得当时说不出口，可以写纸条、写信、发微信、发邮件等，都可以。甚至可以写在自己的本子上，“偶然”地让孩子看见。方法很多，可以多做一些尝试。其实，这本身就是给孩子一个很好的示范。道歉和承认错误，都需要勇气，而且需要学习。所有的学习都是有方法的，道歉和承认错误也是如此。

☀ 如果孩子向你道歉或承认错误，请积极主动给予正面回应，肯定他们的勇气，接受他们的道歉。千万不要阴阳怪气地说“谁要你的道歉，道歉有什么用”，也不要幸灾乐祸地说“现在知道错了，还是老妈厉害吧”。这样的回答，都不利孩子勇于面对自己的错。只有感受到道歉和认错会被“善待”和“认可”，他们才会更有信心做事。

自问自答

➤ 你有没有对自家娃说过类似“你看看谁谁，你怎么就不能像人家那样”之类的话？如果有，孩子当时是什么反应？

➤ 你有没有某种言行被自家娃质疑？当时你是什么感受，又是如何应对的？

➤ 如果你发现确实自己错了，会向孩子道歉吗？如果会，你会用什么方式？如果不会，是什么原因使你无法道歉？

➤ 你小时候，父母向你道过歉吗？如果有，当时的情形是怎样的，你的感受是怎样的？如果没有，是因为没发生过他们需要向你道歉的事，还是有需要道歉的事，但他们没有道歉？还记得当时的感受吗？现在你怎么看此事？

世界上最难的事是什么

自述案例

一个 15 岁的初中女生问我，阿姨，你知道世界上最难的事是什么吗？我想了想，然后说，阿姨好像不知道，但我个人觉得，这个问题应该因人而异吧，不同的人有不同的难事吧。女生说，对我来说，这个世界上最难的事就是得到我爸妈的认可，真的太难啦！我一听，已经多少明白一点孩子面临的问题，但我还是充满好奇地问了一句，哦，是吗？说来听听，得到你爸妈认可到底有多难？

她深呼吸了一下。我能感觉到，即使只是让她讲述一下爸妈对她的不认可，都会让她产生明显的不适和压力。可想而知，她置身其中直接面对时更强的情绪体验。稍稍思索了一会儿，她告诉我，记得自己小学的时候，聪明可爱，乖巧伶俐，老师和爸妈都很喜欢她。后来，就慢慢变了。妈妈说只有学习好，才是真的好。她当时很担心，如果自己学习不好，妈妈是不是就不喜欢她了。于是，为了让妈妈能继续像以前那样喜欢她，她就努力学习。现在，她依然清晰地记得，当自己考了第一个 100 分，兴冲冲地告诉下班回家的妈妈时，妈妈并没有表现出惊喜和对她的喜爱，先是问了一句，是不是这次卷子特别简单啊？她很自豪地说，没有啊！我们老师都说了，这次考试很难的，全班只有2个100分，还有不及格的小朋友呢。妈妈轻描淡写地又说了一句，不是还有别的小朋友也得了100分嘛，说明你也不是最厉害的。而且，考一次100分有什么稀奇的，有本事下次继续考100分。

听到这里，我已经心痛了。可我知道，很多家长和她妈妈一样“残忍”，看不到孩子付出的努力，不知道孩子取得这个成绩是多么不容易。父母的认可和看见，可以让孩子获得充分的安全感和满足感，以及继续前行的极大动力。而父母，看见的只有自己的孩子是不是比别的孩子强，自己的孩子是不是最好的，或者至少是自己认可的那个“好”的位置和样子。

心里想着这些，但我什么也没说，继续听小姑娘讲述。后来，她也确实如妈妈所期望的那样，考了一个又一个100分，来证明自己的“好”，从而希望能一直拥有妈妈的喜爱，得到妈妈的认可和表扬。可是，她期望的事并没有发生，妈妈又抛出来一个新的问题，光学习好算什么本事，素质教育更重要，现在的小朋友都是多才多艺，综合素养极强的。于是，她拼命努力，不仅考上了父母期望她上的知名初中，还成了品学兼优的学生干部、“三好”学生。心里想着，这下妈妈总该满意了吧。可是，事实再次残酷地证明了她的“幼稚”。面对这些骄人的成绩和自己的勤奋努力，妈妈异常冷静地说，别高兴得太早，小姑娘初中好不稀奇，高中能继续好才是真的好。

多么熟悉的话语，我不止一次听到很多家长说这样的话。以往，听家长这样说，我会告诉那些家长，这是“刻板印象”，没有科学依据，不是女孩子到高中就不行了。这个想法，会限制她们的“行”，使她们认为“自己不行是迟早的事，是正常的”，并以此印证预言。应该相信自己的孩子，即使别的女生是这样，但并不代表你的女儿一定就是这样。应该给孩子更多鼓励和信任，孩子才能产生自信，才能自我激励，迸发出更大活力，激发出更多潜能，从而成为更好的自己。此刻，听着这个孩子讲述自己的真实感受，那种无助，那种受伤，让我再次真切地感受到，父母这些话的杀伤力有多大。那些自认为这么说“都是为了孩子好，让他们清醒一点，不要骄傲”的家长，可能永远不会明白，那些所谓的“清醒”其实是“冷酷”。“不要骄傲”的愿望倒是真的能实现，因为这样环境下成长的孩子，即使再怎么优秀，也看不见自己的好，又怎能生出骄傲感和自豪感？更何况，很多在父母“一直看不见自己努力，一直得不到认可”环境下成长的孩子，可能会自暴自弃，觉得反正再怎么努力也没用，父母总是觉得我不够好，那索性就“破罐子破摔”了，于是，真的就是没有什么“可骄傲”的了。

姑娘说，我现在突然觉得不想努力了，以我的成绩，考进他们想让我上的那个高中一点问题都没有。可是，我现在长大了，我不会再那么“幼稚”地认为，我考上了那个高中，他们就会认可我，就会喜欢我，就会高兴。我知道，他们一定还会提出新的要求，他们不是一直就觉得我高中不一定能继续成绩好吗？我可以加倍努力学习，证明我是可以的。可然后呢，他们多数还是不会认可我，会说出“平时成绩好不算什么，高考考出好成绩才是真的好”，可就算我高考考出好成绩，我不认为他们就会认可我，为我高兴。我已经没法相信“只要我努力，变得足够好，他们就会认可我，喜欢我”这一逻辑了。所以，我觉得一下子泄气了，我不想要他们的认可了，我觉得可能一辈子都得不到他们的认可，那可能是我一个永远也无法企及的目标。

姑娘一边说，一边已经热泪滚滚。我给了她一张纸巾，等她默默抽泣了一会儿，情绪开始有些平复的时候才开始说，阿姨真的很心疼你，我可以抱抱你吗？她泪眼婆娑地点点头，我轻轻地抱了抱她，拍了拍她的后背，分开的时候，又捏了捏她的双臂。坐下来后，我说了句，其实除了心疼，阿姨对你更强烈的感觉是“佩服”。她一下子抬起头，睁大疑惑的眼睛，看着我，说了句：“为什么呀，我有什么好佩服的？”

我告诉她，阿姨见过太多像她爸妈那样的父母，但很少见到像她这样的孩子。面对父母的一次次“选择性忽视”，她没有放弃自己，一次次地努力，让自己变得更好。即使到自己觉得撑不下去了的时候，也没有放弃，而是选择寻求其他外力的支持和帮助。不是每个孩子都有这个能力的。对于一个极度缺乏认可的孩子，听到有人肯定自己，佩服自己，已经是“做梦一样”的感觉了，更何况我的理由是“言之有物”的，说的是她真实存在的言行，而并非空洞的“你真行，你可以的，你非常棒”之类的表扬。

接下来，我和她的交流就是非常平等的成人式的谈话。我和她交流，虽然她的父母方法上不是很好，但至少促成了她现在某些方面的好。这个“好”，无论父母和他人是否“看见”，自己要先“看见”，并且接受、肯定自己。而且，事实上除了父母，老师、同学都看见了她的好。所以，我们也不必抱持“只有父母认可才是最大的认可”这样的执念。我们可以让自己的“评价体系”更多维些。我们做的很多事都是如此，不是只有一个评价维度。不是父母不认可，这些付出就没意义了，因为有你自己的评价、老师同学的评价、社会的评价等。现在可能只是学习成绩，以后走上社会后，我们做的很多事情、工作，可能也会面临这个问题，你最在乎的那个人，没有给你充分的认可、恰当的评价，你怎么办？不能因为某个人、某方面的不认可，就全盘否定自己，就认为这个事情是无意义的，自己是失败的，自己的努力是无用的。事实上，我们努力，是为了让自己变得更好，这是本质，得到其他任何人的认可，都只是附加值，能得到越多的认可，只是附加值更高而已。得不到，也不影响“自己变得更好了”这一事实、这一本质。

也许很多人会觉得，和一个初中生说这么高深的道理，她能懂吗？可我通过她目不转睛的眼神，以及眼中的光亮，知道她是懂的。

之后，我又和她交流，她的父母可能不知道怎么认可她，或者以为这样会使她变得更好，但这丝毫不影响他们对她的爱。这也许就是他们表达爱的方式，尽管这方式不是她喜欢的，也不是很科学，但这之间的“因果关系”她还是搞错了。也就是说，父母不是因为不喜欢她才不认可她，也不能因为父母没给到她期望的认可就得出父母不喜欢她的结果。父母很有可能是因为太爱她，所以才不断提高对她的标准和要求，为她制定了一个又一个“跳一跳才能够得着”的目标。很多父母，都和她的父母一样，会选择这样的方法表达“爱”，这是他们的局限，恐怕很难改变，除非他们自己认识到，自己愿意改变。所以，对已经足够大的、有所认知的孩子，可以选择接纳自己的父母，包容自己的父母，继而超越自己的父母。

听到“超越自己的父母”，姑娘再次眼中发出光亮。我仿佛听到她心中的声音：“什么？我居然可以超越父母，我真的可以吗？”这是一个内心极度渴望得到父母认可的孩子非常真实的反应。我告诉她，你现在，在某些方面已经超越父母了。你的学习成绩和能力，你的综合素养，不要说你父母像你这么大的时候，恐怕他们现在的知识水平和素养能力，都已经不如你了。以后，你还会不断超越他们。你上的大学会比他们的好，你拥有的能力会比他们强，更关键的在于，你有“自我觉察”。你能看见他们的局限和自己的局限，并且愿意选择接纳他们，然后去挑战自己，不再通过得到他们的认可而实现满足感得到安全感，而是通过自我实现来得到满足。那你就“阻断”了他们不良的教育方式带给你的负面影响，而且使之转化为一股积极正向的能量，这绝对是一种超越，而且是非常了不起的超越。往更长远说，未来如果你也做母亲了，在你和孩子的沟通中，你不会像他们对待你这样，你会积极地关注孩子，“看见”孩子的努力，给予充分的认可。那你不是又实现了一种超越吗？

她开始有点笑容地对我说，阿姨，怎么听你这么一说，我好像很厉害的样子。而且，我好像还是有很多事情可以做的。我微笑着点点头说道，对啊，你本来就是很厉害的呀，只是因为没得到你父母的确认，你就不敢相信而已。我听说，你们年轻人流行一句话：你在外面这么优秀，你爸妈知道吗？

她有些惊喜地咯咯笑了，说道，阿姨你连这个也知道啊！我说，对啊，我觉得这句话非常好。很多父母不知道自己的孩子在外面、在外人眼里有多好，多优秀。这也许是受中国传统文化的一些影响，父母都不太习惯表扬自己的孩子，认为那样是不好的，或者觉得“好是应该的”，“不好的就要说，就要改”，所以，中国的父母可能更愿意盯着自己孩子的不好吧。所以，你就原谅他们，不是只有你的父母如此，而是很多父母都是这样的。你就只管让自己变得更好就是了，至于他们认不认可、什么时候认可，就是他们的事了。不过，我觉得，你父母对你的认可，最终只是时间问题。另外，可能就是方法问题。他们可能只是在你面前没表达，但是在很多其他场合已经表达过对你的认可。还有，可能他们向你表达的方式太“隐晦”了，你没注意到；或者，他们压根就不知道怎么表达对你的认可。他们可能觉得给你烧顿好吃的，给你买个礼物，就是认可了，你可能觉得需要的是肯定的话语、明确的表示。这些，都有可能是你们之间的“误会”和“不了解”“不理解”。这确实是一件很难的事，不过，你现在至少已经有了一些面对这件难事的勇气、信心和办法了。

姑娘点点头，说道，好像现在觉得没那么难了。我开心地对姑娘说，这么快就“满血复活”了，你真的是太厉害了。阿姨为你点赞，向你学习。她的脸微微红了一下，有点害羞地低下头，俏皮地吐了一下舌头，然后双手比了个“V”，向我挥手说再见。

自救策略

☀ 当孩子取得某个进步或者成绩的时候，及时给予肯定和鼓励。肯定的是孩子的努力本身，而不是那个“成绩”。

☀ 肯定的时候要“言之有物”，有真诚的发现和看见。要肯定孩子每次的“不容易”，比如，每天都早起，说好先做作业再玩做到了，放弃出去玩认真练习，已经很累了但还是走了 15 分钟……不要只是“好棒呀”“你真行”之类的话语，孩子会觉得是在敷衍他，时间久了，就没有任何效果，孩子也不相信了，甚至大一点的孩子会回怼“我哪里行了，你假不假”之类的话。

☀ 尝试不同的肯定和鼓励的方式，不一定是口头的表扬，也可以用写留言条、卡片等方式表达。

☀ 当自己没法向孩子表达认可的时候，自我觉察一下，为什么如此吝啬对孩子的表扬，背后的深层原因是什么？自己担心什么？自己不肯认可的是什么？自己在期望什么？

☀ 当发现孩子渴望家长的认可，而自己对孩子的付出和努力认可不够的时候，要有勇气承认。这本身就是一个进步，哪怕只是在心里承认了一下也是好的。

自问自答

➤ 你家孩子有没有抗议过，为什么得到你们的表扬那么难？如果有，当时是什么情形？你们是怎样的感受？如何应对的？事后孩子是什么反应？

➤ 你觉得认可孩子难吗？如果你认为难的，那对于你，最难的是什么？为什么？

➤ 你小时候有没有经历过不被父母认可的时候？当时是怎样的感受？你是如何解决的？你父母后来是如何处理的？

我要不要给老师打声招呼

自述案例

朋友微信“求救”。开学前一天，她的儿子作业还没做完。早上出门前，她告诉儿子，必须抓紧做作业，今天必须做完，如果做不完，她回来后就“暴打一顿”，如果做完了，就奖励50元。晚上回家，发现儿子作业没做完。她又气又急，打吗？下不了手，骂也骂过，根本没用。看着孩子“怎么就不知道着急”，她急得不得了，想想明天就开学了，一个晚上，剩下的作业肯定完成不了。她问我：“要不要给老师打个电话，说一声？”

我立即回复，不要！然后和她交流了我的一些想法。这个案例中的问题是非常普遍的，相信很多家长都碰到过。其实，这绝对不单是做作业的问题。

我们要解决一个观念上的问题，就是把属于孩子的，“还”给孩子。属于孩子的，都有什么呢？作业，肯定是孩子的；学习，也是孩子的。所以，这两件事，一定要让孩子自己面对，去承受学习的辛苦，同时也享受学习的乐趣。很多家长会觉得，学习能有什么乐趣，不都是痛苦和艰辛吗？那是因为学习还没变成自主学习，所以就感受不到乐趣。实际上，当真正的自主学习发生了，每个人都会从学习中感受到乐趣。比如，我们学会了做一道新菜，我们学会了一首新歌，我们掌握了一个新技能，我们学到了一个新理念……那种或欢欣雀跃，或自信愉悦，或神清气爽，或醍醐灌顶等愉快满足的感觉，就是学习带来的快乐，而这份快乐和满足感，会成为持续不断学习的内驱力，是更高级的快乐和满足。也正是因为这高级的快乐和满足，可以使我们战胜过程的辛苦，进而一次次不断学习。但如果最后的快乐和满足，孩子感受不到，那就只有过程的艰辛，出于人“趋利避害”的本能，自然就不会去做只有艰辛的事。比如，当下的作业，孩子没有从中获得快乐和满足，那怎么才能让他感受到做完作业的快乐和满足呢?

要明确“边界”，把作业和学习“还”给孩子，家长不要主动承担。明确告知孩子，学习是你的事，学到的本领是你的，做作业，是学本领的一个方法。家长可以帮助孩子，可以和孩子一起寻找方法，但不能替孩子完成。

我对朋友说，你可以问孩子还有多少作业，做每项作业，大致需要多少时间，全部做完，一共需要多少时间，从当下到明天交作业的截止时间，还有多少可用的时间。这样分析下来，如果全部做完，需要 5 小时，当时是晚上 7 点，连续做，要到 12 点，这是一种方案；还有，把 5 小时分为两部分，晚上做 3 小时，10 点睡觉，第二天早起 2 小时，5 点起床，做到 7 点，然后去学校，这是第二种方案；还有第三种方案，就是正常睡觉，正常起床，到学校后，对老师说，剩下的作业第二天补做。其实还会有更多解决方案，这里只是列举一部分。重要的是，这个过程要和孩子商量，让孩子做决定，用怎样的方法解决。这个过程，同样是学习的过程，或者说，这个过程比作业本身更重要。因为，这是把作业“还”给孩子的过程，更是让孩子学会怎么面对任务的过程。孩子会真切感受到这是他自己的事，不是妈妈布置的任务，不是妈妈非让他做的。

把后果和成果都“还”给孩子。我们先把任务还给孩子，接下来要把后果和成果都还给孩子。也就是说，孩子作业没做完的后果，要他自己去面对。不管晚睡，还是早起，或者到学校去和老师说，面临被老师批评等后果，都让孩子承担。只有亲身体验了，他才能形成更清晰的认知。也正是因为这个原因，我坚决地告诉朋友，不要给老师打电话，这是剥夺了孩子承担后果的权利。家长主动为孩子“避害”，风险不存在，后果没了，孩子怎么会积极主动做作业呢？这也正是为什么孩子作业没做完，自己一点不急的原因之一。因为他，要么很清楚，妈妈会帮他“搞定”的；要么妈妈悄悄帮他搞定，他并不知道，但他到学校并没有承担相应的后果，就会得出一个结论，作业没做完，也没什么大不了的，以后就会继续这个行为，家长就会一直被做作业的问题困扰。

除了后果，还有成果。我们家长一定要记得，把任务还给孩子的同时，要把享受完成任务的快乐和满足也还给孩子。这份快乐和满足，包括肯定孩子的努力，承认这份成果是孩子的。这会增强孩子的“自我效能感”，孩子会感受到，这份成绩的取得，是自己努力的结果，这是属于自己的成绩或成果，感受到“我可以”的能量。这些体验，都能成为他继续完成下一个任务的内驱力。因为，每个人都渴望这样的“满足体验”，这是内驱的、可持续的，是高级的体验和力量。记得千万不要和孩子“争功”，认为孩子完成某个任务，都是家长的功劳，那会让孩子逐渐失去动力。所以，一定要把成果和功劳也还给孩子。

我们再说说这个案例中的奖惩措施。案例中的奖惩，内在的逻辑，还是作业是家长的，而不是孩子的。因为，完成作业是孩子自己获得了本领，获得了成长，那为什么家长要奖励呢？只有一种逻辑，那就是为家长完成了作业，所以家长要奖励。我是不太主张完成作业或者考出某个成绩，家长就奖励，尤其是物质上的奖励。当然，孩子还小，还没能体会学习带来的快乐和成长的时候，为了让孩子更有动力，适当用一些激励的方法未尝不可。但必须注意，这份奖励，只是“附加值”。另外，奖励物的设置，最好不是金钱。低龄小朋友对钱的概念很模糊，加上很多家长虽然奖励了钱，但低龄孩子的钱基本都是父母管着，孩子其实没有支配权，所以，这份奖励的“获得感”很低，激励的作用非常有限。奖励物的设定，有一定的“价值导向”，如果总是拿钱做奖励物，孩子就会觉得钱是很重要的，学习是为了钱，以后做工作或其他事情，很有可能把“能否有钱”作为标准。更深层次，心理学研究发现，金钱对人的激励，不是可持续的、成长性的、发展性的，而是具有阶段性的，达到一个峰值后，就出现下降趋势，就无法持续带来满足和激励。

再说说惩罚。朋友说做不完作业，要打孩子一顿，但实际上根本下不了手，这个惩罚，也是无效的。这也就是为什么她出门前，看上去和孩子什么都说好了，但实际上，什么效果都不会有的原因。

我告诉朋友：“咱不生气，没完成任务的是孩子，不是你。你和孩子讨论之后，做好你的事情就可以了。剩下的事，让他自己面对。”我对朋友说，如果老师明天打电话来，说孩子没完成作业的事，耐心地听，虚心接受老师的批评，然后真诚地和老师沟通，告诉老师你都做了些什么，并正在寻找更好的解决办法，希望得到老师更多的支持，就可以了。如果你因为老师打电话来，就回去骂孩子，那是你的情绪转移，是你更在乎自己的“面子”和“感受”，而不是从孩子成长本身的角度出发。这点，需要自己有个觉知的过程。从这个角度看，你想给老师打电话，并不是为了孩子，而是为了自己不想承担被老师批评的后果。当然，也不排除老师根本不会打电话给你，因为没做完作业的学生可能很多，老师根本打不过来；或者老师认为，做不完作业太普遍，根本没必要打电话给家长。

朋友在我的建议下，再次和儿子沟通如何完成作业的事，孩子居然说：“妈妈你和刚才完全不是一个态度啊！”朋友很惊诧孩子的变化和感受力。我告诉她，其实孩子比我们想象的更敏感，家长要不断自我觉察、自我探索、自我改变、自我成长，让孩子感受到我们的这些变化和成长。坦诚一些，孩子会从我们的这些变化和态度中，学到更多。当然，我们自己的获得也更多。

自救策略

☀ 把属于孩子的，“还”给孩子。不要认为我们为孩子多做点，是我们的一片心意，是我们的能力，是我们在尽责。其实不然。孩子的学习，不仅是知识本身的学习，对生命的探索，感受自己作为一个生命体的力量和各种神奇的变化，才是最大的学习。所以，家长不要以“为孩子节省时间，为孩子减轻负担”等为理由，剥夺孩子的很多权利，做出太多替代行为。包括，替孩子承担后果，替孩子做决定，替孩子规避风险，替孩子做主，替孩子安排各种事情等，都是不利于孩子成长的。不要以为我们吃过的盐比他们吃过的饭都多，就替他们做主。人生的滋味，终归要自己尝的。

☀ 不要事事都为孩子“出头”，尤其是和学校沟通方面，以及和同学的沟通方面。可以和孩子讨论方法，听取孩子的想法，形成多个解决方案，最后选择一个方案，让孩子自己做。家长更适合做“后盾”，而不是做“先锋”。

☀ 当自己为孩子某件事情生气、着急的时候，自我觉察一下，这件事是孩子的还是你的？自己在这件事情中扮演的是什么角色？是否越界了？自己在此事中的诉求是什么？为什么自己会那么生气，深层次的原因是什么？此事的解决方案是不是唯一的，有没有其他可能性？

☀ 拿张纸，列出三类事项：一是你认为属于娃的事情，娃能独立完成的；二是你认为是属于娃的事情，但家长是参与其中的，把这些事情中家长承担的部分写出来；三是你认为是娃的事情，但娃完全没办法完成，基本都是家长代劳的。然后看看这三类事情分别占的比例，如果后面两项之和大于第一项，思考一下，哪些事项可以逐步还给孩子。

自问自答

➤ 你家娃有没有开学前补作业的经历？如果有，你是怎么解决的，效果如何？如果没有，你家娃是如何顺利完成作业的，你有没有为此奖励过，又是如何奖励的？

➤ 你有没有主动给老师打电话的经历？当时是怎样的情况，你是出于怎样的考虑？老师的态度是怎样的，孩子的反应是怎样的，事后的效果如何？

➤ 你觉得你和娃之间，有边界吗？如果有，这个边界是怎么确定的？如果没有，你觉得有必要改变吗？

学习都不好，还搞什么体育

自述案例

有个朋友来和我说，她儿子要报个篮球班。我说，挺好呀，现在很多孩子都不肯动，他愿意打篮球，多好啊！体育对身心健康都很有好处，不仅强身健体，还锻炼意志品质。篮球是个集体项目，参加篮球运动能学会团队成员之间的协作，协调个体与集体的关系、个体之间的关系，以及增进团队合作、对抗方面的一些社会交往能力，这都是一种很好的锻炼。比赛过程中，还可以学习如何面对胜利和失败，学会战胜困难和挫折的方法，学会坚持和刻苦等。体育运动会刺激多巴胺、内啡肽等激素的分泌，会让人更兴奋，记忆力会增强，注意力会更集中，学习效率自然就提高了。体育运动会让人更快乐、更积极、更阳光，是消除疲劳的一种很好的方式。对于青春期的男生，可以消耗过于旺盛的雄性荷尔蒙。当然，还有一个很多家长可能很担心，但我觉得是好处的是，喜欢运动的男生更容易得到女生的青睐，这对于他们的交友是有帮助的。当然，很多家长肯定希望高中的时候男生还是别“吸引女生”为好，到了大学倒是可以考虑。可我想说的是，如果中学的时候没学过，大学的时候基本是不大可能发展这方面的能力了。放在更长的人生维度里，更不用说了。有个爱好和特长，对任何人肯定都是有好处的。不仅对自己的身心健康有好处，对社会交往也是有帮助的。有共同爱好的人更容易“聊到一起”，更有亲近感，更容易走进相同的社交圈。无论同性还是异性，社会交往都是需要的。工作当中，非常有可能因为你某个特长和爱好，给工作带来灵感或帮助，或许单位还需要具有此特长的人，这都是非常隐性的功能。反正我觉得好处多多啊！

她很淡定地听我激昂地说完，忧心忡忡地说：“我不是说打篮球不好，我也知道体育运动的很多好处，虽然没想到你说的那么多好处。但我最担心的是，现在他学习都没搞好，还去搞什么体育。时间就那么多，参加了篮球班就没法参加英语班了。我还是希望他把更多时间和精力花在学习上，如果他学习成绩好，我一点都不反对他参加体育活动。”

我一下子笑了，脱口而出：“我咋觉得，正是因为学习不好，才要去搞搞体育呢！”

她很诧异地看着我，反问道：“你儿子不就是学习也好，体育也好吗？”我和她解释，我儿子很小的时候，我就鼓励他运动，无论跑步、羽毛球还是篮球、自行车，随便他，只要喜欢的运动，都去尝试。当时，他的学习成绩并不好。我没把体育和学习对立起来，反倒对他说，你可以比体育好的同学学习好，比学习好的同学体育好，挺好啊！我还和他分享，我上大学的时候，是学校的长跑冠军，就是因为跑步好的很多人可能没考上大学，考上大学的人跑步又没我好。有很多能力，此时可能没什么意义，也不出众，但彼时可能就会给你带来意想不到的收获。所以，他从小一直都有体育爱好，我也没有指望体育能给他带来什么直接的好处，只是关注了体育本身的积极意义。

后来，事实证明，体育确实成了他的一项优势。中考体育有30分，他是满分，而且是轻松获得的。取得好成绩其实是多年日积月累的结果，不需要考前怎么努力和学习。很多家长认为，文化课要花多大功夫才能拿到的分数，体育好就“轻松”拿到了。其实，这份“轻松”并不轻松，真的是需要日积月累和持之以恒。这也恰恰说明了“时间”的不可逾越，这才是教育带给我们的非常重要的意义吧。关注教育的本质，觉得对的、有益的、感兴趣的，持之以恒地做，就好了，不必过于在意短时的显性效果和意义。高中的时候，他被评为上海市优秀学生，学校推荐他的时候，我们和他都非常意外。因为学习比他好的学生很多，学生工作比他出色的不少，综合能力强的学生也很多，为什么是他？老师的理由是，他体育好。这个奖项是要经过层层竞争的，有笔试，还有体育测试。果然，儿子不负众望，在激烈的竞争中为学校和自己争得了这个荣誉。

再后来，他上了大学后，第一次回来，就和我说，谁说“体育好的都没考上大学，考上大学的体育都不好”？我一听，就知道他可能在大学里遇到体育很厉害的同学了。我很好奇地问，怎么说？原来，他报名参加复旦“跑团”，本以为一直长跑不错，肯定能轻松通过测试，没想到，牛人很多，居然还有全国中学生运动会长跑第四名的选手。我和他开玩笑，你确定他不是体育特长生？他坚定地回答，不是，人家就是正常考进来的。我笑着说，果然名校里高人更多，妈妈当年的学校没复旦厉害，所以没遇到如此厉害的人。另一方面，也说明时代进步了，越来越多的孩子得到了充分的成长和全面的发展。还有，也再次证明妈妈的观点，体育对学习是有帮助的，两者并非不可兼得，而且，四肢发达并非头脑简单。妈妈那个年代是崇尚“文明其精神，野蛮其体魄”的，智力教育、知识的学习和体育的发展同样被重视。现在看来，这一点依然很重要，也是经得起检验的。

我对朋友说，说了这么多，不是为了炫耀我儿子，只是想用事实和你交流几个看法。

首先，要看到教育的本质，无论是体育还是美育，还是其他的任何一种教育，最根本的意义，在于探索生命的美好，使自己成为更好的或者自己更喜欢的那个自己。从这个角度看，任何一项教育都没有必要进行简单的比较，因为，没有最好的，只有最合适的。孩子最喜欢的，或者最能发挥孩子特长的，就是最适合他的，对他而言就是“最好的”。所以，你不必那么过度纠结于学习成绩不好，体育就不能去搞了。其实，这之间，不是割裂和对立的，就像我们每个人，不能说只能学习好了才能发展体育特长。即使每个人都接受了德育、体育、智育和美育以及劳动教育，但在每个人身上发挥的作用、产生的效果都是不一样的，这不影响它们可以同时在每个人身上发挥作用，并不是只能取其一，也不是必须样样都好，面面俱到。这要因人而异、因材施教。所以，我们家长要做的，就是尊重孩子的特点和喜好，善于发现、看见孩子的特长，而不是简单粗暴，只以学习“论英雄”，把学习好坏作为唯一的评价指标。要用更全观的视角、多维的体系去“看见”孩子的特质、喜好，并尊重孩子的选择，尊重孩子身心发展的规律。

其次，我们要让孩子获得更多视角，更多自信，看到自己的优势，看到自己和他人的不同，而不是只看到自己的不足。我们并不想拿自己的孩子和别人的孩子比较，但如果比较难以避免的话，我们就要学会不同的“比较维度”。刚才所说的“比学习好的人体育好，比体育好的人学习好”，就是这个意思。好比“错位竞争”，不要总是拿自己的短处和别人的长处比，这样就越比越觉得自己“一无是处”，感觉越糟糕。但我们家长最擅长的就是这样的比较。只盯着别人家娃的长处，拿自己娃的短处比，完全忽略了自己家娃也有长处，而那个长处是别人家娃不行的。所以，让孩子多一点其他爱好，就是多了一份“安全”和“自信”。这就好比不要把所有的鸡蛋放在一个篮子里，不要把所有投资放在一处一样，风险很大。因为这是唯一,一旦失去，就什么都没有了。这也是为什么很多只关注学习成绩的孩子，容易在考试失利的时候采取极端行为。因为，他会觉得自己“完蛋了”，什么都没有了。如果家长能以更全观的视角看待孩子、培育孩子，孩子就会接纳“尽管我这个不好，可我还有什么什么好”，心态就会平和。事实上，心态平和的孩子，往往更容易发挥出水平。所以，其他的爱好某种程度上对学习是有帮助的，而不是只占用时间，所谓“磨刀不误砍柴工”。

更何况，如果孩子真的就是“学不好”，那就没必要执着于非要“取长补短”，倒不如好好发挥他的特长，另辟蹊径，让他多条出路，未尝不是好事。随着时代的进步，人们更尊重个性发展，更强调特质和差异化。当下的中国，较之我们的学生时代富裕了很多。现在的孩子，未来可以为爱好工作，而不是只能为谋生而工作。而且，未来的新兴行业会增多，可能完全超出我们的想象。所以，家长不能再用自己成长中的“记忆”和“忧虑”为孩子“谋划人生”，而是要给他们更多尊重，让他们拥有更多“可能性”。

自救策略

☀ 当孩子提出想学某个才艺或课程时，不要以“这有什么用，又不考”等理由拒绝，而是和孩子一起讨论为什么想学这个，帮助孩子一起搜集相关的知识等。如果给孩子报了某个兴趣班，可以时不时和孩子讨论学习的感受，向孩子“请教”学到的内容，让孩子为自己所学感到“满足”和“自豪”，得到肯定和鼓励。

☀ 如果孩子没什么兴趣爱好，也别着急，别打击孩子。可以和孩子一起培养更多的兴趣爱好，慢慢去发现，学习是一个循序渐进的过程，人生就是一个不断探索和发现的过程。很多爱好和潜能都不是一下子能发现的，多尝试，这个过程本身就是很好的学习。

☀ 不要轻易否定孩子的爱好，不要看到孩子虽然喜欢某个爱好，但学得并不出色，进步也不明显就批评孩子，或者让孩子“别学了”。要和孩子多沟通，帮孩子找到学习方法。另外，有些成绩的显现，是需要坚持和积累的，这也是需要学习的。家长不能急功近利，要有平常心和耐心，要善于发现孩子的进步和收获，多听听孩子的声音。

自问自答

➤ 你是不是觉得和学习无关的事，都尽量少参加？你家孩子对此事的想法是怎样的？

➤ 你家孩子有没有提出过一些想参加的活动，但被你否定的？理由是什么？孩子的反应是怎样的？

➤ 你有没有后悔过，当初应该让孩子参加某某班或者应该坚持某某事？为什么？

➤ 你家娃有没有什么你觉得“没用”的爱好或特长？如果有，是什么，是怎么拥有的？你有没有发现这个“没用”的事，其实也还是有“好处”的？试着找出一些“好处”。

你知道自家娃的好吗?

自述案例

我的书还在写作过程中，编辑提议，根据内容，可以考虑早点请人做些插图，比如画些漫画。我一下子想到了一个好友的女儿。

她从小酷爱画画，已经被中央美术学院录取了，手里还有几个国外艺术类院校的offer。之前作品参加过展览，评价非常不错。在我眼里，她内心丰富、细腻，作品有想法，有表现力。专业水准，艺术类院校的认可就说明了一切。我非常看好她的敏锐性、专业度，以及她对绘画的热爱。她年轻纯粹，既能很好理解本书的内涵，又能很好发挥特长。我们的合作，可以达到相得益彰的效果。我们彼此熟悉，交流和沟通会很顺畅。我觉得一切都是刚刚好。

于是，我兴致勃勃地和朋友通电话，表达自己的这个邀请。朋友一方面为我高兴，觉得这本书很有意义；一方面觉得“受宠若惊”，这么大的事托付给一个孩子，行吗？我告诉她，她的专业水平肯定没问题，中央美术学院的老师都给予高度评价，你为什么不相信她呢？朋友说，也不是不相信，只是觉得这么重大的事，她肯定会有很大压力吧，有点不确定她“行不行”或者“愿不愿意”。我说，好的，我理解你的担心，那就麻烦你帮我转达我的“诚挚邀请”。

没几分钟，朋友就微信回复了，女儿微笑着点头说“好的”，和她想象的完全不一样。我问她，你想象的她应该是怎样的？朋友回答，至少应该有些激动或者担此重任的紧张之类的反应……然后她说：“我其实也没很具体的想象，这是不是就是空想？但她如此镇定，完全是我没想到的。”我对她说，你不是空想，而是低估了自家娃。不过，这不是你一个人的问题，而是很多家长的普遍反应。

由此，我想起另一个朋友。他儿子钢琴弹得不错，但在他心目中，“只是会而已，勉强算过得去”。直到有一天，他听说儿子竟然以此赚到了钱，有些诧异：“就他这个水平，谁愿意付钱给他？”后来得知儿子在B站上直播弹琴，还有不少粉丝，有人会催更，有人会点播作品。于是，他特意注册账号偷偷看，发现儿子并没有吹牛。

还有个朋友，一直觉得女儿很懒，什么也不会做，“以后怎么办呀？”直到有一次，女儿同学的妈妈夸赞，你女儿真厉害啊！组织能力超级棒，绝对的人气王啊！她觉得怎么可能？同学妈妈发给她一段视频，是女儿参加学校活动的视频。那个活力满满的女生，让她完全不敢相信，就是她平时觉得懒懒的宝贝女儿。

不知道是中国人的谦虚传统所致，总是不大会说“自己的好”，久而久之也就发自内心地不认为这些算是好，还是家长们不敢相信孩子好，总是觉得还有更好的孩子？

想起我儿子高中的时候，班主任和年级组长都夸他多么好，我始终觉得“有那么好吗，最多也就算还行吧”。当时的想法，是觉得成绩离好学生差距还是很大的。至于老师特别看中的一些“优秀品质”，我认为是存在的，但也觉得难道这些品质不是大多数人都应该具备的吗？并不觉得有多么了不起。

后来，很多家长、老师都和我交流，表达“你儿子很优秀”的意思。我终于明白，是我没有看见他具备的这些品质，确实是非常好的品质，无论多少人拥有，都不能掩盖这些品质优秀的本质。更何况，这些品质不是随随便便就能拥有的，需要付出很多努力。不仅很多孩子不具备，很多成年人也不具备。对他的这份努力，我更加应该“看见”，不能因为这是应该具备的品质，就觉得没什么了不起。

我突然意识到，很多家长可能和我一样，就是自家娃已经具备了某些长处、优势，就会觉得“这没什么呀”。完全没想到，具备这些很好的品质，一定是通过努力才获得的，那就应该认可他的“好”和“这份努力”，不应该用是不是很多人都具备来衡量是否“优秀”，那就误读了优秀品质本身的意义，也违背了教育的本质，而是陷入了攀比的陷阱之中，认为只有拥有了别人没有的本领才是“优秀的”或者“厉害的”。“善良”不会因为很多人拥有就失去意义，“自律”不会因为别人家的娃也拥有就不是好品质。

这就好比，孩子考了100分，我们并没有因为孩子掌握了知识而欣喜，觉得他非常好，而是会以“有几个100分”来判断他是不是足够好。事实上，我们应该看到，考了满分或者较好的成绩，本身就是好的，如果这个分数的人少，他就更加不容易。或者这个成绩和他以往比，进步很大，他就很“厉害”，就是非常好。这样，才更接近“好”的本质，才能更多看见孩子的好，对孩子也更公平，更能让孩子有动力拥有更多的“好”。

很多时候，家长可能更多盯着的都是孩子还不具备的能力，或者做得不够好的地方，或者别家娃具备的优点，或者我们认为“更有用”的能力和我们更愿意认可的“好”，忽略了自家孩子身上拥有的那些“好”和闪光点。

因为这个发现，我特意和儿子聊了一次。我说，在很多老师和家长眼里，你很“厉害”，为什么呀？我一直以为，在学校里，最主要的就是用学习成绩论英雄。所以，我虽然知道你的有些品质，是我看重的，是终身受用的，但没想到，会在中学就得到那么多认可。你都做了什么，会让大家产生这种认识？你自己怎么评价自己？

儿子对我说，他发现自己在不同的人面前，在不同的场合，会有不同的自己。我让他举例说明。他说，班级里，他是班长，对自己要求很高，会主动做好老师要求的各项事情，会更自律，因为要“管”其他同学。但是在学生会，就不一样。面对老师，会为同学争取权利，会考虑得细致一些。可学生会内部开会的时候，就会嘻嘻哈哈，很随意和轻松。回到家，就是另外一个样子。“这个样子，你们都看到了，就不说了。”

我被他的这些发现打动，觉得他很真诚。这也为我们家长提供了一个很好的视角，就是自家的孩子，其实不单单是“你的孩子”，他们还有更多重的身份，有很多你可能没“看见”或者“不在意”的能力和品质，却在其他场合和群体得到了认可。这也在某种程度上帮助家长理解，为什么自己觉得没什么好的娃，在别人眼里有那么多优点。看着别人家的娃那么好，可人家的爸妈也没觉得自家的娃有什么好。

我和儿子继续交流，确实每个人都有多面性，不同的身份、不同的社会属性，就会有不同的定位，需要的能力和发挥的作用不同，自己的期许会不一样。就和妈妈一样，在单位工作的时候是一个样子，和朋友聚会的时候是一个样子，在你面前是一个样子，回到家乡面对母亲，我就是女儿，又是一个样子。也正是因为此，才鼓励你们年轻人多参加学校活动、社会实践，发现自己不同的潜能。凡事，不置身其中，不能完全体会真实感受，也就没法真切知晓所需要具备的能力，也就无法获得真实的成长。儿子觉得我说得很有道理，我们交流得很愉快。他说，我们同学都觉得“你妈妈好厉害”。我有些惊讶地反问，是吗？我有那么厉害吗？

这个问题问出口后，我突然意识到，我们经常看不见自家娃的好，是不是因为我们向来也不大看到自己的好？

这也许是因为我们从小接受的教育的缘故，不敢确认自己的好，同时也没有得到父母对“自己的好”的确认和鼓励，所以，从来就不敢相信自己原来有“那么好”。这种“自信饥渴”很少得到满足，所以，到了自家娃这里，就顺理成章地认为没那么好吧。

我想，其实，每个人都是别人眼里的风景，你的美好，只是你自己不觉得罢了。看见的，都是自己的不美好和别人的美好，对你家的娃也是一样。所以，改变，可以先从看见自己和自家娃的好开始。

自救策略

☀ 写出自己的优点，不少于3个。然后让自己的配偶和孩子，也分别写出他们眼中的你的优点，不少于3个。你也写出自己配偶和孩子的优点，不少于3个。

☀ 家庭成员围坐在一起，每个人轮流说出自己写的这些优点。你会发现，很多你不觉得有什么的事，在不同的家庭成员眼里，都是优点。其他家庭成员也会有同样的惊喜和感动。

☀ 你会发现，被讲到的优点，家庭成员都会做得更好。

☀ 这个策略可以经常使用。过段时间，家庭成员可以对近阶段的“好”和“优点”进行表达。这对融洽家庭成员关系，树立家庭成员自信，都是非常有帮助的。

☀ 这个策略不仅能激发家庭成员看到其他人的好，也会让家庭成员得到来自他人的认可和鼓励。同时，会让大家学会鼓励和赞扬他人，这个能力是需要学习的。

☀ 这是一种非常好的表达鼓励的练习。很多时候，我们都是心里想法很多，却羞于启齿，或不知从何说起，就是因为练习太少，得到鼓励太少。表达同样是一种习得性能力，同时，只有当表达被鼓励，才能得到更多表达的机会，才能有更好的表达。

自问自答

➤ 你表扬过自己吗？你觉得自己有哪些厉害之处？

➤ 你觉得你家娃有哪些优点，你向他直接表达过吗？

➤ 你有没有在听到别人夸你某方面厉害的时候，觉得自己并没有那么厉害？这种情况经常发生吗？为什么别人的看法和你的评价偏差会那么大？

➤ 听到别人夸你家娃，你的感受是怎样的？又会是怎样的反应？

他不用学这些

自述案例

有一次，参加一个全国的儿童教育方面的交流活动，一位专家分享了一个案例，说他在某小学的午餐时间，发现一个孩子看着餐盘里的虾，先是闻了闻，然后舔了舔，却没有吃。他就问那个孩子，不喜欢吃虾吗？孩子摇摇头说，不是，我很喜欢吃虾的。他又问，那为什么不吃啊？孩子回答，我不会剥虾。他诧异地问，既然那么喜欢吃，为什么不会剥？平时都是怎么吃的？孩子说，都是妈妈给我剥的。又问孩子，那妈妈没教你怎么剥虾吗？还是你还没学会？孩子回答，妈妈说了，我不用学这些，我只要上好学、读好书就行了，这些事有人做。

那位专家当时就惊呆了，我听到的时候也惊呆了。后来我发现，类似的事情我身边的案例也不少。从小学生到高中生，表现形式不同，但本质是一样的，就是某些家长认为，自家的孩子只要读书好、学习好就行了，其他的一概都不用学。在这些家长心目中，只有学校考试要考的内容，才是自家娃要学的，才是自己要花力气教的。

我曾经和一个家长讨论过，孩子的学习是全方位的，不仅仅是书本知识的学习，生存技能、生活能力，都是学习，而且这些能力的拥有必须是经过“习得”的，不可能自然而然就会。那位家长对我说，社会发达了，家里条件好，现在只要有钱，什么都可以搞定。家务不会做，没关系啦，有家政公司，那都是小事。只要他学习好，考上好大学，挣大钱，什么服务买不来？

我看了看那位家长，沉吟了一会儿，让自己的情绪平复了一下，避免自己的话语过于“情绪化”。然后对她说，事情呢，可能没你想的那么简单。而她，依然认为这是显而易见的，没有什么复杂的。

我告诉她，人，作为一个生命体，是很神奇又复杂的。人的大脑如何工作、思考，先接收我们的信号，进行信息加工，再给我们的神经系统指令，让四肢、肌肉、关节根据指令完成“任务”，其中还伴有一些化学物质的产生、激素的分泌，以及心理上的变化、认知的形成、情绪的体验等。这些，虽然不是那么显而易见，但确实是真切地影响着每个人。或者说，一个人，之所以为“人”，一定要体验这些、学习这些，进而使自己这些功能正常。这是人生大意义，完全超越了“学校考不考”这样的小目标。

我告诉她，美国著名心理学家乔纳森·海特曾在《象与骑象人》一书中说道：“无论造价多么昂贵的机器人，要它穿越树林，一定都会输给6岁大的小孩（人类的知觉和运动系统是一流的）。”但另一方面，“无论多便宜的电脑，解决逻辑、数学、下棋等问题的能力胜过任何人（大多数人做这些事都很吃力）。”

也就是说，人类真正的优势，在于自己的知、情、意、行，而不是“学习工具”“知识存储器”，后者，更应该是电脑和人工智能该去做的，我们不应该抹杀自己的优势，而让自己“工具化”，应该成为一个更丰富的、有真情实感、会生活的人，不是一个“会呼吸的工具（或机器）”。更关键的是，这位家长在乎的能力，恰恰是最容易被替代的。

我和这位家长继续探讨，现在我们是富裕了，不再像我们小时候，爸妈让我们做很多家务活，是为了省钱，是没有办法。包括爸妈，很多事情都是自己做。我记得我家的沙发都是我爸自己找来弹簧、木头、绳子、布等材料，然后自己做，还有很多家具、玩具都是父母亲手做的，有时候孩子还要帮忙。回想这个过程，非常有爱，有家庭教育的功能在。父母不仅给孩子做了很好的家庭生活的示范，还让孩子参与其中，接受到了劳动教育，还在意志品质、情感发展方面进行了培养。自己做家具、玩具或者家务的过程，都会有一个“等待”的过程，“成品”或者“结果”无法立即得到，是“延迟满足”的一种切身体验。这样孩子反倒会更加珍惜得到的物品或成果，也能更加尊重劳动和付出。

这也正是为什么现在很多家长“抱怨”自家娃不知道“感恩”，不知道“珍惜”，没有责任心，很大的一个原因就在于孩子在家庭生活中，参与太少，付出太少。同样，因为孩子在家里没得到过做各种家务活的锻炼，动手能力差，参与劳动的意识差，在学校的集体生活中，更加无法融入其中，未来参加工作，自己组成家庭，都会缺乏这方面的能力和意识。

我和那位家长还讨论到一个观点，只能购买服务（依靠他人）和选择购买服务（依靠他人）有本质的区别。也就是说，会做饭的人，可以选择自己做，也可以选择叫外卖，或者请家政员，自主权在自己手里。而不会做饭的人，只能叫外卖和请人做，是没有选择权的，是被迫的，不得不如此。看外在的结果好像差别不大，但内在的心理影响是很大的。人生很大的一个意义就在于有选择权，有自主权，意味着有自我效能感。说白了，人生中的任何一件事，当是自己选择做的，那么内在的动力、获得感、满足感会强很多，某种意义上就是一种自我实现。而同样的一件事，不是自己选的，而只能做，或者只能如此做，就失去了前面所说的那些感受。

打扫卫生这些日常琐事，学习、工作等人生大事，无不如此。很多知识现在网上都能查到，为什么还要自己背、自己学？一方面，知识的识记，是学习的一个过程、一种方法、一种能力，需要通过学习和反复练习才能获得，这个学习的过程意义远大于知识本身；另一方面，选择网上查和只能网上查，是有本质差别的。当一种能力，不需要依靠外力，自身就能实现，那就是“可携带能力”，就是属于自己的。一个人“可携带能力”越强，自我效能感、自我满足感也就越强。通俗的说法，就是他的人生“幸福感”就越强。

其实，在孩子小的时候，有很多“小事”，有着“大意义”。

比如系鞋带、扣扣子、穿脱衣服等，都是可以促进孩子智力和身体发育，以及未来全面发展的。但很多家长觉得没必要，鞋带不会系，简单，直接买没鞋带的鞋子。扣子不会扣，简单，买没有扣子的衣服。穿脱衣服，更加不用学，小时候家长给穿脱，大了自然会。可实际上，这样的“解决方案”都是对孩子学习机会的一种剥夺。

心理学家约翰·杜威一百多年前就提出，教育即生长，教育即生活。提倡“做中学、知行合一”，认为“教育是人和环境交互作用的”。认知心理学家让·皮亚杰提出认知发展四阶段理论：感知运算阶段、前运算阶段、具体运算阶段、形式运算阶段。“感知”对人的认知发展至关重要，他主张儿童“玩中学、学中玩”。我国著名教育家陶行知先生则强调“亦知亦行、劳心劳力”的劳动教育理念。中国现代幼儿教育奠基人陈鹤琴先生认为，儿童的教育，非从“做”做起来，应当是“做中教，做中学”，以大自然、大社会为活教材，与实际紧密结合，尊重主体性，重视动手动脑，重视直接经验的价值。

直接经验，是在生活中通过自己的参与获得的，而书本知识，则是间接经验。可我们很多家长，都更重视书本知识的学习，而忽略了直接经验的学习。

有的家长对我说，也不是没让孩子学做家务，只是孩子要么做得很慢，要么做不好。有那工夫，还不如自己做呢。我反问那些家长，你家娃一个单词没记住，你让他写 10 遍，他袜子洗不干净，你咋不让他洗 10 遍呢？你相信单词多练习就会记住，我相信袜子多洗几遍就能洗干净。孩子做作业，再慢，你也不会替他做，那是因为你知道那必须他自己学会，但家务做得慢，你就不让他做了，那是因为你没觉得家务是他一定要学会的。这时候，家长们往往都会忍不住点点头说，是啊，从来没想过，多做几次就会了，就好了，或者就快了。我们也不是天生就会做家务，谁不是慢慢学起来的呢。

随着“双减”政策的出台，很多家长开始焦虑，学校作业少了，课外学科培训少了，孩子大把的时间“干什么，怎么用”？我对很多家长说，简单，干活！这下不用着急赶作业了，有的是时间做家务，做小帮手，甚至可以让孩子为主做，家长给孩子做帮手。不同年龄段的孩子，做不同的家务活。孩子会从中学到很多，成长很多。

劳动教育，绝不仅仅是学些劳动技能，其有着树德、增智、强体、育美的多重积极意义，是五育并举、五育融合在家庭教育中最直接的实践。现在的孩子，不是不用学这些，而是要好好学。

自救策略

- 先检视一下，自己平时在家里，是不是也不大让孩子做家务？如果是，寻找一下原因，为什么不大让孩子做家务？孩子做家务，最大的“阻力”是什么？

☀ 制订一个“家务分工表”，家庭成员全部安排进去，根据每个人的特点分工，可以有每天任务，可以有每周任务。制订分工表，最好是家庭成员一起参与，至少要大部分成员参与。孩子的意见要尊重，可以让孩子选择做什么家务。

☀ 不要急于求成，分工要由易到难，由少到多，不要一下子给孩子安排太多，或者安排孩子不喜欢的家务。要让孩子有选择权，先从喜欢的家务活开始。孩子完成了就要及时肯定他认真完成的态度。要看到他克服的困难，不要过于追求完成的质量，不要打击孩子的积极性，或者嘲笑孩子“做的什么呀”，要以鼓励为主。

☀ 低龄的孩子，可以做个家务完成“积分榜”。用个小本子，每个家庭成员给其他成员的“工作”贴五角星或者小红花，从一星到五星。每个成员，攒到 5 颗星，有一个奖励，8 颗星又一个什么奖励，10 颗星再一个什么奖励，以此类推。家庭成员一起商议，每周评一次，可以每月累计评一次。这个过程，同样需要家庭成员一起讨论，共同参与制订，不是某个家长分配或者制订，一定要让孩子有参与感和选择权。参与规则制订、任务分配，是非常重要的学习。

☀ 外出活动、家庭聚会或者学校的集体活动，都可以让孩子多“出点力”，既是展示，又是学习，还有社交功能，提高与人交往能力，也能提升自信心。

自问自答

➤ 你觉得孩子有学做家务的必要吗？你认为做家务有什么意义或作用？

➤ 你家娃平时做家务吗？如果不做，是不肯做还是你们不让做？如果做，孩子的反应是怎样的？你的感受如何？

➤ 你愿意花点时间教孩子做家务吗？为什么？

➤ 你会做家务吗？如果会，是谁教你的，是什么时候学会的？学家务的过程中，你印象最深的是什么？你觉得最难的是什么，最开心的又是什么？

➤ 你最喜欢做的家务是什么？为什么？做家务，给你带来了什么乐趣或烦恼？

➤ 你最想学会的家务是什么？为什么？

我自己学的

自述案例

有个家长对我说，她家的娃，学习成绩忽上忽下，做事情也是时好时坏。怎么能让孩子一直保持那种好的状态，并且能够不断进步，越来越好？

我问那位家长，孩子考得好的时候，你是怎么说的？考得不好的时候，你又是怎么说的？她诧异地看着我，问道，这有关系吗？我回答，当然有关系，而且很重要。

如果孩子考好的时候，你不是为孩子高兴，肯定他的付出和努力以及取得的成绩，把功劳归给孩子，而是质疑“是不是这次卷子太简单，你们班有多少个100分”，甚至怀疑“你是不是抄的”；或者认为孩子就是这次运气好，下次就不一定有这么好运气了；或者心里虽然觉得不错，嘴上却不肯表扬，反倒变成了“一次考好没什么大不了，有本事每次都考这么好，别骄傲，看你下次成绩”……

相信很多家长都说过类似的话，而且觉得这些话没毛病。提醒孩子别骄傲，看看孩子在班级甚至年级成绩中的位次，不是更能让孩子“认清现状”吗？

我想对大家说的是，这样的思考模式，恰恰反映了家长们的“家长视角”和“追求结果视角”，完全忽略了“孩子视角”和“成长过程视角”。不论别的孩子考得多好，也不能忽略自家娃通过努力取得的进步。我们首先要看到的是孩子本身的成绩。同样，无论题目多么简单，能取得好成绩，就说明了孩子的认真和努力，否则，还是取得不了好成绩。学习本身，不是为了取得好成绩，而是为了掌握学习方法，培养学习兴趣和习惯，从而激发探索自我和世界的好奇心、求知欲，只有这样，才会有内驱力，才会有自律，才会有终身学习和成长。而考试，不是为了排名，而是一种检验方法，成绩是检验结果的呈现。也就是说，孩子考得怎么样，和别人无关，关键是看孩子学到了什么，学得怎么样。考好了，说明学好了，就应该及时给予肯定和鼓励，如果没考好，说明某些地方还存在问题，或者知识点没掌握，或者学习方法不当，或者考试时审题不清，或者理解有误，或者粗心大意……这些都是我们可以和孩子讨论的，也正是我们需要帮孩子提高的。

可实际上，很多家长，在孩子考不好的时候，往往是各种责备和埋怨，觉得孩子“不好好学”“不争气”“就知道玩”，完全不考虑更深层次的原因和各种可能性。我曾经问过不少家长，考得不好的时候，你们怎么不说“是不是这次卷子太难”，怎么不问“其他人考得怎么样”，怎么不说“不可能每次都考不好，看你下次”……这是很多家长的“双标”。当孩子考得好的时候，总是会选择归因为客观因素、外部因素，总是不大愿意承认孩子主观的努力和内在因素。而当孩子没考好的时候，往往更愿意归因为主观不努力等内部因素，而不考虑客观因素。

这样的归因方法，其实非常有“杀伤力”，会让孩子觉得“好成绩不是我努力得来的，我努力没什么用，我怎么总是那么糟糕”……因为父母把不好的事情都归因在孩子身上，把好的事情都归因在外部因素上，孩子就没有了“通过自己努力可以变好”的信心和动力，觉得“好是运气，不好是自己的问题”。长此以往，孩子的“自我效能感”就会很低，从好成绩中获得的满足和力量都非常有限，自然，就无法持续努力和进步。

这让我想起儿子小时候的两个故事。

一个故事发生在儿子上小学前的暑假，我们把他送回我老家。一天，我爸在电话里向我“告状”，说孩子“吹牛”。我问，他吹什么牛了？我爸说，发现他认识挺多字，就问他，谁教的？他回答，自己学的。我听了，哈哈大笑，对爸说，他没吹牛，确实是他自己学的。其实，我们教他识字认字，都是通过看路牌、看店招、看包装等生活场景顺便教的，很少专门坐下来教，有时我们看报纸或看书的时候，顺便指着念给他听，从来没强求他识多少字。而他，也就这样在不知不觉中学会了很多。我们觉得他这种认为“自己学的”的信心和自豪感、满足感非常宝贵，所以不会和他“争功”，更不会批评或嘲笑他“吹牛”，而是满足他的这份“自我认同”。

另一个故事是，后来，他三年级去少年宫参加朗诵兴趣班，报名的时候有个测试，要当场朗读一段文字。面试老师觉得他读得不错，就问他，你的朗诵是跟谁学的呀？他回答：“我自己学的。我妈太忙，我爸普通话不标准。”老师哈哈大笑，觉得这孩子有趣。我在边上，连声笑着说，是的是的，他说得没错。

在我儿子的成长过程中，我们做得最多的，就是把他所取得的成绩，“功劳都归给他”，我们要做背后默默支持的人。一方面，孩子会因为这些成绩的取得是通过自己的努力得到的而增加信心，另一方面，孩子会感受到自己的努力被家长“看见”和“认可”，就会更加有动力，会持续沿着“自己学”这个方向努力。孩子很小的时候，都是通过“得到家长认可”来判断“这么做对不对”或者“这件事好不好”的。得到认可了，就会不断重复，从而得到更多认可。对不被认可的事或者做法，久而久之，孩子就会“放弃”。因为人的天性是“趋利避害”，尤其孩子很小的时候，生存完全依赖主要抚养人，所以，大人的喜欢和认可，是他们最直接的取舍方向。

现在再回到开头的那个家长的提问，就不难理解，我为什么问她那个问题了。那个家长，每次在孩子取得成绩的时候，未能把“好成绩的取得归功于孩子”，所以，孩子未能从中获得“自我效能感”，学习动力就大大降低了。这就好比我们成人在工作中，辛辛苦苦努力了很久，最后被人“摘果子”一样，感受会很差，以后再做此类事情的动力就会很低。对孩子也是一样的道理，做好了，未必“归功”在自己，所以，也就没动力和信心继续努力，再次获得成功。而考不好或做不好，会被父母责骂，这种感觉不好，同样出于“避害”的考虑，会再次努力，然后成绩又会变好。这也会让某些家长得出结论“这孩子就是要管，就是要骂，一管成绩就上去了……”然后，就进入了“不管不行”的“死循环”。可是，随着孩子学业难度的增加，很多家长“管”得力不从心了，如果孩子不能从学习中找到动力和乐趣，终究无法走得更远，甚至极有可能成为总是找不到“自己的动力”的“空心人”。家长只有学会不和孩子“争功”，不和孩子“逞强”，而是更多地向孩子示弱，及时肯定和认可孩子的努力和付出，让孩子的自我效能感增强，孩子才能变得越来越强，越来越有自主前行的动力。

自救策略

- 孩子完成一件事后，至少找到一点值得肯定之处，并告诉孩子。如果当时没找到，可以事后给孩子写纸条、发信息等。培养自己观察孩子的能力，锻炼自己鼓励孩子的能力。
- 每这样做一次，就给自己一个大大的肯定和鼓励。家长同样需要从一次次的“自己的努力”中获得“自我效能感”，同样需要看见自己的努力和成长。
- 自己在日常生活和工作中，可以多学习“归因”方法的改变。取得成绩的时候，看见自己的努力，敢于认可自己，不要总是认为“运气好”；当事情不顺利的时候，不要总是认为“都是自己的错”，也需要看见客观因素的制约。

☀ 主动学习示弱，有些事，即使你能做，也不要冲在最前面，而是让孩子先去尝试。孩子尝试后，不要只是盯着最后的结果，而是重点关注孩子“做得好的”和“不容易的”那部分，及时给予肯定和认可。

自问自答

➤ 你小时候考好的时候，爸妈会和你说什么？你当时的感受是怎样的？考得不好的时候，又是怎样的“待遇”？

➤ 你第一次或者印象最深的，感受到“通过自己努力”做到的事是什么？当时的情景是怎样的？这件事对你后来产生了怎样的影响？

➤ 你相信你家娃可以通过自己的努力做好自己的事吗？为什么？

➤ 你会向孩子示弱吗？为什么？

我家娃就是胆子小

自述案例

一次家长课堂结束后，一个妈妈主动和我交流，问我：“我家娃就是胆子小，有什么办法帮他克服？”

我问她，你怎么得出他胆子小的结论的。她回答，孩子刚上幼儿园，开学那几天，她看了老师发的视频，发现孩子做游戏的时候，很少主动参与，老师提问的时候，他也很少举手回答。

我又问她，那你有没有和孩子讨论过，问问他原因？她回答，问了，孩子告诉她，因为那些游戏他不会，其他小朋友看上去比他大，所以他想让小朋友先玩，他跟在他们后面，学会了再玩。至于举手回答问题，孩子说，他想举手的时候，看到好多小朋友举手了，想着老师肯定会叫先举手的，自己举了也没用，不会被叫到，所以就不举了，反正那个问题他会的，会就可以了啊。

我听着她的诉说，先是非常高兴地表扬了她，知道有问题先和孩子沟通，而且沟通的方法很好，并不是批评和责备，而是很真诚地听孩子讲，所以能够听到孩子的真心话。难能可贵的是，听完孩子的诉说，她没有用“你怎么那么胆小，你就是给自己找借口”之类的话指责孩子，尽管她心里隐隐地在忧虑“这孩子是不是太胆小了，一般的孩子，哪里会想那么多，都是迫不及待地举手，或者争先恐后地做游戏……”

我和她谈到她的忧虑，很多家长都会有类似的想法，总觉得孩子就“应该是怎样怎样的，我家的娃怎么和别人的娃不一样，是不是太……”有这样的想法，真的是非常普遍而正常。我们最初做家长的时候，没有接受过相关的教育，并不清楚孩子成长的规律和一些个性的差异，总会担心孩子是不是“发育慢了”“胆子小了”“跟不上了”等。我们更多的时候，都更容易看到孩子表现“欠佳”的部分，或者说，离我们预期有差距的部分，甚至有些时候还会放大这部分的“程度”或者“严重性”，这也是家长经常犯的错误，容易把单独的一个言行，联想为“经常”“总这样”“以后怎么办”，或者把具体的某个言行“上纲上线”到品行、性格或个性。就像她家娃没主动参与游戏，本来只是开学初“适应”和“学习”的一个过程、一种方法，在她眼里就被定性为“胆小”的性格。

类似的事情，是非常普遍的。很多家长会在孩子刚开始做某件事，或者刚进入某个阶段的时候，因为孩子的个别言行，就得出一个定性的结论，“这孩子就是坐不住”“这孩子就是内向”“这孩子就是不爱叫人”……实际上，这些结论的得出未必正确，却会对孩子产生负面影响，不仅不能使孩子改掉这些家长认为不好的言行，反倒会加重这些现象。“贴标签”会强化这一现象。

因为“贴标签”有强化作用，所以，我们不是不可以“贴标签”，而是不应该贴“消极”的或者“负向”的标签。积极和正向的标签，能正强化孩子的言行，对孩子产生积极的心理暗示。

我和她分享了我儿子小时候的一个故事。我儿子头顶有两个发旋，有朋友看见后问我："听说两个发旋的孩子，都有点倔，你儿子是这样吗？"我想了一下，然后说："好像还行，没觉得特别倔。不过，也有人说，两个发旋的孩子很聪明，谁知道呢。"朋友听后也随声附和。后来，我又多次被问到"两个发旋是不是脾气很倔"的问题，我都是以"好像还行"之类的话回复的，并没多往心里去。直到我们有一次去一位朋友家，他看到我儿子的两个发旋，直接问我儿子："听说两个发旋的人有点倔，你是不是这样啊？"还没等我回答，儿子已经昂着小脑袋神气地说："没有啊，我好像还行，不过我还听说两个发旋的人有点聪明呢！"朋友听后哈哈大笑，连声说："对的对的，是很聪明的。"我当时才第一次清晰地意识到，"贴标签"对孩子真的是有强化作用的，无论是正面的还是负面的。所以，家长要学会多肯定孩子正向的、积极的言行，这样会产生正强化。而负向的、消极的言行，我们尽量不要"夸大"，不要"贴标签"，不要上升到"你就是怎样怎样的孩子"这样的高度，使用类似"定性"的语式表达。

我说，更何况，你家娃本身也不是"胆子小"的问题。这时，那个妈妈说了句："你这么说，我就放心多了。其实，我因为自己从小胆子小，所以，很怕他像我一样。"

我看了一眼那个妈妈，她手里拿的钥匙串里有车钥匙。就问她，你开车过来的？她说，是啊，怎么了？我说，你胆子比我大多了，我就不敢开车。她笑笑说，开车不难的，多开开就好了。我笑着对她说，很多人都这么对我说，可我还是不敢，虽然也拿到了驾照，也能明白大家说的，多练，开开就好了，可终究还是不敢。在我心目里，你胆子比我大多了，我不觉得你是胆小的人。可是这个结论，你肯定不接受。你可能会觉得，我能给那么多人上课，你可不敢。别说给那么多人上课了，在单位开会的时候发言都紧张得不得了。所以，你就认为自己“确实胆子很小”，对吧？她连声说，对啊对啊，就是这样的啊！

我又问她，那么你觉得，我俩谁胆子更小呢？她看着我，不知道怎么回答了。我告诉她，每个人，都会有自己不擅长或者不敢的部分，孩子也是一样，不能因为一个言行的不积极主动，或者不敢，就认定孩子“是个胆小的人”。我们可以更具体地描述言行本身，比如我不敢开车，你不敢在公共场合说话，孩子不敢参与没把握的游戏等。不能因为某个举动就评价他为某种人、某类性格。

针对孩子“不肯参与游戏”“不肯举手回答问题”的问题，我和她继续讨论了一些可以帮到孩子的办法。首先，我们必须认识到，孩子学习任何一个新的本领（包括做游戏），都是很大的挑战，无论这些在家长眼里是多么简单，但对孩子，就是困难的。所以，我们要对孩子多一些体谅和包容，要站在孩子那个年龄的能力水平阶段，看待孩子面临的挑战，而不是站在家长的角度，一味地埋怨孩子“这有什么难的”“这有什么好怕的”。其实，很多时候，孩子不是胆小，而是害怕失败或者受挫，尤其在学校或者和小朋友在一起，他们担心做不好，会被其他人嘲笑。如果是班级的集体活动，有可能还会担心影响集体成绩等。孩子的心理活动其实很丰富，所以家长要多一些观察、交流和包容，然后再给予一些支持和帮助。

我又问那个妈妈，孩子是不是在班级里年龄偏小？她说，是的，因为是7月份的生日，在班里基本就是最小的，有些同学比他大大半年，甚至快一岁了。我说，对啊，你要知道，低龄的小朋友，为什么用月龄来计算而不是年龄，就是因为每个月都会有很大的变化和差别。所以，你要先看到自家孩子和同学出生时间有差别，正视这差距，然后就不会那么焦虑了。

我们可以在家里，陪孩子多玩玩学校里的那些游戏，让孩子多一些练习的机会。跟爸爸妈妈等熟悉的家人在一起，孩子可以更放松地学习，也不必过于担心做错了或者学不会而被“嘲笑”。这里就引起另一个问题，就是在和孩子做游戏的过程中，千万别“笑话”孩子，说“这么简单都不会，你怎么那么笨，你又输啦”之类的话，而是要看到孩子每次的进步，指出孩子没做好、没做对的地方，问题出在哪里了，怎么才可以做好，多教孩子一些方法，和孩子一起练习。

同时，家长也要敢于“暴露”自己不擅长的本领或者技能，和孩子一起学，或者示范给孩子看，告诉孩子“其实不会也没关系啊”“爸爸这个也不会”“妈妈也才开始学”等，总之就是要让孩子从父母这里学习到方法和过程，看到“不会”或者“做不好”没那么可怕，孩子就敢于在其他场合参与学习新游戏、新本领等。

当然，家长适时地“输”给孩子，也是非常好的方法，让孩子感受到“成功”和“赢”的喜悦，对孩子的自信心是有帮助的，能让孩子更有勇气去学习更多新本领。但这不是说家长总是要一味地“输”给孩子，总是“让”着孩子，那样的话，孩子可能会“输不起”，在家里“凶”，到外面就“怂”。而是要让孩子在跟父母做游戏的过程中，感受到“有输有赢”，学会面对输赢、成败等，家长适时让孩子感受这种不同的体验，并进行教育，这才是家庭游戏的积极意义。毕竟对低龄的孩子而言，家长的各方面能力肯定是在他们之上的，所以，游戏的过程中，我们要考虑适当“输”给孩子，让孩子有信心继续学习这个本领。慢慢我们就会发现，孩子会越来越自信，本领也会越来越强，“输”给我们的次数也会越来越少。

自救策略

☀ 当我们想给孩子贴某个“负性标签”的时候，先问自己一句，真的是这样的吗？我是怎么得出这个结论的？然后把自己的想法和结论讲给其他家庭成员听，听听他们意见，是否和自己一致。还可以说给其他家长或者老师听，你会发现，别人的想法和结论都有可能与你不同。

☀ 当孩子有些言行让你担心、生气或者不满时，试着在纸上或者手机上写下来，越详细越好，要有具体的言行、过程，而不是只有你的认识和结论。把整个事“外置”出来，而不是只停留在你脑海里。

☀ 当孩子不敢做某件事的时候，我们不要去批评孩子“胆小”，或者指责孩子“怎么那么没出息”，而是要和孩子交流，知道孩子“卡”在哪里了，然后帮助孩子战胜那个障碍。

☀ 当孩子能够战胜自己，勇敢去做某件之前不敢做的事情时，要及时表扬，为孩子的勇气点赞，给孩子大大的拥抱。还可以让孩子分享心得，听听孩子是怎样做到的，做完后的感受等。这都是非常积极的“看见”，比空洞表扬“你好棒”更能让孩子感受到愉悦。

☀ 父母自己有做不到的事，或者做错的事，要勇于和孩子分享，让孩子看到，原来“这么厉害的父母，也有搞不定的事，不会做的事”，从而能坦然接受“原来做不好，也没那么可怕”“原来不是什么事情都是人人都会做的”……

自问自答

➤ 你最怕的事是什么？为什么最怕这件事？这件事带给你怎样的心理感受？

➤ 你小时候被贴过“标签”吗？如果有，是正面的还是负面的，还是都有？这些“标签”对你产生了怎样的影响？

➤ 你给孩子贴过“标签”吗？是真的没有，还是你没意识到？

➤ 你家娃不敢做某事的时候，你有没有觉得“他就是太胆小了”？你有没有关心过他为什么不敢做某事？有没有和他一起寻找解决方法，还是就是说“胆子大一点，这有什么好怕的”？

➤ 你家娃有没有之前怕的某件事，后来不怕了？如果有，转变是如何发生的？你是如何看待这个转变的？事后你有没有肯定或者表扬孩子？如果没有，为什么？

你儿子假期有什么计划

自述案例

我儿子高三的那个寒假前，家长会上，同学的妈妈问我，你儿子的假期有什么计划，怎么安排的？我愣了一下，然后说，主要看他自己吧，这么大了，计划应该他自己做吧。她又追问了一句，你们不帮他安排些计划吗？真的就完全让他自己计划吗？如果他的计划不合理，你们就不关心他的计划吗？如果他的计划看着挺好，但实际完成不了，你们会监督他的计划完成情况吗？我儿子就是每次放假前，计划做得挺好，但最后基本都是完成不了，说他吧，就搞得关系紧张。到高三了，我也不想刺激他情绪，可不说他吧，这完成不了的计划制订了还有啥意义，制订计划真的有必要吗？

我被她连珠炮似的问题问笑了，对她说，你这些问题还真都是好问题，其实不光你面临，很多家长应该都会遇到，而且也不是高三家长才会面临。但不同年龄段，面临这个问题的解决方案，还真是有所差异。考虑到毕竟你家孩子已经高三了，有些问题，冰冻三尺非一日之寒，解三尺之冰也非一日之功。咱们也没办法回到过去，只能就眼前的情况，面对现实，聚焦最紧迫的问题，采取现实可行的方案。

考虑到高三了，不想激化和孩子的矛盾，这是非常好的想法。确实，情绪稳定对任何人都是好的，尤其是高三阶段，又是青春期，情绪稳定就更加宝贵了。所以，不想为了计划的完成情况和孩子发生冲突，是难能可贵的，也是可取的。但这在某种意义上，是不是也可以理解为，如果不是高三阶段，你多数会因为他完成不了计划和他发生冲突，或者说，你们之前就曾经甚至经常为完不成计划发生不愉快，所以，你可以预判到，儿子多数会完成不了假期计划，而你如果要出面，势必就会和他发生冲突？

她立即回答道，是呀是呀，几乎每个假期都这样，从小就这样，都烦死了。说了也不听，怎么提醒都没用，最终肯定就是完成不了。所以，假期计划根本就是自欺欺人，感觉就是他放假的时候做给我看的，最后肯定完成不了。我觉得，那何必呢，尤其高三了，又那么忙，何必再花时间制订完成不了的计划，我又不需要他给我装样子，我要的是最终的效果。

我没有回答她的问题，反问道，那他从小到大的假期计划，都是他自己做的还是你帮他做的？

她说，小时候，他自己哪里会做什么计划，我就帮他做，后来大一点，让他自己做，我帮他改改，提点要求啥的。基本就是这样。

我又问她，那每次完成不了计划的时候，你有没有分析过，完成不了的是哪部分，为什么完成不了，是太难了，还是量太大了？计划本身有不合理的地方，还是确实有什么客观因素？他自己又是怎么看待完成不了计划这件事的？

她看着我说，这有啥好分析的，他就是贪玩呗，还嫌我烦。他对计划能有什么看法，就是认为“没必要，不合理，完成不了”。

我笑着说，看来，在这点上，你俩倒是达成一致了，都觉得“这计划没必要”。她沉吟了一下，说道，其实也不是完全一致，我并不是觉得做计划没必要，只是觉得光制订计划，完成不了，有啥用。制订计划本身，我还是觉得好的。

我点点头，对她说，看来，你终于明白了，看上去是一件事，但很多时候，彼此关注的点还是不一样的，那就成了另一件事。也正是这个原因，你和儿子各有各的道理，谁都说服不了谁，你觉得有问题，但又不知道问题出在哪里，或者怎么解决问题。她连声说“是”，表示认同。我告诉她，首先我们要重新认识一下“计划”这件事本身。

做计划，是一种方法。计划代表的是方向，是目标，同时也是一种时间管理、任务管理的方法。所以，如何制订计划，如何想办法完成计划，如何修订或完善计划，包括评估计划，才是更有意义的部分，才是学习的重点。有了前面的努力和实践，最后，计划的完成，只是一个产出的结果，而不是把计划当结果去完成，不能本末倒置。

比方说，为了提高英语单词量，孩子计划每天早起背单词 30

分钟。最终的目的是提高英语单词量，而不是为了每天早起背单词30分钟。如果孩子发现他每天背20分钟就可以了，或者觉得晚上背的效果比早上好（因为每人的学习习惯不同，不同时段的学习效率也不同），或者孩子觉得书写的记忆效果比背诵好，那就没必要强求孩子一定要每天早上背单词30分钟，计划可以修改。如果不尊重孩子的实际情况，也不和孩子深入讨论，孩子一方面可能未必理解这个计划，另一方面可能觉得这个计划不合理。所以，我们的根本问题，不是为了制订计划而制订计划，而是要想明白，为什么要制订这些计划，并且和孩子一起讨论。计划要以孩子为主制订，并且及时跟踪计划执行情况，给孩子一段时间适应计划，甚至调整计划，允许孩子完成不了计划。

这就好比我们装修房子，最初肯定会有预算和时间计划，但具体实施过程中，一定会发生“追加预算”“工期延误”“调整方案”“衔接脱节”等各种问题。有些是我们没想到的，有些是想到的，但不可控，有些是突发状况。但我们想如愿住进焕然一新的家中，就必然经历这个看上去更“糟”的过程，要接受这个“杂乱无章”的阶段，接受不尽如人意的过程，甚至要接受“敲掉重来”的过程。我们只有经历这些“无序”和“不可控”，才会更清楚问题容易出在什么地方，如何加以规避或者解决。

我们做计划的过程，和这个装修过程很像。没有哪个计划一下子就能百分百完成，孩子更加不容易，但做计划的过程，是发现问题，不断改进不断完善的过程，所以我们要改变预期，不能指望一有计划孩子就会完成。其实我们自己制订的计划，也经常完成不了。我原本计划两年完成这本书的，后来拖拖拉拉四年才完成。但不能说因为没有如期完成计划，这个计划就没有意义。前面说了，计划只是手段，是方法，是为了更好地实现完成书稿这个最终目标。而写这本书，本意是为了学以致用，把关于育儿方面的一些案例和心得整理出来，让有需要的家长学到一些“自救”方法，也让自己能不断成长，成为更好的自己。那问题就来了，当一些学习和工作的“此情此景”，能够更好帮助到一些家长，也能让自己成为更好的自己时，我是不是应该优先面对？毕竟，“活在当下”才是更真实的。当家人需要照顾和陪伴的时候，当有些事务需要立即处理的时候，写书稿，只能做退让。而这个权衡和取舍的过程，我认为本身就是学习。如何在冲突中做取舍，如何看待现实中发生的可控与不可控的事，这不仅在亲子教育中存在，在人的一生中都存在。我们经常可能会遇到类似的情况，你本来计划这个周末写一个文案，结果孩子生病了，又是去医院，又是照顾他，不仅计划泡汤了，人还身心俱疲。这时候，我们可能就会因为自己的计划被打乱而情绪失控，对孩子生病这事气恼不已，然后对孩子大发脾气。可实际上，孩子也很无辜，他也不想生病啊。

这就是因为我们对“计划”本身有“执念”，而忘了计划只是手段和方法，不是最终目的。只要最终目的能达到，“殊途同归”是很普遍的。有些计划虽然被打乱了，但最终的结果并不一定受影响。有些可能产生了一些影响，但并不会影响本质。我们做计划的过程中需要学习，包括如何面对计划的变化，计划是否有预案，是否有弹性等。

所以，我们让孩子制订计划的本身，就是个学习的过程。是让孩子学会时间管理、任务管理、冲突管理，学会评估，学会应对，学会多路径解决问题，学会寻找方法，学会探索自己，学会面对更真实的自己等，而不是只为了完成计划中列出的任务本身。也正是因为这个原因，我一直坚持认为，计划要孩子自己拟订，家长可以帮忙，可以参与，提一些建议，但最终还是要让孩子自己订。当然，有些家长可能会以帮忙为由，把“自己的想法和要求”硬生生地加进去，布置或要求孩子一定要完成，那这个计划就变味了，孩子就更难以完成。而且，孩子对这样的计划，已经有抵触了，会认为是“妈妈的计划”，很难在心理上认同，自然就难以产生内驱力，所以，完成起来的难度就更大了。因为，计划本身就存在很多不确定因素，就是一种“挑战”，如果自己不认同，自然“客观因素”会更多。家长就觉得孩子是在找理由，找借口。

还需要说明，即使没能完全完成的计划，依然是有积极作用的。完成了 80% 的计划，总比没有计划好，可往往很多家长不会关注已经完成的那 80%，而是更多关注没完成的那 20%。有些计划，虽然延期了，“拖拖拉拉”了，但最终还是完成了，比如我的这本书。我们要用更积极的视角去看计划，它是前进方向，是努力目标，只要在往那个方向前进，哪怕速度慢了，哪怕前进了两步又退后了一步，也不要紧，毕竟在前进，在往计划的方向努力。所以，我们要对孩子多一些包容，接纳他们的“打折扣”“找理由”“走回头路”“畏难情绪”等，因为执行计划真的比制订计划难多了。

更需要说明的是，有些时候，家长之所以生气，不是计划本身的问题，而是“孩子不执行自己的计划”的问题，这其实就是“力量的较量和争夺”，是“控制权”和“控制欲”的问题，是“谁听谁”的问题，是“孩子听不听话”的问题。这点，格外需要家长自我觉察一下。从这个角度看，制订计划，更应该让孩子自己来做，那意味着他对自己的人生有掌控权、选择权，也意味着要负更多责任。他的人生，是自己的，而不是父母的。

但凡家长觉得孩子计划性差的，往往都是孩子觉得那个计划不是他想要的，是完成家长的计划，所以，就非常抗拒或者抵触，自然很难完成。

自救策略

☀ 在制订每个计划前，先思考为什么制订这个计划，这个计划的最终目的是什么，是孩子的计划，还是家长的计划。

☀ 如果是低龄的孩子，家长可以和孩子一起讨论，孩子说，家长帮孩子写下来。计划的制订一定要让孩子参与，孩子如果觉得某个计划有难度，担心完成不了，家长可以帮孩子设定分级的计划，低档完成到哪一步，中档是哪一步，高档是哪一步，提升孩子完成计划的信心。每完成一步，都要及时给予表扬和肯定，未能完成的，进行分析，不是批评，可以调整计划。这个过程，是非常重要的学习过程，要全程和孩子讨论，让孩子学会制订计划，感受计划对自己的帮助，体会完成计划的快乐和成就感。

☀ 在给孩子制订计划的同时，给自己也制订一个，可以是和孩子一起完成的，也可以是和孩子不一样的，是针对家长自身的。让孩子对自己进行监督、评估，父母和孩子相互对计划完成情况进行总结。还可以和孩子分享完成计划过程中遇到的困难，怎么战胜的，也可以让孩子分享完成计划的心得等，表扬孩子做得好的部分，甚至学习孩子的一些方法，并且明确告诉他，妈妈（爸爸）觉得你这个方法不错，我也实践了一下。这是对孩子极大的认可和鼓励，会增加他的成就感和内驱力，是很好的正强化。

☀ 当孩子对某个计划产生抵触的时候，尊重孩子的感受，暂缓甚至停止某个计划，都是可以的。计划一定是可调的、可变的、有弹性的，不能被计划“绑架”。

☀ 计划分长期计划和中期计划、短期计划，对某个“太大”的计划或者“太长远”的目标，一定先有个“眼面前”更容易实现的计划或者目标，让孩子树立起信心，从小目标、小计划开始，完成了就更有信心去实现下一个目标和计划。对低龄的孩子，一定要注意适度，过犹不及，宁可“小步走，不停步”，也不要“还不会走就想跑”，计划制订得过度，会让孩子产生畏难情绪或抵触心理。

☀ 计划一直不能完成，那一定是计划出了问题，要么不合理，要么是不认同。一定要好好自我觉察，好好分析一下，不要总认为是孩子的问题。

自问自答

➤ 你家孩子的计划是自己制订的还是你帮着制订的？完成的情况如何？

➤ 你会和孩子就计划的制订和完成情况进行讨论吗？

➤ 你会觉得，完成不了计划就是孩子的问题吗？

➤ 你是一个计划性强的人吗？是的话，你是怎么做到的？不是的话，你觉得阻碍你完成计划的最大障碍是什么？

➤ 你觉得做计划有必要吗？为什么？

➤ 你如果有计划完成不了，你会怎么办？

难道都是我的错

自述案例

几个闺蜜聚会，三聊两聊就聊到了各家的娃。M“义愤填膺”地控诉，自家姑娘把她气得够呛，让我们给评评理，是不是这娃“太不听话”。

M和孩子约定，因为在暑假，所以做完每天的作业，可以玩会儿手机。还有，每天做一件家务活，女儿选了洗碗。昨天晚上，M从超市回来，发现碗根本没洗，又看到女儿在玩手机。气不打一处来的她，就说：“整天就知道玩手机，说好你洗碗的，怎么还不洗！”

女儿没好气地说，什么叫“整天”玩手机，我明明前面都在做作业，你说的作业做完了可以玩手机。我现在作业做了啊，为什么就不能玩？碗，我一会儿会洗的，说好的事我肯定会做的。M被怼得更加难受，责问女儿，你就不能先把碗洗了再玩手机吗？女儿反问，谁规定的非要先洗碗再玩手机，你前面也没说啊。只是说了洗碗，你管我什么时候洗啊，反正我会洗的。

M不依不饶，更加生气地质问女儿，你懂不懂礼貌，怎么和妈说话！女儿也不买账，回怼过来，明明就是你不讲理，还说我没礼貌，懒得理你。说完直接进了房间，空留 M 一个人在客厅生闷气。想到厨房还没洗的碗，她去洗碗，一边洗一边生气，觉得自己委屈。所以，闺蜜聚会，正好“吐槽”，让大家帮忙支支招。

没想到，大家七嘴八舌说开了。有的说，既然说了做好作业可以玩手机，就应该“说话算数”，不要冤枉孩子。有的说，既然说了让孩子洗碗，就应该让她洗，再晚也应该等她洗，不应该你洗掉。有的说，你没说什么时候洗，孩子啥时候洗就随她吧，能洗就不错了。有的说，高中生的女儿，应该给一定自由度，让孩子决定什么时候做什么事，不必过于精细地安排孩子的时间。有的说，你控制欲太强……这下，M 更加郁闷了，高声说道，照你们这么说，难道都是我的错，她就没错吗？

一下子，大家安静了。

我问 M，你是想解决你和娃之间的问题呢，还是想证明你们之间谁对谁错？她想了一下说，那肯定是想解决问题啊。至于对错，应该都有不对的地方吧。

我立马说，是啊，你其实也知道，刚才你就是说气话，包括昨晚和女儿的争执，也是有情绪，咽不下那口气，对吧？

她说，就是就是，我也不是非要她怎样，但她不听我的，就想和我对着干，我觉得不能由着她。

我说，你现在其实已经梳理得挺清楚了。事情归事情，道理你也知道，女儿并非完全没道理，但就是感情上接受不了。和刚才我们跟你说的那些道理一样，其实，你也知道我们说得对的，但就是一下子感情上接受不了。所以，就“转移话题”，不能再基于事实本身，而变成了“争对错”，要逼着我们选边站队。因为，在你心目中，我们都应该站在你这边，而不应该替你女儿说话，讲你的不对。所以，你感情上一下子接受不了，早已忘了“让我们评评理”的茬。实际上，这事，本来就不是评评理的事。

你来和我们讨论这个问题，想让我们给你支招，我们肯定会更多指出你做法上的不足，给你一些建议或方法，而不是说你女儿的问题。因为，她不在场，我们说了她的问题，她也听不到，更不可能采纳我们的建议。所以，我们更多说了你的问题，让你产生了“都是你的错”的感受。显然，这不是事实，只是你的想法。当然，我们也存在问题，忽略了你的感受，即使女儿不在，我们也应该客观说出她不对的地方，不是为了让她改正，而是让你既能得到安慰，又能接受意见和建议。这是我们忽略的地方，所以才激化了你的情绪，把问题转移到了和女儿争对错上。这也正好说明，女儿的有些说法，其实你是知道有道理的，但感情上没法接受，所以转移话题到“你怎么不懂礼貌，怎么和妈妈说话”上了。

其实这个应激反应，我们很多时候都会使用。和对方说事情，说着说着，话锋一转“你什么态度啊”！这时候，多数是一方已经不能就事本身讨论了，又不能接受自己“错了”或者“有些情况不了解”的事实，就开始转移话题，用态度、品行、道德等更大的、定性的东西来上纲上线，压制对方，以期掩盖自己的虚弱和无力。

所以，M前面说的关于她女儿的事，以及后面的生气，都是生自己的气，而非女儿的。是自己发现，这个事态自己好像没法控制了，道理讲不过女儿，女儿也不听她的。她其实也不知道接下来怎么收场，但又不愿接受这个事实。于是，就向女儿发火，责备她没礼貌。

我告诉M，她讲述的和女儿的事情，确实有很多操作层面的方法，可以让她和女儿的沟通更顺畅。比如，只说了作业做完了，就可以玩手机，但没有约定具体时长。完全可以约定每天可以玩一小时，但必须在作业完成以后，这就更清晰合理，执行起来不会模糊不清。也可以约定是玩“一局”或者“三遍”之类的，视游戏的特点而定，最好和孩子一起商议后确定。孩子参与制订的规则，他们更愿意遵守。还有，关于洗碗的时间，确实之前没明确，那就应该这次“认”了。有些事情，要先学会接受。即使是自己的孩子，自己之前没考虑到的地方，就要有勇气接受和面对，这对孩子也是一个很好的示范，孩子不会因此看低父母。孩子会有点小得意，得到青春期的满足，这是有好处的。他们事后也会从心底里佩服或者欣赏父母，父母会赢得孩子更多尊重。所以，先接受，然后，再和孩子讨论，完善和修改规则。这也要和孩子一起讨论，陈述充分理由。比如，湿垃圾有集中投放时间，所以必须在几点前洗好碗。比如，有些东西，立即洗比较容易洗，放久了很难洗等。总之，不能家长有个人喜好，就强迫孩子服从，这样，孩子的对立情绪只会更强。当然，这个过程，对家长也是一个自我觉察的过程。一定要在规定时间里洗碗，是不是家长的强迫症或者控制欲？能否在一定程度上，给孩子一个自己做决定的空间？

我们和M讨论了一下，“整天”这个说法，确实是非常情绪化，而且也是夸大其词的，直接就让孩子抓了个把柄，还激惹了孩子的情绪。所以，我们最好先问“你玩多久手机啦”或者“你还有多久能玩好”之类的问题，这就比较客观，也是基于事实本身的，而非个人主观感受。关于洗碗，可以问“你准备什么时候洗”，而不是“你怎么还没洗”。前者是客观的，有建设性的，后者则是责备。

M可以认真反思一下，尝试用不同的方法和女儿沟通。当然，如果可以的话，最好先从道歉开始。如果觉得道歉有点难，做不到，那至少可以从比较客观的讨论开始。

没想到，M当天晚上回去，就向女儿道歉了，说“妈妈昨天态度不好，方法也不太好……”女儿也立即向她说了对不起，说昨天她确实有些不礼貌，不该那样和妈妈说话……女儿的反应让M非常感动，完全出乎她的意料。本来担心的“尴尬”和“不接受”都没有发生，反倒是一种很愉快、很释然、很轻松、很惊喜的感觉。所以，她激动不已地第一时间与我们分享，并表达了对我们的感谢，说幸好那天我们“点醒”了她。

自救策略

☀ 不要总是想着和孩子争对错，一争高下，谁输谁赢。这背后，往往都是“权力”之争，就是谁在家里更有发言权，更有权威，更要听谁的。这都会影响对事实本身的判断。

☀ 不要让孩子在爸爸和妈妈之间“选边站队”。很多时候，父母会忽略了孩子一些言行和需求本身的“正确与否”，而会上升为“你怎么跟你爸（妈）一伙的，怎么不是和我一条心……”这往往是亲密关系中的“权力之争”，会殃及孩子，让孩子成为控制对方的“筹码”或者争夺的“阵地”。

☀ 勇于自我觉察，当孩子和你发生争执的时候，哪怕当时“上头”了，说了气话，事后冷静下来，还是可以反思一下，或者写下来，刚才到底是怎么回事，孩子说的有没有道理，你是不是夹杂了其他情绪，你的这份情绪背后，是什么需求。还可以听听其他家庭成员的看法，多一种不同视角看问题，会有不一样的收获。

☀ 如果反思后，发现自己确实有做得欠妥的地方，要勇于向孩子承认错误或者道歉。这是自己变强大的过程，更是给孩子很好的示范。

☀ 制订规则的时候，和孩子及其他家庭成员一起商议，而不是某个人说了算。规则执行一段时间后，要进行评估，然后继续一起讨论，作修改、补充、完善，甚至废止。

自问自答

➤ 孩子和你发生争执的时候，你更在意事实本身还是自己的对错，为什么？

➤ 你在和孩子争执的过程中，发现孩子说得有道理的时候，你会怎么做？

➤ 你有没有向孩子道歉的经历？当时是怎样的情形，你用怎样的方式向孩子道歉？孩子的反应是怎样的？类似的错误你又犯过吗？

➤ 孩子向你道歉过吗？当时是什么情形，你是怎样的感受？孩子是主动道歉的，还是你要求的？

➤ 你有没有在和配偶讨论孩子的问题时，说过“难道这都是我的错”之类的话？当时是怎样的情形？你现在又是如何看待这个问题的？

这个，我们家孩子不行

自述案例

2020 年疫情期间，我参加了一个线上的父母成长读书会。书友们根据老师公布的书单，在规定的时间内，一边自学，共读同一本书，一边分享读书心得，或者交流困惑，讨论书中理念在现实生活中的实践效果，以及觉得难以实践之处。氛围非常融洽，收获颇丰。

记得当时我们正在读第一本书，美国心理学家艾莉森·高普尼克的《园丁与木匠》。书中主要的内容之一，就是让家长识别自己是“园丁式父母”还是“木匠式父母”。所谓“园丁式父母”，就是尊重孩子的成长规律和个性特点，父母只是以合适的方式“灌溉”“养育”，父母是尊重、适应、跟随；而“木匠式父母”，则是根据自己的想法，动“刀斧之功”把孩子塑造成自己想要的某样物品或某个样子，比如“桌子”“书架”等。道理很好理解，难就难在现实生活中行为的识别哪些言行是“木匠式父母”，是否隐藏着自己的“刀斧之心”。

群里有个家长问了，孩子不肯做作业，我提醒他做，是“木匠式父母”吗？然后大家展开了热烈的讨论。有的家长认为，提醒肯定不是“木匠式父母”，提醒是有必要的，也是有帮助的。那个提问的家长也认为自己的提醒“没问题”，但提醒了之后，“根本没用”，三番五次也没用，就认为自家孩子“不自觉”，靠孩子自己根本不行，就是要家长出面“管”，“盯”着孩子完成作业。讨论到后来，大家发现，这已经和最先的“提醒做作业”是两个问题了，进入了“提醒没用怎么办”这个问题了。

群里家长热议并纷纷支招。有人认为“提醒”没用，是非常正常的，小孩子尤其是10岁以下的孩子，在大脑前额叶发育未完善的状况下，自我控制能力是相对较弱的，不是他们不想控制，而是他们还控制不好，家长不能指望孩子“一说就听”。有人认为，家长要识别一下，是“提醒”真的没用，还是只是没有立即有用。很多时候，家长特别希望自己一说，孩子就立即行动，而且是不折不扣执行家长的“命令”，或者完全按照家长的“意图”“预期”行事。孩子没有在第一时间按照家长的要求做，家长就很可能着急，想着“怎么还不去做”，或者生气“我都说了，你为什么还不做，为什么不听我的”。如果进行了这样的识别和自我觉察，也许我们会发现，不是孩子“不肯做”，只是孩子没有按照我们的意图立即做。如果我们继续追问一下，这个作业现在做和半小时之后做，有什么重要的变化和区别吗？除非是我们要赶火车、赶飞机，或者睡觉时间到了等硬性时间的制约外，其实影响是不大的。家长之所以“抓狂”或者“焦虑”，是因为“自己的意愿未得到满足”，或者觉得对孩子的状况失去控制。发现了这点后，我们就不难找到接下来的对策。

我们除了“提醒”，还可以给孩子一个“缓冲时间”。比如，提醒孩子时间不早了，最多再玩十分钟就要开始做作业了，或者问孩子现在几点了，你准备再玩多久开始做作业，还可以约定好每天的游戏时间和作业时间，孩子到点了还没开始做，再提醒。总之，就是让孩子成为“第一责任人”，成为“主体”，他有一定的自主权和决定权，逐步让孩子感受到“自我控制”带来的“满足感”，而不是总是被家长控制。

我们要给孩子更多“我行”的机会。低龄的孩子，不可能一次就能把某件事做好，即使这次做好了，下次可能又会搞砸，会出现反复。家长往往会不能容忍“又没做好”这样的状况出现，总是期望每次都是好的，说了都有用。一旦没出现预期效果，就亲自出手相助了。短期看，立竿见影，见效快，“井然有序”了，长期看，未必是好事，对孩子，可能是一种“剥夺”，孩子失去了自己反复实践、练习和学习的机会，失去了为自己言行负责的机会，失去了体验成功的满足感、自我效能感，就很难形成自我认同和内驱力。这就是为什么很多孩子必须“依赖”家长，家长一抓作业，就完成得好，家长一盯成绩就上去。

我在群里分享了一个让自家娃变“行”的事例。儿子上小学的时候，有段时间每天去学校，作业或者课本总是丢三落四，忘带个一两样。老师打电话给我，反映这个问题，希望能每天帮孩子整理书包或者检查一下书包，避免类似事情再发生。我立即向老师表达了感谢，我肯定会引起重视，帮助他做好整理书包的事。

然后，我告诉老师，我正在锻炼他的自理能力，所以书包都是他自己整理，我只是提醒他，并非替他整理。所以，可能会有段时间，不能一下子整理好，还请老师多理解。另外，至于是一个月能好，还是一周能好，我也不确定，这取决于孩子，但我会和他一起商议解决方法，会每天提醒他。欢迎老师继续告知他这方面的变化，以便我了解情况。老师明确表示了理解。晚上回到家，我和孩子说了老师来电话的事，以平和的语气陈述过程，并没有批评和责骂，然后告诉孩子忘东西是很正常的，大人也会忘东西，妈妈有时候上班还忘了带钥匙呢。然后和孩子讨论，有什么办法降低这些事情发生的概率。出门前检查，肯定是方法之一，但光有这条，未必行。毕竟早上上学的时候，经常是急匆匆的，可能来不及检查。那能不能前一天晚上就把检查工作做掉，显然是可以的。还有，可以每做完一项作业，就放进书包。儿子提出来，因为有些作业是需要家长签字的，有时候他睡觉的时候，自己还没回来。我觉得这个问题提得非常好，就约定，不需要签字的作业，做完就放进书包，需要签字的作业，集中放一起，家长签字后集中放进他书包。至于课本，每晚作业完成后，对照第二天课程表，逐一放进书包。儿子又提出来，有时候老师会调课，课程表上本来没有的课，结果要上。我觉得这也是经常有的事，又分析了一下，语数外天天都会有，即使调课，也要带书，只有不是天天上的课，才会发生忘带书的问题。然后发现，那些课程基本不会有家庭作业，所以，课本可以不用带回家，放在书桌里，无论什么时候上课都会有课本，还减轻了书包的分量。儿子也觉得这是一个好办法。讨论的过程是愉快的，让孩子学会了解决问题的思路、方法。家长和孩子一起讨论的过程很重要，家长只是参与者，最终的方法选择和执行，都是孩子自己实现的。孩子会有满足感、成就感，会感受到这件事自己是可以做好的，会为自己掌握了更多的方法而感到充满力量。只有当孩子感受到自己是“可以”的，他们才能有“自信”，才能不断自己“前行”，不断探索更多的“可行”，而不是等着家长来帮他们解决。

分享完这个事例后，我们又问那个家长，你觉得是“因为你认为自家的娃不行，不自觉，才总是盯着他”，还是“因为你总是盯着他，他才越来越不自觉了”？这两者之间，何为因，何为果？或者说，这两者之间，本就不是因果关系，最多是相关关系，只是我们把它们之间的关联度放大了，使之成了因果关系？孩子不肯做作业，有没有其他原因？提醒孩子没有用，有没有其他因素？孩子为什么不肯听家长的，有没有其他原因，有没有提前解决方案？

对我们提出的解决方案或者说“解题思路”，那个家长应该先思考一下，然后根据自家孩子的情况，去试试，去观察，寻找一些不同的方法，而不是一上来就抱定“这个方法，我们家孩子不行的”。还有些家长总是习惯说“这方面，我们家孩子不行的。这个，我们家孩子做不到的”。这时候，我总是想问，是孩子这方面真不行，还是家长认为不行？或者是孩子做了一次两次，没成功，家长就认为不行？我们有没有给孩子更多时间和机会，教给孩子更多方法，让孩子变得“行”？

自救策略

☀ 当发现孩子在某些方面能力不足，表现不尽如人意的时候，我们可以先识别一下，是不是自己要求过高，导致孩子“做不到”，或者是把自己的个性、习惯强加给了孩子？比如，我们是急性子，喜欢什么事情立即完成，就希望孩子“跟上节奏”，实现自己的预期，用同样的方式解决问题。

☀ 仔细观察孩子，看看孩子是不是对类似问题都很难完成。因为孩子是有个性差异的，所有孩子的能力、特点不可能是相同的。看看孩子有什么事是能够轻松完成的，发现孩子在某个方面的特长，加以肯定和鼓励，再把出色完成事情的方法“迁移”到不善于完成的事情上，尝试新的突破。家长可以把自己解决类似问题的一些方法分享给孩子，和孩子一起讨论解决方案。

☀ 思考一下，自己有没有随便怎么努力都做不好的事？如果有，回想一下自己面对这些事情时的感受，试着讲给孩子听，问问孩子做不到某件事的时候，是不是也有这样的感受，或者其他的感受。鼓励孩子表达出自己“不能够完成”时的真实感受。还可以分享自己面对这样的事情时是如何解决的，再听听孩子的想法，看孩子是如何面对的，或者准备如何面对。

☀ 听听孩子的想法，在这件事上，希望父母怎么做，然后尝试按照孩子的想法去做。或者根据孩子的想法，补充一点家长的想法，形成一个折衷方案，然后共同去实践。

☀ 实践过程中，积极发现孩子的进步和变化，并及时给予肯定。不求百分百完成，但求不断进步。孩子需要不断确信自己是可以的，才能不断获得力量感，才有更大动力和勇气面对更大的挑战，不断变得更“行”、更好。

自问自答

➤ 你有没有觉得自家娃，就是在某些方面不行？你得出这个结论的依据是什么？

➤ 你觉得自己哪些方面不行？你认为是什么原因导致你这些方面不行？

➤ 你有没有过本来以为自己不行，但后来却完成了任务的经历？当时，你是怎么“战胜”自己的？完成那个你认为完成不了的任务后，你的心理体验是怎样的？这件事，对你产生了事件本身之外的影响吗？

我就怕孩子早恋

自述案例

有个师妹对我说，女儿早恋了，她很担心。我问她，担心什么？是怕学习成绩下降，还是怕女儿跟着男生“学坏”，还是怕女儿“吃亏”……她说，都不是。成绩没下降，反倒进步了。因为那个男生成绩很好，她为了让自己与“男神”的差距小一点，所以拼命学习，算是有了个很好的学习榜样。那个男生也没什么恶习，彼此只是在学校才有时间接触，没有其他接触的机会。我惊叹道，成绩都进步了，你还担心啥，那何乐而不为。爱情的力量是伟大的，榜样的力量是无穷的。这两点集合在一起，你女儿的进步会很大。而且你已经看见了实际的变化，为什么还担心？

她回答，这次进步了，不代表以后一直能进步。谈恋爱肯定会影响学习的，现在没影响，不代表以后没影响。再说，小姑娘肯定更吃亏。都说了，女生高中学习更吃力，哪还有时间、精力谈恋爱啊！早恋肯定会分心的，我就怕她早恋。现在可好，竟然发生了。

我对师妹说，你的想法，代表了很多家长的心理。你们的很多想法，都来自“刻板印象”，已经有越来越多的理论和实践，证明了这些想法的没依据和不科学。

“谈恋爱肯定是会影响学习的”，这是家长把相关问题推论为因果，也就是说，两者之间会有关联，但未必是因果关系。换句话说，“因为谈恋爱了，所以就学习受影响”这样的因果关系不是必然的。另外，我们还要明确“影响”的概念。一般家长心目中的影响，特指“不好的、负面的”影响。事实上，影响可能是积极的、正向的，也有可能是消极的、负向的。就恋爱本身来讲，恋爱会刺激大脑分泌多巴胺、内啡肽和苯基乙胺等。这些神经递质，会使人兴奋、愉悦，会使人更加有信心和勇气，会增强记忆力，提升专注力，学习效率会提高，会使人有更强的内驱力，有更强的满足感和幸福感，自信也会增加。这些，对人体的身心健康都是有好处的，对学习压力的缓解同样是有好处的。也正是因为这个原因，你会看到女儿的成绩进步了。当然，也不排除还有男生的帮助，比如学习方法上的交流，知识点的讲解等，因为男生成绩比她好。之所以家长们看不到恋爱的积极影响，是因为看到了太多负面影响的例子，就认为恋爱是“不好的，会分心，会让学习成绩下降”。所以，即使孩子明明成绩进步了，都不敢相信，而认为只是暂时的，宁可相信“迟早会退步”。

“女生高中学习会吃力、会跟不上”也是刻板印象。其实，不是女生高中学习跟不上，而是男生的大脑发育相对而言较女生迟缓。所以，高中之前，女生的优势明显，高中后，一些男生赶上来了，导致女生的优势没那么明显。所以，这是一种相对关系，并不是女生学习不好了，或者不努力了，分心了，而是因为男生进步更快，使得女生看上去退步了。家长对这个问题要客观对待，不能迁怒于孩子，也不应该直接认定是早恋导致。就是没有早恋这事，孩子的成绩也有可能出现相对退步的状况。高中的学科知识特点，和初中差异很大，初中能学好，采用同样的方法，未必高中能继续学好。还有些孩子，初中可能家长管得多，盯得紧，学习看上去不错，高中以后，家长管的能力不足了，或者住校等因素，家长管不了，孩子出现不适应，成绩下降，都是有可能的，未必就是“女生不行”或者“恋爱所致”。从大脑构造、学习特点来看，男女确实有差异，学习方法也会有不同，男女同学之间的相互学习，还是有积极作用的。事实上，现在越来越多的女生，不仅在高中阶段没有跟不上，在大学本科、研究生阶段都表现出了优秀的能力。很大程度上，在于越来越多的家长打破了“高中女生跟不上”的刻板印象，对孩子更有信心，女生自己也更有自信，就能取得学习进步。反倒是认为“女生高中会跟不上”的家长，一方面会“自我验证”，孩子成绩一有起伏，就立即拿来“证明”自己观点的正确，说明“女生就是不行。看，被我说中了吧”……同时，家长的这种观点也会影响孩子，使孩子产生自我怀疑，学习动力不足，用自己的成绩下降来“验证”家长的预言。同样，“谈恋爱会影响学习”的观念，也会发生同样的作用。当我们形成这个观念后，就会不断“自我验证”，直到使之成为事实，从而证明自己的正确。

我们谈谈“早恋”这个词。之所以家长和老师用“早”来界定，是因为觉得学生阶段，学习才是首要任务，谈恋爱可以等以后再说，不必这么早。这其实是成人世界的一厢情愿，是以社会化的标准来考量此事。抛开学生身份，作为一个人，从生理和心理的角度看，进入青春期以后，第二性征发育成熟，激素水平激增，异性吸引力增强，渴望与异性交往，或者对异性充满好奇等，这都是发展规律，是一种“自然成熟”，不是家长单方面认为“早”就是“早”。其实换个角度考虑，这在某种程度上恰恰说明了孩子的心智发育正常或者说处于常模中，正如歌德在《少年维特之烦恼》中说的那样，哪个少年不多情，哪个少女不怀春。

再说说“早恋”一词中的“恋”，我觉得未必就是真正意义上的恋爱，更多的是青春期对异性模糊、朦胧的好感。真正的爱情有三要素：吸引、激情和承诺。中学阶段的“恋”，最多就是“吸引”。由于青春期大脑前额叶发育并未完全成熟，所以情绪变化很快、很大。也正是如此，青春期的孩子很容易出现“三分钟热度”。有些事，前一天还喜欢得不得了，后一天可能就不喜欢了。同样，他们所谓的“恋情”，也很容易“来得快，去得也快”，家长没必要如临大敌。反倒是孩子可能会因为家长的反应，而生出“斗志”。因为青春期的孩子容易逆反，表现出“家长反对的就是我要坚持的，家长坚持的就是我要反对的”。所以，有些“早恋”之所以能“长期存在”，恰恰是因为家长的反对，如果没有家长的反对，可能早就“自然消亡”了。还有，有些孩子，未必会因为“早恋”而花时间精力，反倒是为了隐瞒“早恋”，怕老师和家长发现，而内心紧张，各种动脑筋想办法，产生内耗，学习难以集中精力，花了很多时间。另外，青春期的孩子在乎异性关系，也可能出于从众心理或模仿心理。他们尝试和异性交往，只是为了证明自己也是有魅力的，未必是真正意义上的恋爱。

师妹听我讲了这么多，反问道，难道我就眼睁睁地看着她谈恋爱，什么也不管，任其发展吗？

我笑着对师妹说，也不是说完全不管。在“刻意”和“随意”之间，还有个状态，叫“注意”，就是家长既不是一切禁止，也不是听之任之，而是密切关注动态，根据情况，因势利导，需要帮助的时候，就立即出现。就拿恋爱这件事说，我们可以和孩子谈，青春期的异性好感是怎么回事，需要注意些什么。如果觉得无法当面说，可以用写信的方式。我在儿子高中开学的时候，给他写了一封信，说了一些高中住校生活可能面临的问题，如同学关系等，也谈到了恋爱。说到爱情是美好的，但同时也有可能带来伤害，这伤害可能是对自己的，也可能是对对方的，或者是对其他人的。爱情可能还会带来竞争，因为优秀的人，往往会有更多追求者。如何面对这样的竞争，如何面对对方的拒绝，我告诉他，无论发生什么，不要用极端方式解决问题。不知道如何面对，随时可以和爸妈交流，我们愿意成为你的倾听者和支持者。虽然他并没有回信，高中阶段也没有就感情问题和我们交流过，但我觉得这样的方式，至少打消了他这方面的顾虑。

青春期的朦胧好感，有正向的激励作用。每个人在这样的时候，都希望自己能“看上去更好”“更有竞争力”。家长如果发现孩子对某个同学有好感，可以适时引导，问问为什么喜欢。这个同学有什么特长和爱好，喜欢怎样的人，目标学校是哪个。然后谈谈自家孩子的特长和优势，对方可能喜欢自己的是哪些方面，自己还有哪些差距或者可以在哪些方面再努力一下，让自己的优势更明显些，让自己变得更好。这样的动力远大于家长的督促。现实生活中，有很多这样的例子，为了能和心仪的女生或男生将来在一所大学读书而努力学习，最终考上了好学校。无论最终恋情能否修成正果，至少这个过程是美好的，“副产品”也是好的，学习进步了，考了好学校。对家长，可能这是更在乎的收获。你家女儿，不就是很好吗？为了和“男神”的差距小点而努力学习，进步明显可见。你还是要眼见为实，要相信孩子，给孩子适当空间，不要用自己的揣测和想法来打压孩子。如果她的成绩出现下滑了，你再找她谈，也不迟。到时候，可以问问，是不是因为谈恋爱花了太多时间，分心了？或者你不主动说原因，让孩子自己找原因。如果孩子没把谈恋爱作为一个原因，那也不要逼着孩子承认。有些时候，孩子心知肚明，只是不肯承认罢了。家长不要事事都拆穿，给青春期的孩子一点空间、尊重和信任，比步步紧逼，效果往往会更好。

自救策略

☀ 和孩子建立良好的沟通关系，多和孩子聊聊，不要对孩子总是使用禁止性语言，比如：你可不许谈恋爱！

☀ 如果发现孩子总是喜欢和个别孩子玩，多问问情况，去哪里玩，玩些什么等。其实，有些时候，几个孩子在一起，真的就是做作业。一起做作业比单独做作业效率更高，更愉快，有同伴交往的意义。家长要多一些理解。

☀ 如果孩子试探性地和家长谈对早恋的看法，家长不要反应过激。如果家长反应过激，孩子就不敢把自己的真实情况和想法告诉家长了。如果孩子发现家长反应貌似没有那么激烈，他们才更愿意讲一些事情给家长听。

☀ 如果孩子真的早恋了，可以听听老师的建议，毕竟老师一直和学生打交道，见到的情况比家长多，也更专业，更客观。当然，也不排除有些老师的观念和态度是偏激的，那就需要家长做个识别，需要对孩子多一点体谅和支持。不要和老师同时形成双重压力，孩子会更加难以承受。还要注意对方孩子家长的态度，如果对方家长出面交涉了，那就必须充分重视，和孩子认真谈，“爱一个人就从尊重开始”。如果对方父母激烈反对，当下只能选择尊重对方父母，不要让对方父母承受不必要的压力。“你们的感情”应经受更长久的时间考验，让时间去证明一切。给孩子一个希望，而不是简单粗暴地“毁灭”。当下，给孩子多一分理解，多一点温和，随着时间的推移，本来看着很激烈的事情，都会消退。如果老师认为问题不大，对方父母没出面交涉，也没有明显成绩退步或者出现其他不良行为，那就姑且装作不知道吧。

自问自答

➤ 你是不是很担心孩子早恋？为什么？

➤ 你青春期的时候有没有喜欢的异性同学？如果有，是怎样的感觉？你们有正式交往吗？你爸妈知道吗？如果知道，他们是怎样的反应？如果不知道，你是怎么做到没让他们知道的？

➤ 你和孩子说过你青春期的故事或经历吗？你和孩子谈论过恋爱的话题吗？如果没有，是因为什么原因？如果有，孩子的反应是怎样的？

老公总是和我对着干

自述案例

参加一个隔代教养的沙龙，有一个外婆情绪激动地说，我和外孙女关系可好了，外孙女很乖巧，就是我老公太气人，总是和我对着干，我要这样他偏那样。我让孩子在餐桌上吃饭，他非要说“这有啥关系啦，想在客厅吃就在客厅吃吧”。我对孩子说“自己吃饭”，他非要喂孩子，就是喜欢和我对着干。老师，我该怎么办?

我笑着对她说，你们都是为了孩子。老人照顾孩子，本身就不容易，担着很多责任，又怕被子女说“惯着孩子，没带好孩子”，所以，肯定会很努力。我看您穿着如此干净利落，很时尚，看着也很年轻，完全看不出是7岁孩子的外婆，而且还愿意来听隔代教养的课，说明您是很接受新鲜事物、很喜欢学习的人，希望在孙辈教育方面学到一些知识和方法。她连声说，是呀是呀，就是怕耽误孩子，可老头子就是和我对着干啊，就是不听我的。

我接着她的话说，其实，他倒未必就是要和您对着干，他或许只是想对外孙女好一点，心疼孩子罢了。也或许是觉得没必要像您那么严苛，给孩子一个缓冲，有人唱红脸了，就要有人唱白脸。

外婆虽然情绪稳定些，但还是坚持说，他就是和我反着来，这肯定是不对的。我对外婆说，他确实和您是反着的，但未必就是错的。外婆疑惑地看着我，眼睛里满是大大的问号。我说，这就好比一枚硬币，有正面，有反面，它们是相反的，但没有对错，而且还是互为一体的。同样，还有白天和黑夜，也是相反的，不仅没有对错，而且还相互依存和转换。再喜欢白天的人，也不能没有黑夜。白天再丰富多彩，我们也必须在黑夜里休息。更何况，有些生物就是在黑夜里活动或者生长。黑夜并非一无是处，也不会因为是和白天相反的，就是错的。正如您老公，他可能和您的想法、方法不同，但未必就是错的，或者一无是处，他的言行不一定是该被“消除”的言行。

我对外婆说，家庭环境是个系统，家庭教育是个系统工程，不是只有单纯的亲子关系，还有亲密关系，还有每个人自己的“内在自我”和真实自我以及预期自我之间的关系。你们这样的隔代关系，就至少有你们和子女一组亲子关系，你们夫妻之间一组亲密关系，还有子女夫妻间的一组亲密关系，他们和孩子之间的一组亲子关系，还有您女婿和他父母之间的一组亲子关系，他父母之间的一组亲密关系。所以我认为，隔代教育更加难，不是因为单纯的老人会宠坏孩子，或者两代人教育理念方法的差异和冲突，而是因为有了更多重的关系。处理关系，维持系统的平衡，才是更难的。

比如您和您老公，您一再说他“对着干”，说明您更多地在乎两人“谁说了算”的问题，是“他听不听您”的问题，而并不是你们两位的做法到底对孩子好不好，或者说对不对。这之间，是一种“权力之争”。而您老公，之所以“对着干”，一方面，是和您之间的“权力之争”，另一方面，是和您对外孙女的“权力之争”。您说过，孩子和您很好，很听您的，那势必你们之间就形成了“同盟”，而他就是被孤立的那个人，他也非常渴望得到孩子的亲近。那怎么才能得到呢？就是您不让孩子做，但孩子却想做的事，他就投其所好了，因为只有这样，才能得到孩子的喜欢和亲近。所以，他本身并没有想和您对着干，而是因为他在孩子养育方面参与感太低了，他在三个人的关系场中，处于相对“孤立”或者“孤单”，所以，他迫切希望有“存在感”，希望在某些方面或某些时候，可以和孩子建立“联盟”。很多祖辈为什么会让孩子的父母觉得，在孩子教育上就是和他们对着干，越是他们不让孩子做的事，祖辈就越要让孩子做，道理是一样的，很多时候，是祖辈渴望得到孩子的认可、亲近，形成“联盟”，可以“对抗”父母，从而获得某种存在感和满足感。

还有，养育孩子的过程，有时候会成为一个“自我救赎”的过程。祖辈可能曾经在养育自己孩子的过程中，有某些遗憾或缺失，甚至错误，希望在孙辈的养育过程中弥补，就会在不知不觉中代入了某些“主动权”，“投射”了自己的想法和感受。所以，经常会有曾经非常严苛教育子女的人，对孙辈却非常宠溺，以至于子女非常不理解，也不能接受。这背后，除了经历的原因，使他们对一些问题的看法产生了变化，还有可能是“代偿”心理在起作用。

我对外婆说，因为接触时间短，不了解您教育孩子的情况，也不了解您和您老公多年的交往模式，但您可以依着这个思路，回去想想看，是不是您老公渴望在家里或者在孩子教育方面有更多参与权，能获得更多家庭成员的认可。所以，您不妨主动让他做点事。外婆说，让他做的话，就和我做的不一样，我就看不上，就忍不住会说他，然后就吵起来了。

这时，沙龙的另一个成员说，你们之间无论谁对谁错，都不应该当着孩子的面吵，这样孩子就会“钻空子”。

我立即回应，是的，确实如此。而且你们的分歧和争吵，会让孩子无所适从。所以，你们可以考虑采取这样的方法，约定某件事，您负责，某件事，您老公负责。一旦约定好，这件事就“谁做事，谁做主”。即便另一个人看着不认可，也要在孩子不在场的时候再讨论。还可以同样一件事，不同时段分别负责，采用“轮值”的方式。同样，谁负责的时段，谁说了算，另一个人有不同看法，要忍住事后说，或者在孩子不在场的时候说。

我还分享了一个我们家当年的做法，就是让家庭所有成员都拥有存在感和满足感。我婆婆在我家帮我们带孩子，从孩子 5 个月大开始一直到他上初中。孩子还很小的时候，我们就玩“家庭成员之最”游戏，给每个家庭成员评出一个“之最”。儿子当时说爸爸是我们家“最厉害”的，因为爸爸是能造核电站的工程师；

妈妈是“最忙碌”的，因为妈妈经常有很多事；说自己是“最聪明”的，因为他学的本领最多。我就说，奶奶是咱们家“最能干”的。儿子很好奇，为什么呀？奶奶也很“惶恐”，连声说“我有啥能干的”。我说，咱们家所有家务活都是奶奶干的，那么多好吃的饭菜都是奶奶做的，奶奶还接送你上下学，你说奶奶是不是咱们家最能干的？儿子欢呼雀跃地说，对的对的，咱们家奶奶最能干。“看见”每个家庭成员的付出，不仅家庭成员之间关系会更融洽，成员之间也不会为了“争夺”自己的存在感，为了证明自己的“价值”和“付出”，而坚持要“听我的”。很多老人的唠叨，其实背后是渴望被“看见”。只要多给予肯定，祖辈会更乐意“退让”，而不是“出击”。而且，这样的做法，对孙辈也是很好的教育，能让孩子学会如何尊重所有人的付出，学会“看见”他人。

还有一个心得，就是维护每个家庭成员的“权威”。我们家孩子两岁的时候，因为不想洗澡，就扑进奶奶的怀里，奶奶抱着他说“那就不洗了”，当时我也没坚持说“不行”，就让奶奶抱走了。但孩子睡了后，我和奶奶讨论这个问题，说知道您心疼孙子，但以后总这样不行。奶奶说，孩子太小，还不懂事，大了就好了。我问奶奶，既然您觉得他太小，不懂事，那您能告诉我，为什么他不扑向他爸，也不扑向我，而是扑向您？奶奶笑着说，因为我会抱他走，他可以不洗。我说，对啊，您觉得他是不懂吗？我觉得他懂得很。奶奶哈哈大笑。我对奶奶说，我们和您一样，也心疼他，他是我们的孩子，我们怎么可能不心疼呢？但有些事，光有心疼是不够的。奶奶马上说，我知道了，以后教育方面的事，都听你们的，我就管他吃饱穿暖。我答应道，好的，那以后吃饭穿衣的事，都是您说了算。从那以后，我们和奶奶之间达成了共识，我们也非常维护奶奶在她的“领域”里的“权威”，她负责的事，都是她说了算，我们都听她的。儿子有时候去她那里“动小脑筋”，她会明确告知：“这些事我不敢做主，你得问你爸妈，他们没意见，我就带你去做。”

所以，我一直不认为，隔代教育就一定不好。中国越来越城市化，大部分家庭是“核心家庭”，独生子女家庭很多，传统的大家庭模式已经比较少见了，很多孩子其实很少有机会学习到不同的社会交往模式。上学前，基本只有和父母的互动，上学后多了一点师生关系和同学关系，但还是非常有限的。我认为祖辈的教养，会让孩子接触到不同养育者的交往模式、行为特点，对孩子“知情意行”发展有一定的积极作用。而且，父母和祖辈的交往、沟通，对孩子也是一种很好的教育。关键在于，大家不要先入为主地认为隔代教养是不好的，那就会不断“自我验证”。还是应该多多寻找家庭教育积极的意义和做法。其实很多孩子最温暖的记忆是外公外婆或者爷爷奶奶给的。我觉得父母不必过于与祖辈“争夺”对孩子的“控制权”。对于孩子，稳定、温暖、关爱的成长环境，就是最大的教育资源。这些“稳定、温暖、关爱”是谁提供的，或者谁多谁少，不是关键。关键是，每个生命都需要这些“稳定、温暖、关爱”，有了，这个生命就能得到滋养，就能健康成长。

自救策略

- 写出所有家庭成员在你家的一个“之最”，包括你自己，或者写出某个家庭成员的 3 个优点，或者写出他们最让你感到温暖的瞬间。
- 家庭成员因教育方法发生分歧的时候，做那个最先不说话的人。
- 事后和其他家庭成员交流自己的想法，同时给其他家庭成员表达他们意见的机会。然后，商议一个解决方案。
- 及时表达对家庭其他成员付出的感谢和肯定。
- 可以制作家庭成员“光荣榜”或者发放“小红花”，让孩子给所有家庭成员发“小红花”，给家庭成员各项工作完成情况打分，产生“光荣榜”。
- 不要问孩子“妈妈好还是奶奶好”或者“奶奶好还是爷爷好”或者“奶奶好还是外婆好”之类的问题。这背后都是“争夺”，是为了满足自己的某些渴望，对孩子没任何好处，甚至有伤害。

自问自答

➤ 你特别看不惯的祖辈养育方面的某个行为是什么？深层次的原因是什么？那个行为的“不良影响”真的有那么严重吗？有你自己的某些“执念”或“较量”在里面吗？

➤ 你觉得因为父母帮你带孩子，你和他们的亲子关系有变化吗？和以前有什么不一样的地方？这个问题，也可以问问你的配偶。

➤ 你小时候有过祖辈养育的经历吗？是怎样的感觉？印象最深的事是什么？

我该听谁的

自述案例

一次家庭聚会，席间，一个“90后”的亲戚感慨自己最近的烦恼。因为已经做了小妈妈，所以体形有点微微发福。其实在我看来，也还算好，绝对不是很胖。但她妈妈觉得她太胖了，让她开始减肥，要注意身材管理。哺乳期已过，她完全可以放心地实施自身的减肥计划。而她爸爸觉得，没必要。胖瘦不重要，重要的是身体健康。而且，带孩子本身就很辛苦，还减什么肥啊，身体弄垮了，更不合算。因为她爸妈不在场，所以她向我们大家讨教。

减肥的话题，永远是大热门。于是，大家一时七嘴八舌，说什么的都有。和妈妈想法一样的有，支持爸爸想法的也有。还有像我这样的，既不支持减肥也不反对减肥，但觉得“你又不胖喽”，把话题从“是否需要减肥”带到了“你是否算肥”上。“90后”亲戚越听越迷茫，东张张，西望望，最后苦恼地追问，那我到底该听谁的呢？

她这么一问，大家倒一下子安静了。好像谁也不知道她到底该听谁的。静寂中一个男生说：“你听自己的！”说话的是我儿子。大家一下子又如梦初醒，连连说，对啊对啊，你是怎么想的，就听自己的，按照自己的想法做就好了。

她一脸为难地说，我也不知道自己是怎么想的。一会儿觉得我妈说得有道理，确实需要减肥；一会儿觉得我爸说得也对啊！而且吧，我也担心自己没毅力，说了要减肥，结果没坚持下去，还把自己搞得很累，回头还会被我爸一顿数落“叫你别减肥别减肥，看看，这不是瞎折腾嘛”；我也担心，我真的不减吧，回头真的越来越胖，自己也觉得受不了，那时再开始减，可能又会被我妈数落“早就让你减，不听我的，现在不是更加难”……

听她这么一说，我们终于明白了她的左右为难，不是不知道听谁的，而是无论听了谁，最后都有可能引起另一个的不满，招致一通数落。也就是说，她随便怎么做，最后的结果可能都是不好的，所以，自己才哪个都不想选。

因为她已经是小妈妈了，虽然她的父母，或者我们都已无力做些什么，但我们觉得她是可以从此事上获得一些思考和启发的。所以，现场秒变小型“家庭教育沙龙”。

首先，我们让她深入觉察自己这份情绪体验和感受，并且清晰地表达出来。郁闷、生气、害怕、紧张还是其他什么感受，反正她父母不在，不必有任何担心，先让自己表达出来。然后再让她真诚地“肯定”自己这些真实的感受，有这些感受是正常的，没有谁一开始什么事都能做好，也没有谁只有“满满的正能量”，而没有消极情绪。即使对自己的父母有“不满”，感觉到“不舒服”“有受伤”都是很正常的。其实，他们一如现在的你，不知道怎么当父母一样，当初他们对你那么说，确实是出于他们各自的理解，认为是最好的做法或者建议。我们中国人讲，己所不欲，勿施于人。我们自己做了父母后，一方面，可以对自己的父母多了一些理解，甚至能和解（这个也不必强求，顺其自然，接受每个人都有成为自己的权利）。另一方面，我们可以尝试“阻断”一些不良的教养方式。就比如她自己深受困扰的这个问题，在自己孩子身上，可以通过努力，避免重复发生。

于是，我们帮她分析，为什么她会陷入左右为难。很多父母在和孩子相处的过程中，都会有一种想法，就是把自己的“经验”传授给孩子，自己吃过苦头的事，希望孩子不要再走“弯路”，自己行之有效的方法，就希望孩子照做。可实际上，孩子是千差万别的，即使是双胞胎，性格、个性、身体特点、兴趣爱好都会不同，同样的方法，在不同人身上，未必有效。而父母双方，即便针对同样的事，也会有不同的看法或者解决方案。其实，很多时候，每一种方法，都没法简单地评价对错，而是要因人而异。但父母同时给孩子出建议的时候，往往已经背离了“帮孩子解决问题”的初衷，而是进入了“到底谁说了算”的“较量”中。孩子作为事件的主体，已经被忽略了，反倒面临一个“选边站队”的两难处境，变得无所适从。

“儿童视角”的做法，就是父母双方都可以就此事谈自己的看法，然后不是让孩子做“选择题”，而是做“讨论题”。家庭成员一起商量，每种做法的利弊分别是什么，也让孩子谈谈想法。不一定非要采取父母的方法，可以有自己的方法，也可以把父母的方法整合成一个新的做法，还可以几个做法都尝试一遍，根据自己的切身体会，再进行评估和完善，产生新的解决方案。这样的话，孩子就不必担忧选了妈妈的方案，爸爸会不开心，选了爸爸的方案，妈妈会不开心。家长千万不要为了让自己“更有权威”，而和配偶“争夺”孩子，那只会让孩子“长不大”。另一个更重要的意义在于，各种方法都要鼓励孩子去尝试，不是为了证明对错，而是让孩子真实地感受自己的生命，参与自己的生命。随着时代的变迁，我们曾经“走不通的路”，现在的孩子未必走不通。生命的力量，只有努力“生长”过，才能感受到。也只有不断感受到力量，孩子才敢于不断探索和前行。所以，家长们千万别用自己的想法和做法来束缚孩子，甚至剥夺孩子“展开”自己生命的权利。

在和孩子讨论如何面对某件事的时候，我们不能只提要求，而不给孩子具体的方法。很多时候，其实孩子是认同我们的意见的，但他们可能不知道怎样才能实现那个目标，或者达到那个结果。再厉害的孩子，面对人生，都是弱小的，都需要解锁很多技能。有些能力，可能在我们大人看来再简单不过，“还用说吗”？可对于孩子，未必是这样。所以，我们可以和孩子一起讨论，“你接下来准备怎么做呀”“你觉得妈妈能帮你什么吗”“你的计划是多长时间的”“你有没有备选方案或者预案呀”……及时肯定孩子，鼓励他。行动是最重要的，不必过于在乎最后的结果，只要开始了，就已经战胜了一次自己。还可以分享家长对类似情况的解决方案以及最后的情况等。既可以给孩子一些建议，又可以打消孩子的一些顾虑。鼓励孩子勇敢开始，大胆尝试和探索，这是非常重要的。

不管孩子做的结果怎样，不要幸灾乐祸，不要冷嘲热讽，不要满足于“自我验证”，自鸣得意地说“怎么样，我早就说过了，你肯定不行”之类的话。很多时候，孩子裹足不前，难以开始，更多的是不敢面对失败。但比失败更难以面对的，是父母的否定，那无疑是雪上加霜。所以，当孩子真的出现结果不如人意的时候，我们需要先安抚孩子的情绪，然后认可孩子的努力，肯定整个事情中积极的一面，比如勇于尝试、克服困难等。还可以让孩子自己说说这件事有什么收获。这个过程，对孩子是极大的帮助。心理学家认为，很多事情，本身的意义是非常有限的，但更多的意义，是可以通过本人赋予的。而这样的赋予意义，是需要通过不断练习、探索才能习得的。而善于赋予事情和生命意义的人，更容易获得幸福感。所以，一件事，如何去看待，比事件本身来得更重要。我们家长，就需要从小事开始帮助孩子，从中寻找到积极的因素，赋予属于自己的意义。古今中外，有太多这样的名人名言和典故，“失败是成功之母”“苦难是财富”“塞翁失马焉知非福”等，无非都是从看上去不利的事情或局面中，寻找出积极的意义。然后，再和孩子讨论，如果应对接下来的问题，自己可能会如何做。如果是一个可以持续做的方案，那就讨论如何修改和完善，找出不合理或者欠缺的地方进行优化。

经过这些练习的孩子，才能逐渐形成自己的看法，不仅有自己的看法，还会有自己的做法。未来的人生路上，他们才不会“不知道听谁的”，他们才不会裹足不前，他们才不会眼高手低，他们才不会觉得“活得没意思”。每个人的生命，都需要自己去体验、去感受、去参与、去赋予意义。

自救策略

☀ 自我觉察一下，在解决孩子问题的时候，你们有没有让孩子做“选择题”的时候，让孩子在你们之间选择“听爸爸的还是听妈妈的”？

☀ 如果有，可以在孩子情绪稳定的时候，单独和孩子沟通，问问孩子当时的感受是怎样的。不要评价孩子的想法，只是真诚地倾听，然后感谢孩子告诉了你真实想法。给孩子一个拥抱，然后问问孩子，希望爸爸或者妈妈以后再面对这样的事情，用什么样的方法是自己喜欢的。

☀ 如果孩子低龄，那就和家人私下沟通，不要让孩子总是选择“爸爸好还是妈妈好”之类的问题。遇到家人有不同的解决方案，就鼓励孩子“没关系，你可以都试试看，你也可以用自己的方法”，而不是简单粗暴地说“别啰嗦了，听我的就好了”！

☀ 如果孩子已经有点大了，那就开始尝试，逐步给孩子自主权，不要总是让孩子“听我的”。随着孩子年龄增长，进入青春期后，必然会经历“自我意识”的觉醒和挑战“家长权威”，家长就可以尝试多做“陪练”，而不是“教练”或者“裁判”。

自问自答

➤ 你有过面对父母的建议，不知道听谁的时候吗？当时是怎样的感受，为什么不知道到底听谁的，影响你做决定的因素有哪些，你担心什么？或者说，你难以做出决定是因为什么？后来你是怎么解决的，解决的效果和感受是怎样的？

➤ 你有没有让孩子在你和配偶之间选择听谁，孩子的反应是怎样的，你们最后是怎么解决的？

➤ 你觉得让孩子选择“听谁的”的时候，心里有没有和配偶“较量”的感觉？你觉得你的建议真的就是完全对的吗？你觉得配偶的方法里有没有可借鉴的地方？

➤ 当孩子一件事没按照你的建议做，最后“搞砸了”的时候，你有没有一种“获胜感”？你是如何应对的，孩子的反应是怎样的？

你有两颗“心”吗?

自述案例

同事的儿子上初中了，一度因为青春期叛逆的问题，来和我讨论过。我根据他家孩子的具体情况，讲了一些想法和建议，让他回去试试。每隔一段时间，他都会来向我反馈效果，以及出现的新问题。最初的阶段，变化确实明显，同事从“将信将疑”逐步进入“开始相信”的阶段。不过，好景不长，没多久，他来“吐槽”：“又不对啦，回到老样子了。”

我笑着对他说，没事，别着急，说说看，到底发生了什么，又回到老样子了。是各方面都回到老样子，还是某个地方回到老样子。听同事讲完，发现也不是完全回到老样子，只是期中考试结束，孩子考得不错，就给自己“放大假”，游戏打个“没完没了”。

我跟同事说，看来，问题也没你说的那么严重。同事马上警觉地说，不是的，我就怕他一出现这个苗头，就回到老路上，前面的功夫都白费了。我宽慰同事说，你的心情我很理解，这种可能性也不是没有。但前面的功夫肯定是不会白费的，至少证明了我们的方法是有效的，你可以改变亲子教育方法，孩子也可以有所改变，对吧？他点点头，说道“那倒是”。现在，我们的问题是，选择相信他会继续沿着好的方向发展，还是选择相信他回到老路上。

同事迟疑地看着我：“这是我们可以选择的吗？是我们可以决定的吗？难道不是他自己成为什么样子，我们只是看到了而已？”我确定地对同事说，当然是我们选择相信哪个在前，他成为哪个在后。你选择“相信”我的方法，哪怕是“将信将疑”，才会去“试”，才会观察这个方法是不是“有用”。如果你不相信，那最近你所看到的这些变化就什么也不会有。所以，对孩子，也要先选择“相信”，尤其是青春期的孩子，“信任”和“尊重”是两大法宝，这是认识论。这个原则抓住了，其他的具体做法都是方法论。

然后，我对他说，你呢，对孩子，要有两颗“心”。他诧异地看着我，什么两颗“心”？我说，一颗是信心，一颗是耐心。首先，要对孩子充满信心，相信孩子是可以的，相信孩子能变好。其次，还要有耐心，等待孩子慢慢变好、变行。这个过程有多长，因人而异，每个孩子不同。另外，也因事而异，有些事，对某个孩子，简单，容易，一下子就掌握了，或者变好了。可有些事，比较难，会经历一个反反复复的过程。好比成人戒烟，有的人，可能说不吸就不吸，一下子就戒掉了。有些人，循序渐进，过程很漫长，但慢慢也戒掉了。有的人，可能一下子戒了，后来又复吸，再次戒，反复几次，才戒掉。对孩子，也是一样，我们重要的是看大方向，看趋势。总体在前进，在向好，就是好的。前进了五步，退了三步，也比一步不前进好啊！只要不停步，不断前进就是好的。而且，一般都是开始的时候难，更容易出现反复。所以，这个时候更需要家长有耐心，要多鼓励，让孩子树立信心，能“充个电”，再次出发。千万不要冷嘲热讽，或者失去信心，认为孩子“果然不行”。要知道，所有的改变都是很难的，无论大小，都是战胜自己的过程。青春期的孩子，还不仅仅是战胜自己，可能意味着要战胜同辈群体的眼光、压力和普遍认知。保持耐心确实很难，但前提条件是有信心，或者说，之所以能保持耐心，恰恰是因为家长对孩子有信心。一旦我们失去了信心，耐心就很难再有了。

至于说为什么要保持耐心，我给同事打了个比方。好比结了锅巴的锅，我们不会“硬”上，而会用水泡着，放一放。这样，不仅容易洗，对锅的破坏性和损伤也更小。我们清洗不同的餐具，会考虑用不同的工具，有的用软毛刷，有的用百洁布，有的用钢丝刷。不会统统用钢丝刷，因为有的餐具“伤不起”。我们对孩子的“问题”，也是如此，不能就想着怎么越快解决越好，不能总是下“狠手”，或者“用力过猛”。有些问题，放一放，更好解决。有些问题，放一放，可能就不存在了。有些问题，一时半会解决不了的，那我们就必须有耐心。我们衣服上的顽渍，也需要长时间浸泡，还需要根据衣服的面料用不同的洗涤液，甚至送去干洗。孩子，也需要因材施教，需要注意方式方法，需要有足够的耐心，发现他是什么“材质”，用什么方法，需要用多久时间。这个过程，必须有耐心。

家长必须做好思想准备，孩子往往在变好之前，会有个“乱糟糟”的过程。这好比我们装修房子。想拥有理想的新居，就必须经历“敲掉重来”“工期延误”“追加预算”“多方扯皮”等各种意想不到，各种焦头烂额。过程总是艰苦的、漫长的，又是必经的。

同事若有所思地说，道理是有点明白，但装修这事，能知道个大致时间，可孩子这状况，到底多久能好，啥时是个头啊！我笑着对他说，这还真不好说，个体差异真的好大。现在比较主流的说法，青春期早期是10—14岁，中期是14—18岁，后期是18—25岁。我只能说，大多数情况，峰值在中期，到达顶峰后就会逐渐趋于缓和。就你儿子目前的情况看，显然是在峰值阶段，只要你应对得当，不过于激化矛盾，两年后会逐步趋缓。当然，也不排除提前渡过峰值。所以，有的家长会觉得，孩子怎么好像一下子“开窍”了，或者“懂事”了，“不对着干”了，或者逆反频度明显下降了，可以“好好说话”了。但有的孩子，上了大学才开始逆反，有的甚至更晚。这个只能家长自己慢慢观察，耐心应对。

他缓缓地点点头，然后说了句，不知道什么时候是个头，特别煎熬。我听到他说“煎熬”一词，马上接着说，这个词你用得非常好。汉语博大精深，这个你看来是描述痛苦不堪、难以忍受的形容词，本来是两个动词，一个是煎，一个是熬，是烹饪的两个方法。这两个方法，有个共同点，都非常讲究火候和时间。火候都要用小火，时间，都是要“慢”。煎，火大了就要煳，时间短了，就可能不熟。要真正做到“外焦里嫩”，就一定要小火慢煎，急不得。有的还需要翻面，有的还需要点水。熬，更加不用说了，无论是粥是汤还是药，但凡需要熬的，都需要时间。好味道，就是慢慢熬出来的。方法看上去很简单，几乎不需要做什么，就是花时间看着。但是，时间不可逾越。这和孩子的成长一模一样，有些事，必须经过一定的时间才能有结果，才能看到希望。我们教养孩子，也是如此。急不得，时间没到，就是不能“出锅”。他听我这么一说，竟呵呵笑起来。我说，这就对了嘛，很多事情，你换个角度看，就没有那么急切，那么难受了。想想你做菜，花那么久时间，有必要吗？你急了吗？没有啊。是因为你知道要烧好这菜，就得要这么多工序，这么久时间，你反倒会很享受这个过程。煎带鱼的时候，你关心的不是什么时候出锅，而是会仔细观察色面，听锅里的声音，看火头大小等。每次吃的时候，还会总结，这次成功在什么地方，没弄好的地方在哪里，下次会注意调整。这个“煎”的过程，你觉得难受漫长吗？我觉得还是乐在其中吧。这就是享受过程。孩子教育，也可以进入这个境界。仔细观察孩子的每个变化，每一次不同，每一次进步，我觉得都是欣喜的，都是充满期待的。同样，自己每次和孩子互动的过程，自己观念的转变，做法的改进，自己的进步，一样需要用心感受，自我觉察，并及时肯定自己的努力和成长。你同样会收获欣喜，发现自己原来“也可以”，发现自己还有“潜能”。享受这个过程，才是真的和孩子一起成长，而不是“看着”孩子成长，甚至“逼着”孩子成长。如果这样，你就不会觉得漫长。因为，没有一个人会嫌自己“成长得太久”。成长，只会使我们更有好奇心，更有活力，更有前行的动力，更享受过程。他开心地说，谢谢。然后说，下次失去耐心的时候，就想想你说的“煎带鱼”“熬高汤”，就不急了，心情也会变好。

自救策略

☀ 当你对孩子失去耐心的时候，到另外一个房间，问问自己，到底是什么让自己失去对孩子的耐心？是因为自己有什么事情投射到孩子身上了，还是孩子确实某件事没做好？

☀ 如果确实是孩子某件事没做好，那可以想想看，是整个事情都没做好，还是有可取之处，只是自己过于希望所有的事都必须做好，所以忽略了孩子做好的那部分？

☀ 在本子或者手机上，写下孩子近期做得比较好的三件事或者进步的地方。

☀ 自我觉察一下，自己是对孩子失去信心了还是失去耐心了？很多时候，我们之所以失去耐心，是因为我们首先没信心了。

还有，是对孩子失去信心了还是对自己失去信心了？有时候，其实我们是觉得自己不行了，坚持不下去了，所以会“爆发”在孩子身上。如果是这样，写出自己近期做得比较好的三件事，写出自己已经进步的地方。

☀ 遇到解决不了的事，不妨先去睡一觉、泡个澡、看场电影、逛街、见闺蜜、听音乐、运动、烹饪等，做点自己喜欢做的事或擅长做的事，给自己一定的耐心、信心和时间、空间。

自问自答

➤ 你在什么样的状况下最容易失去耐心？为什么？

➤ 你对自己的孩子有信心吗？你觉得自己的孩子在哪些方面最让你没信心，哪些方面最让你有信心？

➤ 你对自己哪些方面最有信心，哪些方面最没信心？你如何面对自己没信心的事？

➤ 你对什么事情最有耐心？为什么？

用筷子，需要教吗?

自述案例

我参加师妹组织的一场家长成长读书会。有一次，群里有个家长请教大家，说她家孩子不太会用筷子，她不知道怎么教孩子用筷子，甚至不知道需不需要教。孩子好像不太喜欢用筷子，而且质疑为什么一定要用筷子呀，用勺子不是也挺好吗？而且更方便，更容易。她觉得孩子说得也有道理，但又觉得“怎么能不会用筷子”，一时很困扰，希望大家能帮她支招。

群里一下子热闹起来，几乎每个妈妈都经历过教孩子用筷子这个“考验”，方法各异，观点也不同。有的家长认为，会用筷子不一定是“必备技能”，自家的娃就一直用勺子。还有家长分享“海龟”博士就不会用筷子，一直用勺子吃饭。还有很多家长分享了当初教娃学用筷子的妙招。我也谈了一些想法。当时只是就事论事，但这次讨论，后来还引起了我的持续思考，觉得这个道理是可以“举一反三”的。其实，很多生活技能或者学习内容，都和这个家长纠结的“学习使用筷子，有必要吗，需要教吗”的问题有异曲同工之妙。

比如，洗袜子、叠被子等生活技能，有必要学吗？学会了又能怎样，不会又能怎样？背某些课文、抄某些字句等，有必要吗？一定要这样吗？学了有什么用？背过也忘了，抄过也找不到了……学的过程，没什么乐趣，甚至很枯燥，或者不情愿，而且实际效果和意义也不“确定”，那为什么要和孩子过不去，和自己过不去呢？可是，我们心里还是会和那个家长一样，隐隐会觉得哪个地方“不对”，但又不知道到底哪个地方“不对”。这也是家长在家庭教育过程中常常会面临的一个问题，就是觉得某件事是“有道理”的，但却讲不出那个道理。这恰恰是我觉得当家长很有趣的一个地方，就是可以促进家长进入更多的“未知”领域，有些可能是自己没想过的，有些可能是自己没想明白的，有些也可能是自己完全不明白的……有的是可以通过深入思考就能明白的，有的可能得不断学习才能找到答案，有的可能需要和孩子一起探索，有的可能多年后才能有所感悟……这也再次说明，教育，终究是自我教育。如果家长认为自己是在进行“家庭教育”，那么，我们终究是在不断学习和实践“自我教育”。

不止一位心理学家证明或者阐述过，积极的人生、幸福的人生共同的特点，就是赋予生命或者某件事意义。教育和学习，也不例外。我个人觉得，第一层意思是，教育，是教会孩子发现和赋予某件事对自己的意义，乃至自己人生的意义，这是个持续漫长的过程。孩子则是不断学习赋予意义的过程。第二层意思是，教育和学习本身的意义，也是一个逐渐被发现和被赋予的过程。

就拿学习使用筷子来说吧。记得当初教儿子学习用筷子，我和他爸分别做了示范。他爸从力学的角度，给孩子讲了为什么要用这个姿势，中指作为“支撑点”的必要性和重要性，另外两个手指的“固定作用”，三者之间构成的稳定关系，两根筷子之间的角度，手握的位置远近对控制筷子产生的影响，都是从力学角度讲的。一个典型的理工科爸爸的思维和视角。我也饶有兴趣地跟着一起听，然后开心地分享了我的爸爸当初是怎么教我学会用筷子的。

关于握的位置不能太近，我爸的解释是，“筷子握得远，长大了就能远走高飞；但也不能太远，飞得爸妈都找不见那可不行”。现在想来，这肯定是没有必然关系和科学道理的，但抓住了孩子的心。我爸知道大多数孩子都有一颗远走高飞的心，希望去闯荡未知的世界。我爸的说法尽管不科学，但一点也不影响“教学效果”，而且如今想来依然很有趣，还可以分享给自己的孩子，可见影响之深远。我后来读美国心理学家乔纳森·海特的《象与骑象人》一书时，看到人格的第三个层次是编出“人生故事”。不管是哪一种文化的人类，都深深痴迷于故事，人类无处不编故事……我突然明白，为什么很多时候我们会相信某些故事，或者说某些故事会激励我们的行为，会让我们的行为更有动力，是因为我们用自己的方式诠释了那些行为，或者赋予了那些行为自己认为的意义。当然，现在的孩子，了解世界比我们小时候便捷了很多，视野也广阔了很多，恐怕我爸那个“远走高飞”的“故事”已经不能赋予我儿子意义了。很有可能，他爸的方式，对他更有吸引力。这就又引出了影响教育的另两个重要因素：个体差异和环境影响。个体差异，一方面对孩子要因材施教，一方面是教育者自身有差异和特长、局限，教育者会选择自己更擅长或者更认同的方式。比如我和儿子的差异，导致我爸和他爸教育方式的差异，而我爸和他爸自身的差异，是他们选择不同教育方式的重要原因。同理，每个家庭、每个家长、每个孩子，都有自身的差异，就会产生不同的教育方式。说说环境影响，时代的变迁必然产生不同的环境影响，谁都无法逾越时空，孤立存在。每个家庭所处的大环境、小环境都会不同，教育方法的选择和取舍就会有变化、有差异。

我对儿子讲，筷子是中国特有的，西方人是用刀叉的。作为中国人，一定要学会用筷子。儿子马上反驳，不对，日本人和韩国人，也用筷子的。我立即接受，更正道，对的，你说得非常对，妈妈刚才表述不准确。儿子问，妈妈，那是不是亚洲人都用筷子？我说，那倒也不是，比如印度人就不用筷子。这样，我们正好来了解一下筷子的历史和文化。看看在中国，最早是什么时候有使用筷子的历史记载，还有，筷子又是怎么流传到国外的。除了中国，还有哪些国家使用筷子，这些国家和中国的历史渊源是怎样的，为什么筷子会在这些国家使用……

因为学习使用筷子，我们延伸出了很多知识的学习。他觉得很有趣，而且，有些知识，确实我也不知道，而是因为他的提问，我们一起去寻找答案，一起学习，一起长知识。后来，我还感谢他，因为他，让妈妈了解了那么多关于筷子的知识。其实，我想说，不是只有一本正经坐在那里看书、刷题才是学习，学习无处不在，学习有很多形式，有很多内容和很多方法。其实，这样的延伸学习、探究性学习，比刷题、背书难多了，可孩子反倒乐此不疲，觉得有趣。不是只有学习使用筷子可以做这样的知识延伸和方法拓展，任何一种学习都可以这样。其实做科研、搞学术，也是如此，就是比其他人多了一步思考、多了一下探索、多了一份关心、多了一次探索、多了一丝关联……但接下来的变化，就是神奇的、交互的、丰富多彩的。这是更高级的学习，是培养孩子的学习兴趣，教会孩子一种求知的方法，培养孩子有探索的意愿和能力。学习，重要的不是知识本身，而是学习力的培养。

“双减”政策背景之下，很多家长焦虑了，惶恐于“补课不行了，作业减少了，孩子还学什么，孩子还怎么教”。我对很多家长说：“家长教学校不教的一切。”家庭教育的内容太丰富了，我太赞同“双减”政策了，因为，家庭教育有那么多内容，不把时间还给孩子，不把责任还给家长，家庭教育怎么做啊！家长们千万不要认为孩子只有端坐在书桌前才是学习，也不要认为只有做作业、看课本才是“智育”，才能提高孩子的学业水平和智力水平。实际上，德智体美劳，五育并举、五育融合，并不是一句口号或者空话，而是真的有科学性，而且完全具有可操作性。我对一个妈妈说，你是不是觉得周末带孩子去公园，就是去玩了？我觉得是“五育并举”的。她睁大眼睛看着我，充满疑惑。我说，公园里可以看《诗经》里的春天、夏天、秋天、冬天，孩子光会背《诗经》，肯定没有在户外直接感受、领略和理解《诗经》来得有趣。而且，《诗经》来自民间，可以讲当时产生的背景，能够流传的原因，还可以做很多系列的“寻找”，比如《诗经》里的农作物、《诗经》里的花草……

让孩子在田间地头识认，就加深了对作品的理解，这是智育，又进行了户外运动，这是体育，又参与了劳动教育，还进行了美育。类似的形式和方法很多很多，真的可以说“俯拾皆是”。可以毫不夸张地说，这样的学习，对孩子来说是终身受益、身心皆宜的。

好的学习，可以让孩子学会“知识的迁移”。儿子学会用筷子后，有一次他在看电视剧《西游记》，看到孙悟空站在桌子上吃面条的那个镜头，立马高声叫道，妈妈妈妈，快来看，美猴王不会用筷子。他那么厉害，怎么连筷子都不会用。妈妈，我筷子用得比他好，我是不是比孙悟空还厉害啊！我笑着说，对啊，即使再厉害的人，你也可以有比他厉害的地方。儿子得意得不得了。然后我又说，再厉害的人，本领都是要学的。他的七十二变，是他师父教的。用筷子，大概是没人教他，所以就不会。儿子立马说，唉，对啊，他是石头缝里蹦出来的呀，所以没有爸爸妈妈，也就没人教他用筷子。我当时听得有些意外，后来感悟到，孩子是可以通过学习，把一些看上去本来没关联的点，用自己的方式关联起来，形成一定的逻辑关系，或者形成自己的解释。这种迁移和整合，一方面，说明这些知识已经是他的了，被他所掌握和拥有，另一方面，说明他还掌握了方法和能力，可以获得更多知识的能力，这就是学习力。这两者，就是“鱼”和“渔”。这样的学习，可以使孩子“鱼”“渔”兼得。

后来，我还和那个家长分享了我爸当年教我学用筷子的很多具体的方法。比如，吃完饭的时候，一边家庭聊天，一边握着筷子，不夹任何东西，练习开合的动作，增加手指之间的配合度、熟练度、掌控力，反复练习。直到觉得我够熟练了，开始拿两个碗，放一点大的好夹的东西在一个碗里，夹到另一个碗，全部夹完后再夹回原来的碗里，反复练习。然后开始增加难度，把碗里的东西换成更小的难夹的东西，比如瓜子、豆子等。夹过这些，再夹饭菜就完全没有问题了。这些，都是可借鉴的方法。学习，需要从易到难，循序渐进，还必须反复练习，才能更好掌握。形式可能各异，但道理都是相通的。

最后我想说，用筷子，需不需要学，并没有标准答案，答案在各位家长心里。其他任何知识和技能，需不需要学，也和学用筷子一样，并没有标准答案。关键不在于学什么，而在于为什么学和怎么学。

自救策略

- 当你不知道孩子要不要学某项东西的时候，就先问问孩子想不想学，以及为什么。

- 如果孩子不想学，可你觉得有必要学，那就问问自己，为什么觉得有必要，你认为的理由是什么，再听听其他家庭成员的意见。

- 如果开始学某项技能了，但孩子学习的过程不顺利，那就分析一下，是孩子个性因素还是环境因素，或者是教的方法的问题。看看有没有改进的空间，找出更符合孩子特点，更能吸引孩子、激发孩子兴趣的学习方法。也可以和孩子一起讨论，为什么他不喜欢学，抵触的点在哪里。根据孩子的表达和特点，多尝试一些不同的方法。

☀ 设身处地想想，如果是你，怎样的学习才更能让你“学进去”，不妨试试。

☀ 自己的学习经验，可以分享给孩子。和孩子交流一下，并听听孩子的意见。

☀ 可以和孩子一起学或者一起练习。

☀ 回想一下你父母曾经怎么教你的，从中借鉴一下，你喜欢的部分，就是“教科书”，你不喜欢的部分，很有可能就是“错题本”。

自问自答

➤ 你有为孩子是否需要学某个技能而纠结过吗？为什么？

➤ 你教过你家娃怎么用筷子吗？怎么教的？效果怎样？

➤ 你父母当初教过你用筷子吗？怎么教的？你在教孩子用筷子的时候，想起他们教你的方法了吗？用过这种方法吗？

➤ 你心目中，学习使用筷子的理由是什么？现在你家孩子如果再问起你，你会直接回答他，还是会和他一起寻找答案？

女儿说她不想上高中

自述案例

一次去社区，给家长上家庭教育的课。课上我讲到，家长们要想明白和讲明白为什么要学习，千万不要对孩子说，只有好好学习，才能上个好大学；上了好大学，才能找到好工作；有了好工作，才能找到好对象……因为这样的逻辑，很容易被孩子釜底抽薪。如果孩子问你，我不想上大学，那是不是就不用学习了？你肯定不能接受，会厉声呵斥，大学怎么能不上！你之所以那么大声，实际上是想“压”住孩子，因为你也一下子发现了这逻辑上的漏洞，你想象的“大厦”，根基不牢，面对孩子的质疑和挑衅，摇摇欲坠，随时会倒塌。更让你崩溃的在后面，他可能会继续问你，我为什么要工作呀？你可能会说，不工作，你怎么养活自己。孩子可能会告诉你，可以收房租、开微店、做直播、画动漫、写网文……能够赚钱养活自己的方式很多，在家就把钱赚了不是没可能。不是只有你们认为的去一家单位上班才是工作，才能养活自己。你会被怼得无言以对，但可能会继续“斗争”：“你不出去工作，怎么找到合适的人结婚？”他可能立马问你，我为什么要结婚？结婚不是我的人生必选项！已经五雷轰顶的你，可能试图做最后的挣扎：你这个样子，以后怎么教育自己的孩子？他可能直接回你，谁告诉你我会要孩子，我连婚都不准备结，怎么会要孩子……节节败退的家长，已经不知道怎么抵抗，只能“咆哮＋逼迫”。

因为家长没想明白孩子“为什么学习、为什么上大学、为什么工作”，所以，家长讲不明白。孩子也不能接受，而且会把家长逼到死角。已经进入富裕时代的中国，很多孩子的读书学习，已经不再像我们家长当年，是改变命运的“独木桥”，是挑起家庭重担的责任。现在的孩子，真的是可以让学习和教育回归到本质上，是为了成为更好的自己，是为了探索更多未知，是为了创造价值，是为了改变世界，是为了有更多可能性和选择权……我们要把学习和孩子自身的成长、发展和自我实现联系起来，不要把学习功利化，不要把孩子工具化。孩子不是学习的工具，学习也不是为了把孩子变成更好用的工具。很多孩子，不是抵触学习，而是抵触被工具化。现在的孩子，受教育程度高，接触世界的渠道丰富，思想活跃，个性独立，他们没有那么容易“被安排”。

课后，一个家长和我交流，她真的就是对女儿说了课堂上我列举的那些话。女儿直接对她说，我不要上高中，也不要参加高考，更不想上大学。女儿现在是初三，中考准备去职高，去学自己喜欢的动漫专业。她觉得“不上大学一样可以有工作”，妈妈自然很崩溃。女儿所在的学校是一所挺不错的中学，女儿的成绩也不错，还是班干部，组织协调能力很强，深受同学和老师的喜爱，有些家长还在她面前夸过她女儿呢。我诧异地问，这不是挺好吗？你为什么苦恼，她又为什么不肯上高中，以她的成绩考上高中没问题啊。她回答，虽然是班干部，却是班干部里成绩最差的一个。我问，女儿在班级里的成绩是最差的吗？她忙说，那倒不至于。我又问，那班干部是不是班级里已经很好的孩子了？她说，差不多吧。我问，那你觉得女儿要在班干部里考第几名，你才满意？她说，其实她的语文、英语成绩，我还是挺满意的，就是数学不好。我觉得数学不好很吃亏，中考、高考都影响成绩。我就是希望她把数学成绩再提高一点，那她的把握就更大了。女儿问了你刚才讲到的一样的问题，为什么要学习？为什么要上大学？

我内心有点心疼那个女孩，看着那个妈妈，婉转地说了一句，我如果是你女儿，我也会怼你的，我也会觉得“学得没劲的”，我也有可能会赌气地说出“不上高中了”的话。她定定地看着我。我说，孩子那么多优秀的品质，你没看见，那么多人喜欢她，甚至是某些家长眼中“别人家的孩子”，你也没觉得她有什么好。她三门功课里两门好，你不觉得有什么，却只盯着她不好的数学，而且主观地认为“数学在中高考中很重要”。如果她语文不好，你就会认为“语文在中高考中很重要”。其实你就是希望她样样都好，那个“很重要”只是你自己的理由罢了。孩子既然另外两门功课能学好，说明不是排斥学习，只是数学可能对她有难度。每个人，都有自己的能力和个性特点。样样好，这是强求不了的。历史上很多名人，数学不及格，可并不影响他们发挥优势，前提是我们不能用数学否定他们。你不能光着急，还要想一些办法来帮助她。现在，中考在即，她可能也在为数学成绩不佳着急呢。有些时候，我们擅长的科目，不用怎么复习，就能考出很好的成绩，有些科目，花了很多时间，可依然考不好。这就是个体的差异，必须面对。要具体分析，寻找出应对策略。我顺口问了一句，你上学时的数学好吗？她有些羞涩地笑了："确实也不好，所以女儿说她数学不好是遗传。"

我一下子读到了更多信息，就对她说，你对女儿数学的在意，可能多少有点自己的投射。一方面，希望女儿能攻克自己曾经没攻克的难题，另一方面，对所谓的"遗传"有些不甘心。其实，我觉得这是你不得不面对的现实，遗传基因是很强大的，不光是你，大部分人都如此。遗传对我们每个人的影响，至少在百分之五十。所以，别在这方面较劲。但毕竟还有百分之五十是后天因素，我们在那部分下功夫，改变我们力所能及的，还有就是把我们基因里的优势发挥出来，不要为了"取长补短"，结果短处没补上，长处也没了。我对她说，既然你自己曾经数学不好，那就把那种"怎么学也学不好"的感受和女儿分享一下，让女儿坦然接受"数学不好也没什么大不了，有人就是学不好数学"。女儿现在需要的是被接纳，只有这样，她才能轻装上阵，不会对数学那么惧怕、那么抵触，反倒可能会有进步。

关于学习为了什么，你今晚回去，可以和她重新讨论了。至于上高中或职高，我觉得可以和孩子讨论，确实，高中和大学都不是必选项。职高也不是不好，孩子能找到自己喜欢的兴趣和专业方向，是非常好的事情。但千万不要为了和妈妈赌气而选择，妈妈坚持的就是自己反对的，妈妈反对的就是自己坚持的。学习，终究是为了能成为更好的自己，能拥有更多可能性和选择权。学习，是终身的事。有些人，小学文化，却终身在学习和成长。上了自己心仪的职高，提前进入职业发展模式，未尝不是好事，能把爱好发展成职业甚至事业，是件幸福的事。但上职高，不是为了尽早工作，也不是为了逃避中考和高考。其实，人生的考试无处不在。学习亦然，无论是故宫里修文物的技师，还是航天城里造飞船的科学家，无论是医院里看病的医生，还是学校里教书的老师……只是场所不同，对象不同，工作方法不同，但孜孜不倦地学习和进步是一样的，勤勤恳恳地工作和努力是一样的。但凡能做好的，都是心中有一份喜爱和快乐，做不好的，眼里、嘴里都是辛苦和埋怨。

记得我曾经和儿子讨论过，为什么要上大学，是为了去见识更厉害的老师，与更多厉害的人成为同学，和更多高手过招。所以，不是上了大学就好了，而是上了大学更苦了，竞争更激烈了，学业更难了，但你也变得更强了！然后顺便和他讨论，为什么要经过高考才能进入大学。一方面，当然是因为高等教育资源的稀缺，不可能人人去上大学，那就必须通过竞争才能上大学；另一方面，是因为高等教育的难度和学习方式，并不是所有的人都能胜任，所以要经过选拔，才能最大限度保证学习能顺利进行，同时教育资源又不被浪费。当一个新任务开启前，我们怎么知道一个人是否能胜任呢？不可能每个人都胜任，那就只能通过检验过往的能力来进行筛选。高考，就是这个检验和筛选的过程。所以，不要排斥高考和你们在学校的各场考试，以及应试教育。考试，就是检验学习水平和能力的一个方法，顺利通过考试，不是目的，而是帮助学习和检验学习的一个工具。试想，如果在12年的学校教育过程中，有专门的老师教你，最后却不能通过考试，那有什么理由相信你在今后的高等教育过程中，在需要更多自主学习的过程中，能够顺利完成学业？相对公平的方式，肯定是通过测试，至少可以证明，你的学习能力是具备的。大多数情况下，人们都是通过已知、可见的能力来推断未知。其实，12年的教育，老师传授的，绝不仅仅是知识本身，还有获得知识的能力、学习的方法，以及认识世界、探索世界的思维方法。有些是显性的，有些是隐性的。考试成绩是显性的，但获得成绩的能力是隐性的。

如果说，我们觉得奥运赛场的入场券需要用比赛成绩来获得，那我们就应该能接受高考；如果，我们觉得航天员经过严格筛选是科学的，那我们就能接受高考的合理性；如果，我们觉得公务员和事业单位招录采用统一考试是公平的，那我们也就能接受高考的相对公平性。因为，很多人都清楚，如果公务员和事业单位的入职不是公开招考，很多人恐怕连岗位名称都看不到，正如如果没有高考，很多孩子恐怕连大学门朝哪开都不知道。企业岗位招录，没人规定必须考试，可哪个企业没有招聘考试呢？越是厉害的企业，考试的花样越多，程序越复杂，周期越长，竞争越激烈，可有谁抱怨了？有谁去“吐槽”或投诉企业招聘考试应该取消？没有吧？为什么？因为，所有你想拥有的，就必须证明你是有能力拥有的。越多人想拥有，就越多竞争。竞争无处不在，考试也无处不在。

不必惧怕竞争。每个人的诞生，就是在向世界宣告：自己是竞争的获胜者！想想看，跑赢了其他精子的那颗精子，才赢得了和卵子受孕的机会。从一开始，那颗精子就是赢得竞争的胜利者。同时，那颗精子还要非常幸运地在那么短暂的存活期遇上那颗卵子，这又是多么“可遇不可求”的事。所以，我们不仅是胜利者，还是幸运儿。每个生命的诞生，都是神奇而伟大的。生命本身，就是奇迹。生命是通过竞争才孕育的，我们的基因里携带着竞争，我们惧怕的其实不是竞争，而是失败。很多孩子不愿意参与竞争性的活动，包括考试，其实是惧怕考试失败的后果。而这些后果，多数是因为家长的一些反应带给孩子的。我对那个妈妈说，其实你女儿是渴望成功的，喜欢学习的，只是她不喜欢数学带给她的挫败感，以及你对她的“数学不好”揪着不放的感觉。她不想面对的是这些不舒服的感觉，又无法解决数学的学习困难，那就无法消除那些不舒服的感觉。只有选择逃避，早点离开校园，早点不学数学，那些不舒服的感觉才能消失。所以，她才会问你，学习是为了什么。能想到这个问题，说明她还是非常渴望从深层次上解决学习的困扰的。

后来我儿子上了大学，不止一次和我讨论过他们一些同学的状况。刻苦“逼”进大学，以为万事大吉，然后“放羊”了，高考全省前100名的同学挂科了；学科“大牛”，分享讨论课题项目时漠不关心，因为“不想花时间在没有学分的事上”；课题讨论中从来不发言，因为不知道研究什么，怎么研究，甚至不知道怎么查找相关文献……这些，都让他再次相信，如果不知道为什么学习、为什么上大学、为什么工作，那“痛苦”是迟早会出现的，而且也很难坚持学习下去。他觉得已经能够“预见”，有些同学肯定会毕业后就去找个实惠的工作，工作后可能就不会再看书学习了。他们认为“学够了”“学习太苦了”“学习太累了”。无法从学习中得到快乐和成长的人，是无法坚持学习的，也无法走得更远。

自救策略

☀ 不要把自己的观念和愿望强加给孩子，不要强求孩子上什么学校、读什么专业。

☀ 平时多观察孩子的兴趣爱好，和孩子就他的兴趣爱好进行更多的讨论、探究，参加一些和他兴趣爱好相关的活动，看一些相关的节目、展览、书籍等。

☀ 多和孩子讨论他喜欢的某项爱好，多听孩子讲讲他的“研究”和“发现”，让孩子做“小老师”。

如果孩子不喜欢做某事，不喜欢学习某门功课，多和孩子聊聊，关心一下为什么，有没有师生关系、生生关系的问题。如果没有，是不是孩子个性上的差异。不要强逼孩子每门功课都一样好。

和孩子畅聊他的人生，未来上什么学校，做什么工作，过怎样的生活。记住，是畅聊，不要打击孩子，也不做评价，“想象”对于一个人，真的非常重要。心里有颗种子，是非常“不可限量”的事。

自问自答

➤ 你家娃问过你“为什么学习”之类的问题吗？你是怎么回答的？

➤ 你小时候有没有一个特别想做的职业？为什么会有这个愿望？后来如愿了吗？如果如愿了，你是怎么做到的？如果没有，是因为什么？

➤ 你现在还学习吗？如果还在坚持学习，你觉得学习带给你什么？你继续学习的动力是什么？

➤ 你认为学习是为了什么？

你妈妈有 40 张卷子要做

自述案例

有个同事，暑假里的某天，欢天喜地准备下班后带孩子去看演出。可就在临近下班前，接到上级通知，第二天一早要检查工作，给了一个备查事项清单，整整有 40 项之多。同事一下子就“炸”了，跑到我办公室“吐槽”。完全不知道发生什么事的孩子，还美滋滋地跟到我办公室，问道：“妈妈，我们什么时候可以出发啊？”正在气头上的同事，一腔怨气正好撒在孩子身上，气呼呼地说：“你烦死了，不要吵，没看到妈妈在忙着吗？”孩子一下子愣住了。估计也是不明白，为什么前面还开开心心，现在就生气了。肯定也不明白，自己到底做错了什么，会惹得妈妈如此生气。

我看在眼里，觉得不能不管。一方面，觉得孩子受惊吓是需要安抚的；另一方面，觉得这是一次很好的“示范”的机会，可以让这位同事学到不一样的沟通方式，让她能意识到刚才的情绪失控。同事一直非常好学，经常学习一些育儿的书，也经常和我交流育儿困惑和心得。所以，我就叫着她女儿的名字，和颜悦色地对孩子说：“听说你们今天晚上要去看演出，肯定很开心，都有点等不及了，对吧？”她怯怯地点点头。我继续说：“可是现在你妈妈有 40 张卷子要做，而且明天一早就要交。”她一下子张大嘴巴，很惊讶地说：“40 张啊，那么多！”我说：“是的。阿姨呢，现在就是在和你妈妈商量，怎么能尽快完成这 40 张卷子，还不影响你们看演出。现在需要你的帮助，你可以吗？”她立即问道：“要我帮什么忙啊？”我说：“第一，不要打扰妈妈，让她不分心地尽快完成任务；第二，你把饭吃好，把东西理好，等妈妈忙好工作，你们就立即出发。可以吗？”她使劲地点头，说“可以”，然后一溜烟地回同事的办公室了。

孩子走后，我对同事说，我能理解你的心情，但孩子不明白成人世界的事情，她并没有做错什么，你那样对她，于事无补，还伤害了你们的关系。好了，现在也别自责了。我们抓紧时间分一下工，哪些事情你准备，哪些事情我准备，哪些事情可以请其他同事帮忙，哪些事情可以明天早上早点过来再准备。把可以带回家做的工作拷到 U 盘里，等看好演出之后回家再做。稍微辛苦点，但我觉得还是可以完成的。你看看可以吗？

她觉得可以的，我们很快就完成了分工。我对她说，先好好享受演出吧，不要放弃和孩子在一起的时光，也不要辜负艺术，更不要因为工作影响了生活，而应该让美好的生活使工作变得更愉快。她点点头，急匆匆地带着孩子走了。晚上 12 点，她在微信里说，基本搞定，没想到这么快就完成了，原以为可能会弄到更晚。

之后，她特意反馈了那天女儿后来的表现。孩子在演出结束回去的路上，就开始关心妈妈了：“妈妈，你还有 40 张卷子要做呢，怎么办呀?”回到家后，还执意要“陪妈妈做卷子”，因为妈妈陪她看演出了。同事非常感动，没想到孩子如此有同理心，而且觉得“40 张卷子”这个表述非常好，一下子就理解了妈妈的工作量有多大。后来她告知孩子“你在边上，妈妈只会分心，卷子会做得较慢。你的心意妈妈领了，你去睡觉妈妈更安心”，孩子才去睡觉。第二天早上一醒来，孩子就关心妈妈的“40 张卷子”完成了没。

同事后来也是感佩于心，觉得“40 张卷子”的说法真是太好了，形象生动，孩子好理解。我和她交流，很多时候，我们家长会主观地认为，和孩子说了他们也不懂，就没有想过怎么说才能让孩子懂，让孩子更好理解。把抽象的道理具象化，用孩子能懂的语言说事物或者人物，这很考验家长。一方面，家长是不是了解孩子的兴趣爱好，能否把孩子日常喜欢的童话故事、动画人物、崇拜的偶像等和眼下的事情联系起来，能和孩子在一个“语言体系”里对话；另一方面，家长是不是能站在孩子的立场和视角看问题，理解事情。

说到家长理解孩子，我想到在儿子“Tape 提问箱”里，看到他面对“父母不理解自己的时候，怎么办”的提问做出的回答。原文摘录如下：

> 这个问题好难，既难以避免，又难以解决。就算幸运如我，母亲是学青少年教育的，也还是会出现父母不理解我或我不理解他们的时候，毕竟人际理解本身就很困难。不过倒

是有一些小小的tips（个人观点，不保熟，嫌太长可以直接跳结尾）。在期待父母理解我们之前先尝试理解他们。很多时候他们不理解我们是因为从他们的经验出发，我们的一些想法是不合理或者有危险的，但他们有很多时候其实不会表达，只是粗暴地说你这么做不行，却说不出所以然来。这种时候或许我们可以先站到他们的角度考虑一下这件事。一方面或许真的会发现一些之前没注意到的危险或者不完善的地方，另一方面理解了他们的逻辑，也为后面尝试去沟通或说服他们打下基础。不要期待简单的沟通能解决问题（让他们理解我们）。也就是说不要只给他们一个结果，或者一个选择题，选择理解我们与否，而要尽量多地把我们的思维过程展示给他们。必须承认年轻一代的想法和世界观和前一代会不一样。有些家长尽管尝试去接受，但是当一个硬生生的事实摆在面前的时候往往又难以接受了。但如果我们能把这件事的前因后果、好处和弊端掰开跟他们解释清楚了，告诉他们，我们在认真对待而非胡思乱想，可能会增加他们理解的可能性。而在很多时候，这需要非常深入且反复的沟通。上面两点都是从自身出发的，毕竟我们无法控制父母，也不能换爸妈。我对这个问题的回答可以总结为：首先让自己易于被理解，其次让自己（看起来）值得被信任，最后永远不要放弃沟通。

我不得不说，我非常欣赏和佩服儿子的这个回答。逻辑清晰，观点理性，表述流畅，结构完整，态度积极诚恳，但对结果又谨慎乐观。我觉得，所有的方法，主语和宾语换一下，完全有效。就是说，面对孩子不理解的时候家长怎么做，以上几条同样具有可操作性。

同时，特别要引起家长反思的，就是那句“他们有很多时候其实不会表达，只是粗暴地说你这么做不行，却说不出所以然来”。确实，家长不能只有所谓的一颗好“心”，还是要想办法让孩子能理解我们的“良苦用心”。怎么才能让孩子更能理解我们呢？那就需要不是只站在自己的立场，埋怨孩子“太不懂事”，而要站在孩子的立场想想，我们有没有用孩子能懂的语言，进行充分的阐述和沟通，让孩子更容易懂我们。就像我儿子在最后说的那样：首先让自己易于被理解。我们是不是可以常常自问，自己是不是难以被孩子理解。

“让自己看起来值得被信任”。我觉得，这点对家长来说，尤其重要。我们经常对孩子“口是心非”，或者“言而无信”，或者觉得孩子小，他们懂什么，编个理由“骗骗”孩子或者“哄哄”他们。殊不知，信任的破坏，是最大的破坏。一旦孩子觉得家长“不可信”，那说什么都没用了。只有当孩子觉得家长是可信的，而且对他也是信任的，他才会选择听家长的。

“永远不要放弃沟通”这句，让我特别感动。我觉得，孩子们即使觉得家长对他们不理解，或者他们对家长也不太理解，但他们始终没放弃过沟通，依然在不遗余力地尝试，换位思考去理解家长，改善自己的沟通方式，证明给家长看，不抱过高期望等。可我们家长呢，是不是早早就“关闭”沟通渠道了，认为孩子就是难以沟通的，就是不理解自己的，就是不懂事的。

沟通不是单向的告知，不是居高临下的说教，不是简单粗暴的命令，不是自以为是的指责……而是双向的交流，彼此的表达和理解。沟通从了解和尊重对方开始，从聆听开始，从平等开始，从能“看见”对方开始。

自救策略

☀ 当你想和孩子说一件事的时候，先想想怎么说孩子才能更容易理解和接受。

☀ 说完后，可以和孩子确认：不知道妈妈说明白了吧，你能明白妈妈的意思吗？而不是简单粗暴地说：听明白了吧？要和孩子做进一步的沟通，如果孩子表示有些地方不太懂，那就尝试用不同的方法，再给孩子讲一遍。鼓励孩子对自己没听明白的地方提问，不要批评孩子“怎么那么笨，连这个都不懂”，而是要想“怎么才能让孩子更容易理解”。

☀ 当你忍不住要“吼”娃的时候，自我觉察一下，自己到底是因为什么原因发火的。是生自己的气，还是生孩子的气，还是生其他人的气？孩子是不是成了“出气筒”？可以先离开一下孩子的房间，让自己冷静一下，考虑一下有没有其他的沟通方式或者表述方法。

- 沟通的方式有很多种，可以用写纸条、发信息等方式，还可以用写信的方式。

- 放下“身段”，多了解孩子感兴趣的事情，不轻易批评和评价，多听孩子说，多做观众和听众，多让孩子做“小老师”。抱着“不了解、落伍了”等心态，请教孩子某个流行语啥意思，为啥某个现象很受欢迎，主动找孩子“求科普”。一般情况，孩子都会有点“小得意”，更容易有话直说，家长也能了解到很多东西。交流和引导可以“润物细无声”地进行，千万不要没听完，就简单粗暴地评价“都什么乱七八糟的东西，不知道好好学习，尽整些没用的……”那孩子以后就不太愿意和你多交流，因为他会觉得说了“你也不理解”。所有人，都喜欢和“愿意听自己说话的人”和“能理解自己的人”说话。

自问自答

➤ 你觉得你家娃最难让你理解的是什么？为什么？

➤ 你觉得你家娃能理解你吗？你是怎么得出这个结论的？

➤ 你“吼”过娃吗？如果有，当时是什么情况，后来是怎么解决的，你觉得效果怎样？“吼”娃后来又重复发生了吗？

➤ 你家娃有没有抗议过你对他的不理解，具体是因为什么事，你是如何应对的？事后你反思过吗？你觉得他的想法是不是也有道理？

➤ 你认为父母对你最不理解的事是什么，他们最不能接受你的点是什么？现在你能理解当初他们的想法了吗？如果有点能理解了，什么时候你的想法开始有所转变了？现在你父母的想法有所改变了吗？如果有，是什么时候开始的，因为什么事使他们的想法发生了转变？

这有什么关系

自述案例

有一次，我在机场，正在急匆匆往登机口赶，突然听到身后“啪”的一声响，吓了一跳，连忙转身回头看。看到一对父子，他们面前的地上一杯饮料在流淌。五六岁模样的孩子，显然有点被吓到了，呆若木鸡。爸爸手里拿着一杯咖啡，先是一愣，然后居然爆发出一阵笑声，连声对孩子说：“哦，哈哈哈，好吧好吧，这下好玩了，让我们来看看，接下来怎么办？”然后他把自己的咖啡杯放在地上，蹲下身，问孩子：“有问题吗？”孩子摇了摇头，还没有完全缓过神。爸爸看到饮料溅到了孩子的鞋子和裤脚上，拿出纸巾帮他擦了擦，一边擦一边说：“没关系的，不就是洒了一杯饮料吗？爸爸待会再给你买一杯。不过，现在时间来不及了，我们不能回到刚才的店里给你买，爸爸的咖啡你也不能喝。所以，你要坚持一会，等上飞机后就有饮料喝了。或者等我们待会路过饮料店，时间又来得及的话，就给你买一杯，可以吗？你能坚持一会吗？”

我听着觉得好感动，这个爸爸太“温柔”啦。不知道孩子当时的内心是怎样的感受，只看到他一个劲地点头，说了一句“我可以坚持的”。因为我离他们近，所以本能地看了一下自己的身上是否被溅到了饮料。孩子爸爸抬头，带着歉意和笑容说：“不好意思啊，我第一次带孩子出门，有点手忙脚乱。”我连声说：“没事的没事的。”这个爸爸四处张望，挥手示意，叫来了工作人员，说他们赶飞机，来不及处理地上的饮料，麻烦工作人员处理一下，不然其他人可能会滑倒。工作人员说，没问题的，你们走吧，会让保洁员来处理。爸爸一边连声道谢，一边拿起自己的咖啡，拉着孩子的手，继续往登机口赶。因为被这个爸爸的处理方式“惊艳”到，非常好奇他们接下来会如何沟通，我特意和他们保持着较近的距离，方便听到他们的对话。

可以开始继续赶路了，孩子仿佛也缓过了神，嚅嚅地对爸爸说，也像是自言自语：“刚才我不是故意的，也不是不小心。其实我很小心的，我用了很大力气抓住那个杯子。”孩子停顿了一下，然后有点委屈有点不能理解地说道：“可是，我也不知道，怎么一使劲，杯子就滑出去了……”爸爸拉着孩子的手，一边走一边听着孩子的诉说，在孩子停顿的时候，他说，爸爸知道你不是故意的，也不是不小心。你那么喜欢喝这种饮料，怎么会故意或者不小心呢？喝不到饮料肯定是你不愿意的事啊，爸爸相信你。爸爸有时也会打翻水杯的，每次的情况好像还有点不一样。有时候是自己不小心，有时候是别人不小心，有时候是完全没注意到，有时候就是纯属意外。你这次呢，可能是因为杯子太大，你的手太小，所以拿不住。孩子马上有点兴奋地接话了，是的是的，我知道我的手小，有点拿不住，所以我前面都是两只手拿着的。可是，正好双肩包的带子有点下来了，我就右手拉了一下包带，所以只有左手一只手握着杯子。而且，这里太热了，我手上都是汗，有点滑，就更加拿不住杯子了。爸爸一听，马上说，原来是这样啊，那也是爸爸太急着赶路，没发现你的双肩包带子下来了。而且，你说到手滑，爸爸想起来了，可能也不单单是你手出汗，因为你买的是冰镇饮料，杯子外面是会出现水珠的，会变滑，不太好拿。所以，爸爸应该给你拿个杯托，就像我的咖啡一样。爸爸只想到了你的饮料不烫，没想到会手滑。下次我们就知道了，对不对？孩子连连点着头，崇拜地抬头看着爸爸说，就是！下次我们肯定可以做好的！爸爸用带着充满笑意的声音继续说，如果你下次需要拉包带的时候，可以先和爸爸说一下，我们停下来，等你拉好了，我们再走，刚才我们急匆匆赶路，所以更容易忙乱中出状况。孩子点着头说，就是就是，下次就不会了。爸爸爸爸，那我们下次再坐飞机会是什么时候啊？你能不能和妈妈说，我下次还要和你一起坐飞机。你一定要告诉妈妈，我俩一起出门，是可以的。不然，她会不会不让我和你一起出门啊？爸爸哈哈大笑着说，好啊好啊，你既然觉得爸爸可以单独带你出门，那我们就一定可以。爸爸还在想，妈妈如果知道咱俩刚才的狼狈样，是会笑话咱俩，还是会批评咱俩。或者说，如果妈妈在，咱俩刚才就不会发生那样的事了。孩子说，不知道，可是，那又有什么关系呢，反正我觉得咱俩这样也挺好的呀。爸爸，你不会想下次不单独带我出来了吧？我保证，我下次肯定不会再出刚才的状况了。爸爸又笑了，说道，怎么会，爸爸肯定愿意带你出来啊，咱们这次多开心呀，对吧？就像你说的，就算有点状况，那又有什么关系呢？咱们一言为定，下次爸爸继续带你出来玩。

我一路听着父子俩的对话，心里温暖、感动。思索着，如果那个状况是发生在我和儿子之间，我会怎么处理？会那么淡定地不吼孩子吗？会不指责孩子吗？会不会埋怨孩子“怎么那么不小心”，会不会嫌弃孩子“给自己添乱”，会不会抱怨孩子让自己白花了钱，会不会觉得自己“太没用”，这么点小事都搞不定，会不会觉得自己“太倒霉”，摊上这么个“熊孩子”，会不会觉得“太丢脸”，大家都在看自己的笑话，会不会生另一半的气，为什么不能陪自己一起出来，导致自己如此狼狈，会不会想着“以后再也不单独带孩子出来了”，会不会“威胁”孩子，你再不乖乖的，以后再也不带你出来了……

这位父亲，可以说用“教科书”式的应对方式，给我们上了一课。我们很多时候，之所以鸡飞狗跳，是因为我们有太多结果导向，太多站在自己的视角上思考问题。这位父亲，第一时间，先是安抚了孩子的情绪。虽然他没有明确说“不要怕”之类的话，但他的应对，如关心孩子有没有事，帮孩子处理状况，都让孩子的紧张情绪得到了安抚。很多时候，孩子遇到状况，害怕、紧张，认为自己闯祸，担心受到惩罚或者责骂，都是正常的反应，所以往往会不知所措。尽管这个状况，未必错在他们。即使他们犯错了，也不至于“失去爱”。大人认为的批评、责骂，有些只是“吓吓”他们的话，孩子是会当真的。他们会担心自己的错误和不好，会不会导致父母不喜欢他们了，认为他们就是个坏孩子了，或者他们不值得信任了，或者父母不爱他们了。家长如果能像这位父亲一样，不仅接纳了孩子紧张、担心的情绪，还帮孩子找到了发生状况的原因，多了一分理解，让孩子能接纳自己的“力所不能及”，接下来才会有勇气探索更多“力所能及”。这些原因，从家长口中说出，就是对孩子的理解，可如果从孩子口中说出，很多家长反倒会认为是“找借口”，孩子就会很委屈，认为家长不理解自己，还会产生对立情绪。而且，这位父亲找到那些原因，并不是为了“开脱”，而是为了找到解决方案，并把下次如何避免的方法也教给了孩子。所以，这比只是呵斥孩子“下次别再这样了”要有建设性。

这位父亲和我打招呼，以及和工作人员的沟通，都为孩子做了很好的示范。处理状况后，如何将不良影响降到最低，如何不能只关心自己，还要顾及他人和周边环境，如何妥善处理后续事宜，这位父亲也做了很好的示范。他和孩子的交流，使这次意外，成功转化为了增进父子关系的催化剂，孩子和他的联结明显深入了，对他充满强烈的依恋和信任，并且对自己也充满了信心，明确向父亲表示，自己以后是可以的。这是因为他感受到了“被爱”，感受到了父亲的温暖、理解和爱。这对孩子来说，是非常宝贵的教育资源，更是勇敢探索世界的不竭动力。所以，孩子才能在父亲陷入思考的时候，说出“那又有什么关系”的话，给了父亲最大的肯定。是啊，我们大人眼里在乎的一些事，在孩子眼里，也许根本不重要。而他们看见的，在乎的，我们大人往往会忽略。这位父亲的“没关系”，加深了他和孩子之间深入且温暖的亲子关系。

这让我想起了一次在游乐场玩。在小火车经过“原始森林”的时候，突然落下了雨水，坐在我们后面的小男孩一下子就哭了。我们都以为孩子是被吓哭了，他妈妈还说，“这有什么好怕的，你以前不是很喜欢玩这个的吗?”孩子抽泣着说，自己才不吓，而是因为妈妈给买的新衣服，今天第一次穿，就给弄脏了。大人们一听到，都忍不住笑了，妈妈直接说：“傻孩子，这有什么关系啊!没事的，衣服脏了可以回去洗，而且也没脏，只是湿了啊!”本来抽泣的孩子又开始大放悲声，一边高喊着，就是有关系，就是有关系！看来，这孩子是太在意妈妈送的这件新衣服了。我们大人连忙在边上给出主意，要么把这件衣服先脱下来，游戏做完了再穿。他犹豫着舍不得脱。我们又出主意，让妈妈拿一件其他衣服，罩在这件衣服外面，等游戏结束了，再把那件衣服拿掉。孩子开心地答应了，破涕为笑。

孩子的世界，就是如此和成人不同。在我们眼里看着没什么关系的事，他们可能看得很重。而我们成人觉得“有关系”的事，他们并不觉得有什么关系。所以，我们要多一些对孩子的了解，多一些聆听和理解，不那么“专断”，不要总是拿我们的“认为”

去理解他们，而是能真正走进他们的世界，以他们的视角来看世界、看事情。

自救策略

☀ 当孩子哭闹时，先想想孩子有什么诉求。问问孩子，鼓励孩子说出来，而不是家长“判断”或者“推测”诉求。给孩子多一些时间，让孩子情绪稳定下来。

☀ 当孩子做错事的时候，不要急着批评或惩罚孩子，先听听孩子的，让孩子尽量详细地描述一下事情的经过，不要打断孩子，不要轻易评价和判断，让孩子有充分的表达机会。

☀ 要接纳孩子就是会“犯错误”或“闯祸”这样的事实，让孩子感受到安全感。可以和孩子一起分析错误是怎么发生的，今后如何避免，而不是空洞地指责和埋怨，甚至谩骂，更不能有人身攻击性的语言，比如，你怎么那么笨！你整天就知道给我闯祸！你能不能让我省点心啊！你怎么就不学点好啊……这样的话，都是没有建设性的，不能帮助孩子找到解决问题的方法，反倒会让孩子觉得自己就是不好的、不行的，是爸妈不喜欢的、不被认可的，自己就是很糟糕的。

☀ 回想自己曾经犯过的类似错误，并分享给孩子自己当时的感受，问孩子是不是也有这样的感受，并告诉孩子自己当初是怎么应对的。听听孩子的想法，准备接下来怎么解决自己遇到的类似问题。

自问自答

➤ 孩子犯错的时候，你脱口而出的话是什么？你当时的第一反应是什么？你有没有想过孩子当时的感受？

➤ 你小时候有没有印象深刻的犯错经历？为什么印象深刻？这件事后来对你产生了怎样的影响？

➤ 你有没有隐瞒犯错事实的经历？为什么要隐瞒？你最担心的是什么？

➤ 你有没有“被吓坏了”的犯错经历？后来事情是怎么解决的？你的父母或老师或其他长辈是怎么对你的？你当时的感受是怎样的？

➤ 有没有人在你犯错后，给你带来温暖和感动？他们的什么言行让你感到了温暖和感动？当时是怎样的情形？你现在回想起此事，有怎样的感受？

这让人太不放心了

自述案例

有朋友来和我讨论她的“左右为难”。想锻炼孩子的独立能力，可又觉得处处都有潜在的不安全因素，感到不放心。比如，孩子想骑自行车上学，她觉得太危险，不同意；孩子想自己坐公交车去学校，她也觉得有问题，担心孩子坐过站，上学迟到了怎么办，车上遇到状况怎么办，还是不同意。想来想去，还是自己接送，比较放心。但接下来孩子上高中，离家很远，要住宿，她没法接送了。她又开始担心，和室友相处能行吗？会不会闹矛盾？衣服能自己洗吗？洗得干净吗？晚上会准时睡觉吗？会不会偷偷打游戏？会好好吃饭吗？会吃垃圾食品吗？学校是不是不可以叫外卖……越想觉得不放心的地方越多。

我对她说，你现在想到这些问题，是好的。毕竟孩子才初二，经受锻炼的时间还是很充分的。就算你不为高中做准备，未来上大学，一定会面对集体生活。你担心的那些生活上的问题，多多少少都会遇到。而且，大学里管理更宽松，课业更重，各种活动也更多，学生面临的诱惑和压力都更多。高中阶段，如果能顺利适应了集体生活，有了一定的自我管理能力，大学相对就容易适应。

我对她说，潜在的风险，总是存在的。我们不能因为觉得有潜在的风险，就什么都不让孩子做，那孩子就永远学不会应对风险。我们要做的，一方面，是培养孩子的风险意识，学会识别潜在的风险因素；另一方面，培养孩子应对风险的能力。要教给孩子一些方法，陪着孩子一点点学习，不断练习，直到掌握。我给她举了我们家和她一样面临过的骑自行车和坐车上学的两个例子。

首先说骑自行车。我儿子初二的时候，提出来要骑车上学，说法律都规定，12 岁就可以骑自行车上路了。想想法律都允许的事，我们也不能阻拦啊。但一开始肯定是不放心直接让他上路的，所以，我们就周末陪他一起骑车，告诉他一些注意事项，让他骑在道路里侧，强调一些安全规则，告诉他哪些时候或者哪些地方比较危险，要引起注意，怎么规避风险等。也时不时故意骑慢点，跟在他后面，看他骑得到底怎么样。持续锻炼了一段时间，觉得他骑得确实不错了，又陪着他从家里骑到学校，一路的状况熟悉了几次后，才同意他自己骑到学校。后来又听说，几个同学是一起骑车上下学的，又特别强调了一下，同学们一起骑车的时候，更加要注意安全，不能打闹，不要你追我赶，安全第一。

坐公交车上学，也有个练习的过程。第一次，先是我们陪着他，和他一起上车，让他自己刷公交卡，然后到站和他一起下。让他记住站名，看好下车的地方，然后陪他从车站走到学校。回来的时候也是一样，告知上车的站名、下车的站名，再走回家。几次之后，问他可不可以自己坐，他说可以。可我们还是有点不放心，就尾随在后，看他上下车都没问题，不需要我们提醒了。接下来，他就“单飞”了。

我问朋友，你还记得吗，我们教孩子骑自行车的时候，刚开始，我们两只手紧紧抓着自行车后座，让孩子能骑起来，我们在后面跟着跑，帮他掌握方向，防止摔倒。后来，我们慢慢发现，他骑得越来越好，越来越稳，越来越快，我们会怎么办？我们一定是慢慢地、悄悄地松开双手，既不告诉孩子，因为怕他慌，但也不会离得很远，会继续跟着跑，以备发生问题的时候，随时可以一把抓住。慢慢地、慢慢地，我们会发现，他骑得越来越好了，我们可以完全放手了。这个过程，就是我们面对孩子学习、成长的“常态”。如果我们总是紧紧抓着车后座，孩子就永远也学不会自己骑，我们也会跟不上孩子越来越快的车速，把自己累坏，说不定还会摔伤。当然，我们也不是一开始就“大撒把”，而是有个逐步“放手”的过程。要教孩子一些方法，并且和孩子一起练习，让他逐步学会本领，我们逐步学会“放手”。

说到识别安全隐患，我和朋友分享了一些经验。我们教给孩子“四不伤害原则”：不伤害自己，不伤害他人，不被他人伤害，不使他人受伤害。我儿子上小学的时候，我们就教给他这个原则了，而且在生活中，时不时拿出来“用”给他看。比如，走在马路上，遇到窨井盖，我们就会告诉他，这个不可以踩，因为有风险，可能会掉下去，会受伤害。生活中的危险，看到了，就告诉他，新闻里的一些受伤害事件，也给他分析风险点在哪里，怎么避免。有一次，他打电话给我，提醒我下班回来当心，说小区施工，在单元门前挖了个沟，他担心我回来晚，看不清楚可能会掉下去。我特别感动，问他怎么想起来提醒我。他反问，这是不是属于“不使他人受伤害”？我激动不已，连声说，是的是的，你是完全学以致用了，太厉害了。

当然，他也有“反面例子”。记得他初中的时候，有一天突然哭着给我打电话，说他把同学的手弄破了，流了好多血。我马上问，同学现在在哪里，找老师了没有？他回答，已经在医院了，他和老师一起陪着去的。我听着他的哭声，知道他肯定是吓坏了，便安抚他，到医院就好了，你别害怕，有老师和爸爸妈妈在呢。我们马上去医院，你等着我们。又问了受伤同学的家长知道情况了没有，得知已经到了医院，我就放心了。到了医院才知道，他伤到的，是自己最好的哥们。天天一起上下学，座位前后座，家住前后楼。我很好奇，他怎么会把这样的同学弄伤，不可能是“斗殴”，那是打闹不小心所致吗？但在医院里，他俩谁都不肯说是怎么伤到的。晚上，我们买了慰问品，到同学家探望。同学和爸爸都连声说，没事的没事的，男生嘛，打打闹闹难免的。可同学的妈妈，明显因为心疼儿子，有些为父子俩“包庇”我儿子有点“不满”，关键是她心里也有着大大的“疑团”，到底是怎么发生的？我看着两个孩子只是相互看看，谁都不肯说，多少有些明白。我说，阿姨知道，你们是好哥们，谁都不想做“出卖”朋友的事。你们放心，这事，你们说出来，我们不是要追究你们谁的责任，而是想知道危险因素在哪里，这事情怎么会发生的，以后才能避免类似事情发生。这样，你们才是真正的好哥们啊！

打消了顾虑的孩子们，终于说出了实情。原来，我儿子把他心爱的迷你瑞士军刀带到了学校，课间拿出来玩，正好同学转身过来和他说话，胳膊就戳到刀尖上了，又是夏天，一下子就一个口子，鲜血直流。显然，被伤的同学知道，同学没有故意伤他的意思，纯属意外。但我儿子肯定存在问题，因为带刀具之类的物品到学校是不允许的。他们都明白，这是违反校规的。也许是担心我儿子会因此被处分，也许是担心被家长责骂，总之，青春年少的“义气”，让他们达成了某种默契。我听完后，倒吸了口凉气。再次对受伤同学和他父母表达了歉意，觉得自己听着都觉得疼，更别说真的伤在身上。另外，感谢了那同学，为他的那份难能可贵的同学情谊，他宁可自己受痛，还要护着同学。接下来，我问儿子，还记得我们一直说的“四不伤害原则”吗？你现在就违背了“不伤害他人”原则。虽然你无此本意，但结果却产生了。现在知道为什么学校禁止你们带这些物品到校园的原因了吗？不要认为校规总是管你们的，“太讨厌了”“没必要”，其实，规章制度是保护你们的。之所以这么规定，就是因为存在风险，你们没看到，或者没遇到，不代表就不存在。要敬畏规则、尊重规则，看上去是约束，却是安全的保障，可以规避潜在的风险。如果你遵守校规，不把军刀带到学校，这伤害就不会发生，对吗？儿子默默点了点低垂的头。同学的妈妈得知真相后，也长出一口气，说道，哦，原来是这样啊！一直不肯告诉我怎么受伤的，我就放心不下，不清楚到底发生了什么。这下知道了，以后这么危险的东西，确实不能带到学校。

我对朋友说，这个“四不伤害原则”，你也可以和孩子分享，然后日常练习，识别安全风险因素，尽量规避风险。我们不可能随时随地守护在孩子身边，所以，必须让孩子自己学会识别和规避风险，这才是最大的安全。任何“不好”的或者“不行”的言行，都是不符合“四不伤害原则”的，至少会违背一条。同学之间相处，伤害他人的言行肯定是不好的，不可以的。有些时候，孩子盲目跟风，就很有可能既伤害自己，又伤害他人。事件本身可能有隐蔽性，孩子未必判断得出是否可行，但如果拿“四不伤害原则”一检验，就更容易识别出是否可行。如果发现存在潜在的伤害行为，就应该停止，或者提醒，甚至警示。

自救策略

☀ 检视一下，自己对孩子是不是有过度保护现象，什么事情都想帮孩子安排好，确保“万无一失”？

☀ 可以和孩子一起，制作一个安全风险识别表，根据发生的频度、孩子应对的难度等因素做个表，孩子每识别出一个或一次，就打五角星或者贴小红花，积累到一定数量，可以兑换某个礼物，或者奖励自由活动时间等。

☀ 可以让孩子做自己的小小安全员，识别家中存在的安全隐患，纠正家庭成员“不安全的行为”等。树立孩子的安全意识，提升识别安全风险的能力。

☀ 遇到社会公共安全事件，和孩子一起讨论发生原因、应对方案，举一反三，引起重视。

☀ 自己也要增强安全意识，当孩子纠正自己言行的时候，要勇于承认并改正，否则孩子就难以坚持规避风险的言行，而更愿意模仿家长的行为。

自问自答

➤ 如果孩子对你说“妈妈，是红灯，不能乱穿马路”，你会怎么做？会不会说“没关系，反正现在没车”？

➤ 你是不是觉得很多规章制度都没必要，自己可以“看着办”，怎么方便怎么来？

➤ 你觉得你对孩子放心吗？最不放心的是什么？为什么？你为此做了什么准备工作？你觉得效果怎么样？

➤ 你和孩子聊过关于安全方面的话题吗？聊过你的“不放心”吗？

孩子太不自律了

自述案例

朋友来向我“吐槽”，她家一年级的大宝，太不自律了。什么事情，说得好好的，做的时候就不是那么回事了。尤其对学习计划和各种才艺练习的内容特别不自觉，总是要她盯着。她因为二宝出生后，更多精力花在了照料二宝上，特别希望大宝能自律些，把自己的事情都按部就班地处理好，别总是让她盯着。

我听她说完，笑着说，你说的不是自律，而是希望孩子不折不扣地执行你的他律。她愣了一下，问道，啥意思？我解释道，所谓自律，是自己对自己的约束、克制。他律，是外在的、他人的约束和克制。显然，你对大宝的“自律期待”，是你的希望、你的安排、你的约束，并非是他自觉自愿接受的，也并未转化成他的自我认知或自我需求，所以，很难做到自觉执行你的他律，更别说自律了。

自律之所以难，是因为人的本我遵循快乐至上原则，是随心所欲的。约束和克制自己的言行，不能随心所欲，就是一种对本我的对抗。所以，自律是个过程，而不是结果。可以说是我们一生都需要修炼，需要不断练习、不断提升的功课，不可能一蹴而就，也不可能一次或者一阵子做到自律就会终身自律，会出现反复，所以就需要反复修炼。

如何实现自律，也是有一些方法的，并非给孩子制订好计划，盯着他去执行、去完成就能实现，也不是大家认为的只要坚持让孩子按照自己的想法做就能养成习惯，就会越来越自律。

尤其是对于小学一年级的孩子，期望他能成为一个自律的人，真的是有点强人所难，除非你找到了他真正感兴趣的点。就像我们很多家长都会发现，孩子并不是什么时候都“坐不住”，而只是在面对学习、练琴等你希望他做的事的时候才会“坐不住”“不自觉”。主要是你没有真正意义上站在他的角度，让他找到自律的“动力和乐趣”，而是因为你无心无力管他，所以期望他把自己管好，然后就拿“自律”这顶帽子来压孩子，强调自律多么重要，做不到自律就多么不好。既能拿“我让你自律，都是为了你好”来说事，还可以因为孩子做不到自律而批评孩子。既然是自律，就应该是自己做到，那做不到，问题就在孩子身上，而不在家长身上。所以，很多家长都喜欢吐槽孩子“不自律”，其实，也是一种变相的为自己免责。

那么，怎样才能让孩子自律起来呢？如果要实现自律，并能够持续，有几个条件必须具备。第一，有发自内心的动机或诉求；第二，体验到因自律带来的提升、喜悦和归属感；第三，感受到因自我约束、自我控制带来的力量感、成就感。这三个条件里，首要的是第一个——有内在的动机和诉求。如何培养内在动机，心理学家爱德华·德西和理查德·莱恩提出了一个广受支持的理论：自我决定论。他们认为，人类有三类基本需求：自主需求、胜任需求和归属需求。首要的，还是自主需求。所以，我们家长要想让孩子自律，那就先要让孩子自主。

我和她分享了如何激励儿子自律的故事。

我儿子六年级第一次期中考试回来，惴惴不安地问我：妈妈，如果我考得不好，会怎么样？我回答他：首先，我觉得考得不好，你自己会很不开心，谁不希望自己考得好一点呢？更何况你还付出了那么多努力，谁也不希望自己的努力没有得到回报或者证明；其次，可能你们老师也会不开心，毕竟每位老师都希望自己的学生能考出更好的成绩，他们也会觉得你们考得好，是对他们付出的肯定和回报，他们也不希望自己的努力得不到认可；最后，爸爸妈妈可能也会有点担心，想知道你为什么没考好，你遇到的困难是什么，需要我们为你做什么。我们可以帮你分析没考好的原因，可以给你一些建议，但归根结底，还是在你自己。只有你自己最清楚，哪些是对自己最难的，哪些是你能够先解决的。爸爸妈妈在乎的，并不是分数本身，而是分数背后检验出来的问题。当然，考好了，最开心的，也是你自己，其次，才是老师和家长。

听我这么一说，儿子虽然看上去轻松了一些，但还是有点战战兢兢地问：可我如果名次很不好，你们也不生气吗？我感觉到了他的担心，继续说道：考试，是对知识掌握的一种测试或者说检验，归根结底是你要掌握知识，学到能力，排名只是相对的。知识，所有人都可以掌握，我们不能只希望你一个人掌握得很好，别人都掌握得不好；同样，你虽然掌握得很好，可别人更好，也是非常有可能的。我们也不会因为别人掌握得比你好，就否定你的好呀。所以，名次只是一个相对的水准，让你了解有多少人比你掌握得好，或者你比多少人掌握得好，只是用来了解情况的。如果你知识掌握得并不好，而只是因为别人也没考好，自己的名次比较好而开心，我觉得就违背了学习的根本目的。无论名次怎样，你没掌握的知识还是没掌握。如果你考了100分，哪怕全班都是100分，一点也不影响妈妈对你的评价，说明所有的知识点你都掌握了，这才是关键。当然，如果100分的人越少，那说明你更加厉害，更不容易。

“那我考了20名，说明一点也不厉害。”我听他这么一说，一下子愣住了，明白他还是挺在乎自己在他人心目中的位置的。想到六年级，正是青春期早期，非常在乎同辈认可的阶段，对于一个40人的班级来说，20名的成绩，当然不能算好。但我发现他在乎的点后，觉得是可以“激励”他的，而不是批评。想着这个阶段，女生成绩普遍会好些，既然全班成绩没优势，那看看男生的排名中他有没有优势，于是问他：男生排名你第几啊？他秒回：第一！我马上惊呼道：哎哟，可以啊！男生第一！你们班前19名都是女生啊？这简直是女神啊！然后我又说了一句：看来，你的水平直接影响着你们班男生的整体水平。

这句话，其实就是为了激活他的内在动机。他渴望成为同辈中“厉害”的那个人。这是他自己的需求，不是我的。他从中得到的满足感和胜任感都是极大的推动力。

期末考试的时候，他兴冲冲地对我说：我们班男生这次的水平大踏步前进。我问：是吗？他说：对啊，男生最好成绩第12名。我明知故问：哦，谁那么厉害啊？他得意洋洋地拍拍胸脯：我啊！那一瞬间，我差点笑出声，连连夸赞他厉害。他却说：可是我们老师还是不满意。我说：为啥啊？他说：因为前十名没有男生。那一刻，我已经非常清楚，儿子为自己定下了新的目标。后来，当然毫无悬念地他进入了前十名，而且成绩不断前进。而我们，并没有盯着他要怎么努力，也没要求他必须考进前几名，全是他自己在规划学习，我们只是在他需要的时候分析一下，讨论讨论，分享一些我们的学习心得之类的。

就在他考出好成绩的假期里，回到爷爷奶奶家过年，他每天都会自觉抽时间做作业。有亲戚逗他：你爸妈没在，我带你去玩。他回答：作业是我自己的，他们在不在，我都得做完呀。亲戚赞叹不已，后来专门说给我们听。我们也笑着说：确实如此，他说得没错。学习和作业都是他自己的事，不好了，是自己负责，好了，也是自己开心。

我还记得，儿子高考结束的第二天，早上6点半他依然就起来跑步了。我很诧异地问他：高考都结束了，还去跑步？他回答我：跑步不是为了高考，当然也不会因为高考结束而不跑。任何时候，跑步对我的身心健康都是有好处的，只是高考的时候，显然尤为重要罢了。或者说，对于很多人来说，更难坚持和保证。那既然高考的时候都坚持跑了，高考结束了，不是能够更加轻松地为了跑步而跑步吗？那一刻，我真的是为之感动和欣喜。我知道，他已经体会到了自律带来的幸福感、提升感和力量感。此生，自律都会和他相伴了。

很多家长，可能也都只是从理论上知道自律很好，很重要，但自己都未必能做到自律，也没有真正体会到自律带来的自由和快乐，所以，没法给孩子做很好的示范，更不能很好地站在孩子的视角上，激活孩子的内在动机。

很多家长，都是家长视角的“一厢情愿”。像朋友希望大宝“乖乖”把自己的事搞定，不要占用妈妈更多时间和精力，而不是站在孩子本身的现实能力上，去考虑自律实现的可能性和方法。当然，因为有二宝的存在，也不排除大宝有一定的心理需求，通过完成不了一些事情而得到妈妈更多关注，某种程度上，是一种对妈妈的“争夺”。这一点，我觉得朋友也需要多一些觉察和理解，给孩子更多的安全感。

排除二宝因素，回到孩子自律能力培养本身。首先，目标要是孩子认可的，或者至少是和孩子一起制定的。用现在孩子们的“流行语”说，就是“自己选的路，跪着也要走完”。这其实就是目标认同、自主选择的重要性。其次，最初定的自律目标要清晰、可执行、易达到。比如，对一个 3 岁的孩子，不要说“你能不能安静地坐一会儿”，而是应该说“你能安静地坐 5 分钟吗”。因为“一会儿”是一个很不清晰的概念，个人的理解不同，你心目中的“一会儿”可能对于孩子已经很久了。最后，只要孩子为了自己的目标付出行动，愿意为了实现这个目标自我约束、自我克制，那就是自律的开始，这是非常宝贵的，就要鼓励和保护。哪怕他并没有安静地坐5分钟，但已经坐了3分钟了，就肯定孩子为此做出的努力，然后问孩子：你已经很不错了，安静地坐了3分钟了，还有2分钟，我们再坚持一下，好不好？这是在孩子坚持不下去的时候，给予支持。这在培养自律习惯的过程中也是非常重要的。只有陪着孩子坚持过最难的那个点，他就有可能得到想要的结果，体会到那份努力后的喜悦，他会真实感受到“自律的力量”“自律的益处”，才能相信自律是好的，才会继续自律，这时候，自律才实现了从你的要求到他的自我要求的转化。同时，他还收获了自信，真切感受到自己是可以的，可以约束自己的行为，体会到自我控制的力量感。只有成功过一次，才能相信“道理”是真的、对的，自己是可以的。人们通过一次次成功，不断确认自己的能力。孩子，尤其需要这一次次的真实体验，这是间接经验（书本知识或大人讲的道理）到直接经验（自己的切身体验和感悟）的转化。

家长要善于发现孩子的内在动机，找到能“激励”或者“激活”孩子的“点”。不要把自己的目标强加给孩子，哪怕那个目标是对的、好的，只要不是孩子认同的，就很难实现自律。不要让孩子成为为家长“拉磨”的“驴”，而要让他们成为为自己“奔跑”的“马”。

不必考虑孩子是因为某个爱好而自律，还是因为学习而自律，只要能做到自律，就能体会到自律的意义和作用，就可以由此及彼，在更多的地方做到自律，进而成为一个越来越自律的人。这是个漫长的过程，因人而异，有人很小就自律，有人可能中年以后才开始尝到自律的甜头。同时，自律也未必是全面的。有的人，可能只在自己喜欢的事或者看重的事上自律。比如，在乎体重的人，可能在饮食上很自律；在乎健康的人，可能在锻炼上很自律……但其他方面，可能就比较随意。这也是非常正常的，不必强求，也强求不来。自律，有可能是阶段性的。比如，某段时间为了某个考试或者某个任务特别自律，过了这个阶段性时期，就又随意了。

所以，对孩子，不要一下子要求太高，期望孩子各方面、随时随地、始终如一地自律，而是可以考虑从孩子喜欢的事情上尝试，因为孩子有了内驱力，更容易做到自律。同时，允许孩子出现反复，有时候会“失控”“做不到”，这都是正常的，不要太理想化。多一些鼓励，孩子做到的时候，及时表扬和肯定，给孩子多一些信心，让孩子相信自己是可以的。陪孩子一起前行，直到让孩子尝到自律带来的甜头。对于低龄的孩子，需要在自律的基础上，加一些他律的支持。记住，是帮助和支持，而不是替代，也就是说，还是以自律为主，他律为辅助和补充。比如，适当的提醒、相互的配合等。需要提醒的是，当孩子实现某个目标的时候，家长一定要强调孩子自身的努力，突出自律的效果，不要和孩子“争功”，不要说“幸好有我提醒你吧，不然你根本做不到”之类的话，这会使孩子把成功归因为外因，看不到自己的内因，就不能相信自己可以做到自律，或者不太相信自律的效果。所以，总是抱怨孩子不自律的家长，往往是因为没有让孩子体会到自身力量和成就感。我们是孩子的“战友”，不是“对手”，不要总是想着和孩子论输赢、争高下。

自救策略

☀ 先找到孩子感兴趣的某个事，和孩子一起商量一个自律计划，因年龄而定计划周期长短。如果是低龄孩子，周期短一点，比如每天晚上 8 点完成作业，就可以玩半小时。记住，答应的，就一定要兑现。千万不要孩子 8 点完成了作业，你却说，啊，这么早，要不背会英语单词，然后再玩。那就会破坏自律效力，孩子觉得自律后没有实现自己预期的东西，就不会自律了。再大一点的孩子，可以制订更长周期的自律计划，比如每天晚上 9 点睡觉，周末就可以到游乐场玩等。让孩子体会到自律带来的快乐和成就感，这非常重要。

☀ 当孩子出现反复、做不到的时候，给点鼓励，指出孩子已经做到的部分，比如，已经坚持三天了，很不容易，妈妈以为你最多坚持两天。让孩子看到自己可以的部分，树立信心。不要嘲笑和打击，说“我就知道你不行”之类的话。

☀ 和孩子一起修改自律计划，找到计划中过于严苛或者目前实现不了的地方。先从容易做到的目标或者地方开始，重要的是品尝“我可以”的喜悦和信心。自律计划不是越严越好，也不能从家长视角，而要从孩子自身的实际出发，怎么才能实现才是首要的。万事开头难，只有让孩子觉得这是可以实现的目标，才会迈出第一步。否则，容易“困”在原地不动。

☀ 也给自己制订一个自律计划，分享给孩子，让孩子做小小监督员。自己做不到的时候，请孩子提醒，并虚心接受。还可以请孩子出主意，如何更好实现自律计划。

☀ 学会向孩子学习。当孩子做到自律的时候，向孩子“请教”如何做到的。让孩子说说自律过程中的体验，有没有“难以坚持”的时候，是怎么克服的，以及“坚持”之后和做到自律后的感受。向孩子分享自己自律面临的一些困难，如何解决的，以及之后的感受。

自问自答

➤ 你是个自律的人吗？如果不是，你觉得影响你自律的最大障碍是什么？如果是，你觉得让你成为自律的人的最大动力是什么？

➤ 你体会过自律带来的快乐、满足感和力量感吗？

➤ 你和孩子一起讨论过自律计划吗？还是只对孩子提要求，希望他认真执行就好？

➤ 你觉得做到自律，对于你家孩子最难的是什么？

他怎么在发呆

自述案例

一个学员下课后，和我分享她家宝宝的一个“问题”。宝宝刚上幼儿园，老师微信提醒，说孩子时不时会在上课的时候“看着窗外发呆”“注意力不集中”。她有些担心，不知道这会不会影响孩子今后的学习。毕竟，大家都觉得“注意力集中”才是好的，总是注意力不集中，会不会以后学习不好。她很奇怪，一个3岁的孩子，怎么会发呆？他的小脑瓜里都在想些什么，有什么好想的？小孩子，难道不应该更容易被游戏吸引吗？不应该是开开心心、无忧无虑的吗？

我没有立即回答那个家长，反问道，你有没有发呆的时候？她不假思索地回答，当然有。我又问，你发呆的时候，都在想什么？她迟疑了一下说，这不好说，发呆嘛，又不是自己想发呆才发呆的，好像都是不知不觉发呆的，等醒悟过来的时候，才意识到自己刚才在发呆。

我说，对啊，你不知道自己发呆是怎么发生的，也不知道发呆时在想什么，怎么可以要求孩子不发呆呢？发呆是不由自主的，什么时候出现由不得自己，而且出现发呆可能毫无征兆，发呆的时候想什么更是不由自主。除非被外来力量打断，否则，发呆什么时候结束也不由自己说了算。

有一种说法，发呆好比“白日梦”。做梦，从心理学的角度讲，是一种潜意识的觉醒和活动，完全不受个人自我意识的控制，某种意义上，也是被压抑的自我需求的上升和浮现。由此，我们是不是可以把发呆理解为我们的潜意识，在某个瞬间的觉醒？从这个角度讲，发呆，有着积极的作用。

有过发呆经历的人都会感受到，发呆的那个时段，有一种“灵魂出窍”的感觉，是一种“忘我”的境界，完全脱离了此情此景的现实时空，进入了一个全然的“意识流”状态，思绪随意漂流，信马由缰，恣意奔腾……想的事可能和刚听到的某句话有关，可能由窗外的一朵云引起，可能风牛马不相及……当你回过神，重新回到现实场景的时候，有一种“醒”过来的梦幻感，也会有得到片刻“休息”的轻松感，有时候会有一种“出去溜达过”的愉悦感……总之，会因为片刻的抽离，让我们对“当下”有了更真切的觉知，有种回归感。有时，还会激发更强的动力，或者触发更多的灵感，或者让我们触摸到忙碌时不大会有的感觉，这大概就是潜意识的作用吧。潜意识以它特有的方式冒出来，提醒一下我们它的存在，让我们发现一些忽略的东西，或者尚未被感知的东西。

其实，发呆的人，看着是呆若木鸡，但实际上是大脑激活了“专注网络（TPN）”，切换到了一种“专注”模式。在这种模式下，我们的注意力都聚焦在了当下自己的某些感受上。发呆的时候，虽然我们的身体一动不动，但我们却经历了一次“心智漫步”。《自驱型成长》一书中阐述道：认知心理学家杰罗姆·辛格认为，心智自由漫步的状态其实是我们大脑的“默认”心理状态。因此，发呆、白日梦、想象和幻想，其实都是健康心理的基本元素。“专注”会带来“心流”体验，会提高效率，会提升幸福感和愉悦度。事实上，有些灵感就是在发呆的时候出现的，就如很多伟大的发明都是在睡梦中出现的一样。人体很神奇，思维的过程更是复杂。一个3岁的孩子，大脑未发育完全，对世界充满好奇，对现实和想象也不能完全区分，对自己和世界都在不断探索中。所以我认为，这个年龄的孩子会发呆，是好事，而不是坏事。一方面，他和自己有了更深的联结，对自我有了某种意义上的觉知；另一方面，他和世界的联结更丰富了，尽管我们还无从知道，他在那一刻是被什么吸引了，引起了怎样的思索，但这都不重要。重要的是，这样的联结发生了。我们一直说，世界，只有被自我觉知后，才能成为自己的世界；人生，只有被自我认可后，才能成为属于自己的人生。所以，孩子能生发出自己的觉知力，是非常宝贵和重要的。

其实，发呆的时候，我们的注意力是非常集中的，是忘我状态，是投入的。孩子发呆只是和成人希望的“注意力集中”的方向不一致罢了。我认为，在排除危险因素的情况下，比如因为发呆，未发现有物体掉落、有冲撞要发生等安全隐患，孩子发呆的时候，尽量不要打断。孩子在投入地做某件事的时候，有些家长完全不考虑孩子的感受，而会粗暴干涉，直接叫孩子“吃饭啦”“赶紧过来”“快去做作业，这有什么好玩的”……其实，这不利于孩子专注力的培养。家长往往比较“功利”，就希望孩子注意力都集中在学习上，专注力都体现在做作业上。实际上，学习无处不在，专注力和注意力的培养也无处不在。我们的注意力，最先都体现在自己被吸引的事情上、感兴趣的事情上。这样的注意力集中，是不知不觉的，是自发的。只有当这样的自发行为得到认可，体会到快乐和满足，才能从自发变为自觉，激发更多的注意力和专注力。所以，家长要做的，是观察和发现什么事情更容易让孩子注意力集中，更有专注力，而不是把孩子“拉”到家长更希望注意力集中的事情上来。

我问那个学员，反映她孩子问题的幼儿园教师，是不是年轻教师？她回答是的，还问我“怎么知道的”。我告诉她，因为年轻教师在意课堂秩序，在意孩子是不是注意听课，在意自己的“控场能力”。年轻教师更多出于教师视角，而对孩子的状况不是非常了解，也没有丰富的经验，考虑孩子视角会少一些，这是正常情况。教师，也需要不断学习。老教师会对孩子的种种状况有更多理解。家长对年轻教师，也需要多一些理解，就像理解我们做家长没经验一样。教师反映一些情况，可以让家长多一个视角了解孩子的情况，但并不代表教师反映的每个情况都是需要解决的，更何况，发呆也不是说解决就能解决的。

可以观察一下，孩子在家里的时候有没有发呆的情况。等孩子发呆结束，可以和孩子聊聊，问问孩子：“刚才妈妈看到你好像在发呆，妈妈好想知道，你刚才都在想些什么呀，一定很有趣吧？”引导孩子和自己交流，不要评价孩子“这都是胡思乱想”，也不要教训孩子“别总是发呆，赶紧去做作业”。被压抑的想法越多，越容易走神，注意力越无法集中。这也是为什么能够“痛痛快快玩”的孩子，更容易“认认真真学”的原因。孩子只有当自己最原始、最本真的需求得到满足，才能确认自己是被认可的，自己是被爱的，自己是可以的，才有更大的力气去探索更多未知，包括挖掘自己的潜能，包括去学习更难的知识和技能。

如果你和孩子就发呆充分交流后，你会发现，其实发呆在某种意义上讲，是最原始的一种想象力。发呆，对于孩子是一个想象的过程，也许是他们凭空的想象，也许是因为某个事物引起他们的联想，也许是他们不知不觉的思绪流动，也许是天马行空遐想……这里，有他们对世界的自我“拼图”，有他们的美好愿望，有脑洞大开的奇思异想，还有一些现实和想象的“穿越”……现在的家长，已经普遍认可想象力对孩子是非常宝贵的，因为想象力代表了学习力和创造力。从这点来看，发呆，也是有积极意义的。

自救策略

☀ 如果孩子总是在课堂上发呆，可以和孩子讨论一下。如果总是在某节课发呆，很有可能是不喜欢任课老师，或者不喜欢那门课，或者和任课老师发生过不愉快。如果是这方面的原因，需要对孩子进行疏导，深入了解不喜欢的原因，或者发生冲突的原因，帮孩子解决深层次的问题。

☀ 如果是没有明确指向性的发呆，可以和孩子交流一下发呆的内容，借此了解孩子的一些喜好或者困扰，和孩子就这些方面的问题进行深入交流，不要批评发呆行为本身。

☀ 如果是青春期的孩子发呆，可以关注一下，是不是有除了学业之外的问题，比如，同学交往的问题，青春期迷茫的问题，个人成长方面的问题等。可以和孩子分享一下自己青春期“困扰”的问题，后来是如何解决的，让孩子多一个“出口”表达，不要简单粗暴地评价。

☀ 孩子偶尔发呆，不必过于紧张，也没必要打断，除非有安全隐患。

自问自答

➤ 你现在还发呆吗？发呆后的感觉是怎样的？

➤ 你小时候喜欢发呆吗？有没有关于发呆的有趣经历？为什么现在还记得此事？

➤ 你家孩子会发呆吗？你看见的时候是怎么应对的？

➤ 你和孩子交流过发呆的话题吗？如果没有，为什么？如果有，是怎么交流的？效果怎么样？孩子的反应是怎样的？你自己有怎样的感受？

你要和同学打成一片

自述案例

同学的孩子考上了大学，张罗了家庭聚会，一起为孩子庆贺。席间，她语重心长地对孩子说：“你一定要好好融入校园生活，和同学们打成一片。”我问同学：“融入校园生活是需要的，可为什么要和同学打成一片，这个要求太高了吧？同学来自天南地北，生活习惯、学习习惯、个性特点差异很大，好比一片片不同的叶子，怎么可能打成一片呢？孩子也不是面团，说揉到一起就能揉到一起。不同个性的孩子，就好比不同材质的物体，很难简单直接融合在一起。如果要让玻璃和铁或者木头打成一片，那不是不可能，但一定需要很科学的方法。”她解释说：“我只是打个比方，就是希望她和同学搞好关系。”我说：“和同学处好关系肯定是没错的，但也不必强求和大家都处好关系，也没必要为了处好关系而刻意为之。更何况，一个班那么多同学，不可能和大家都保持好的关系。从个人的角度出发，一定会有自己更合得来的人，有和自己共同兴趣爱好的人，有相处不来的人，甚至有看不惯的人，可能还会有闹别扭的人。这都是很正常的。你想想看，如果要求你和单位同事打成一片，和大家都搞好关系，你觉得现实吗？你能做到吗？”她呵呵笑着，说“那肯定是不可能的”，然后又继续解释，“我主要是为她考虑，怕她和同学相处不好，带来不必要的麻烦”。

我问她：“你既然是为她考虑，怎么不听听她的意见？”因为我发现她女儿自始至终没说话。她回答：“她能有什么意见？她什么都不懂，还脾气大。平时都是我们让着她，到了学校，谁会看她脸色，谁会让着她啊！所以我才特别担心，格外关照她和同学好好相处。”她女儿大概没想到，会有个大人“向着她说话”，直接开口对我说：“阿姨，你别听我妈的，她就是瞎操心。我不是没意见，也不是什么都不懂，是懒得理她。跟她说了也没用，只有发脾气管用。我和同学相处好着呢，她就是不相信，外带不了解我。”

我有些意外，但觉得孩子说的是有可能、有道理的。不管怎样，她肯开口说话了，总是好事。我觉得，青春期的孩子和家长之间，“一言不发”比“一言不合”更有杀伤力。只要孩子还肯说话，哪怕是争吵，有情绪，至少说明孩子还没放弃和家长的沟通，但如果一言不发，那就是关闭了和家长沟通的通道，更加危险，也更加可悲、可怜。

我趁热打铁，对孩子说，哥哥高中就住校了，开学前，我曾经给他写过信，也说到了和同学相处的问题。记得当时我的态度是，集体生活，要学会尊重他人。每个人都有不同的习惯和喜好，就像你不喜欢被人强迫改变一样，同学肯定也不喜欢被人强迫。所以，大家求同存异，在最大程度上尊重他人的习惯和喜好，不强迫他人和自己一样，也不强迫自己和他人一样，这就是相互尊重。同时，不要拉拢一些同学去排挤另外的同学，遇到自己不喜欢的同学，也不要有针对性行为。遇到不太受同学欢迎的同学，不要取笑和嘲弄。凡事设身处地想想，我们老祖宗说过，己所不欲勿施于人。后来哥哥上大学，我又写了封信，内容比上高中时更多，但也谈到了和同学相处的问题。毕竟，高中的时候，同学都是同一座城市的，差异会小一些，而且每周可以回家，相处的时间较短，面临的问题相对单一些。上了大学就不一样了，同学来自天南地北，各种差异更多，相处时间更久，面临的问题也更多元更复杂。所以，除了之前说的尊重，还需要更多的包容和适应。可能你们之间会存在各种竞争，比如奖学金、一些荣誉的机会等。如何看待，如何相处，这些问题，可能会遇到，也可能不会遇到。但无论怎样，不用极端方式解决，尝试用更多的维度去看待人和事，多听听他人意见，或者到书中找答案，或者自己尝试不同的解决方案，这都是学习的过程。大学，绝不能只学书本知识，要自主学习，把学到的方法论用到现实生活中，探索人生更多的可能性，探索人性的丰富性，让自己获得全方位成长。这是之前和哥哥讨论过的话题，现在分享给你，希望你不要觉得阿姨是在说教。

她明显比刚才更主动融入，笑眯眯地说，没有没有，谢谢阿姨。我说，那就好，你遇到什么不明白或者苦恼的事，可以多和哥哥交流，你们年轻人之间的交流，可能更顺畅，不像与我们大人，有代沟。她诡异地笑着说，嗯，某些家长，沟，特别深。我哈哈大笑，她妈妈急了，连声问，你这是说谁呢？别以为我听不出来。我打着圆场说，其实你妈妈也不是不相信你，不了解你。对你，她可骄傲了，在我们跟前一直夸呢，只是在你面前不肯说罢了，那不是怕你骄傲吗？另外，作为妈妈，她肯定希望你能得到更多人的认可，又担心你因为太出挑而被孤立，所以才提醒你和同学搞好关系。用你们年轻人的话说，就是怕你被人家“羡慕嫉妒恨”。妈妈听我这么一说，忙跟着说，就是就是，可惜她不识好人心啊！我端起杯子说，来来来，我们碰个杯，阿姨祝贺你考上心仪的大学，也祝愿你大学生活精彩丰富，收获满满。她点着头，连声说谢谢。我继续说，对你妈妈，也试着多一些理解吧，就像理解你即将面对的同学一样。他们的很多言行你可能不喜欢，可能理解不了，但至少可以尊重每个人成为自己的权利，不必强迫每个人都成为你想要的样子，对你妈妈也一样。姑娘开心地点点头。

我不知道，我同学有没有听出来，其实，最后的那段话同样也适用于她。我们期望孩子尊重他人、理解自己的时候，是不是也想过，孩子同样需要我们的尊重和理解。即使我们是他们的父母，也没有权力要求或者强迫他们成为我们想要的样子。我们需要站在孩子的立场，看见孩子的个性特点、个人喜好，让孩子成为他们自己更喜欢的样子，成为更好的自己，而不是我们更希望的样子。有些要求或者想法本身没有问题，孩子之所以不接受，更多是因为不愿意被安排、被强迫。我相信，没有哪个孩子不希望自己广受欢迎，但父母如果把这个作为一个要求提出来，孩子就会抵触，就没有动力去实现。更何况，这个要求，确实不是每个孩子都能实现的。有的孩子，就是不喜欢和人交往，有的孩子，就是慢热的。再说，社会交往也不是越多越好，交往的质量肯定比数量更重要。大学生为了和同学搞好关系，花太多时间，实在也没必要。放在人生的长度，自我的认可远大于外在的认可。所幸的是，同学的女儿有自己的想法，形成了较好的自我认可。有的孩子，可能从小受父母“要和别人搞好关系”的观念影响，一直看他人脸色行事，一直没有得到自我认可，逐步形成了“讨好型”人格，凡事都希望得到别人的认可，以别人的意愿为主行事，进而迷失了自我，一直处于人际关系的漩涡之中。

自救策略

☀ 如果你要对孩子提某个要求，先问一下自己，是出于什么目的提这个要求的？这个要求是否合理？如何表达才能让孩子理解自己的本意，才容易接受？可以先写在纸上，自己反复读几遍，然后问自己，如果有人向你提出这样的要求，你能接受吗？

☀ 如果自己提的某个要求孩子不能接受，可以和孩子讨论，不能接受的原因在哪里，是这个要求本身不合理，难以接受，还是要求本身没问题，但标准过高，一时难以达到，让孩子因为惧怕完成不了而产生抵触。进而根据孩子的意见进行调整。这个过程，其实是一个孩子认可目标的过程，比强迫孩子必须完成效果更好。

☀ 可以先听听配偶的意见，看看能否达成共识。如果配偶也不认可，或者认为有不合理的地方，就先开展商议，形成共识，再向孩子提要求。这是修正的过程，也是达成共识、寻求支持的过程。如果在向孩子提出要求的过程中，配偶表示不认同，孩子看到父母不一致，容易无所适从。

☀ 不把自己的个人喜好强加给孩子，多一点对孩子的观察、理解和尊重，看见孩子个性的优势，尊重孩子的个性特点和选择。

☀ 给孩子提建议的时候，尽量给出具体的做法，而不是简单一句话的提要求。拿我同学的这个例子说，就算孩子真能和同学打成一片，你也不能只提这个要求，而是应该告诉孩子“怎么做，才能和同学打成一片”。事实上，如果真让家长给出具体做法，很多家长会发现，自己也不是很有办法，或者会发现这个要求的不合理之处或难以实践的地方。

自问自答

➤ 你觉得自己是什么性格的人？在人际交往方面，最令你头疼的是什么？

➤ 你小时候有没有被父母强迫做自己不喜欢的事？当时是怎样的感觉？现在想起来，还有那样的感觉吗？有没有什么新的感受？

➤ 你对自家娃提过类似的要求吗？如果有，是什么？为什么提这样的要求？当时是出于怎样的考虑？孩子有怎样的反应？

就是因为他奶奶呀

自述案例

朋友来“求助”，说她刚上小学的儿子越来越管不住了，各种不听话，还说“就是因为他奶奶呀”。我一愣，问道：“和他奶奶有什么关系?”她回答，老人来帮他们带孩子，她发现老人各种跟她“对着干”。在孩子教育理念上肯定没法一致，很多生活习惯更是差异大，她实在受不了。而且老公也不帮着她，还劝她多体谅一下他妈，多让让老人，说老人过来带孩子不容易……她越听越生气，觉得自己孤立无援。明明自己的教育方法是对的，为什么家里人都不理解她、不支持她。而且，孩子跟奶奶特别亲，觉得妈妈凶，奶奶好。她觉得委屈：“他当然觉得奶奶好了，奶奶总是护着他，各种满足他，纵容他。可我不行啊，我必须严格要求他，不能看着他被惯坏。”她感慨，难道婆媳果然是天敌?现在不仅自己和婆婆关系紧张，还搞得亲子关系不和，连带着影响了夫妻关系。

还有，她总觉得小时候，父母没有培养她有艺术爱好，现在她不会弹琴不会跳舞，在同事面前很自卑。现在她想送孩子参加艺术班，老人觉得接送累，有抱怨。

还有，她认为孩子可以从小学会理财，自己掌握零花钱。可婆婆觉得，孩子大手大脚，简直就是“败家子”。

还有，孩子喜欢吃薯片、可乐，婆婆认为那是“洋垃圾食品”。她忍不住问婆婆，美国人从小吃薯片、可乐，全都“病歪歪”了？

凡此种种，她都觉得“烦”得要命。

我听着她的抱怨，说道，既然觉得问题那么多，那就不让老人带呗。她叹息一声，我也想啊，可实在没有办法。双职工，必须有人帮着接送孩子，料理生活。她父母身体不好，对保姆又不放心，只能让婆婆来帮忙了。

听她这么一说，我问她，那你觉得，从接送孩子、料理生活这个最初的目标，或者说最现实的需求，婆婆帮你实现了吗？她迟疑了一下，然后说，这肯定是实现了，但她给我带来困扰啊！我继续问她，那你觉得这个困扰，有没有其他方法解决，或者说，其他人来做这事，或者不是你婆婆来带孩子，你这些困扰还会存在吗？比如说，孩子依然有可能不听你话？她想了一下说，这谁说得清楚呢，没试过就不知道。我跟着她这句话说，对的，我非常赞同你这句话，没试过，就不知道。其实你和婆婆之间，还是有很多相处之道，你和孩子之间、老公之间，也有很多不同的沟通模式、相处方式，你还没试过。现在就说婆婆是天敌，未免有些早了，也有些过了。毕竟，她确实帮你解决了现实需求，而你，现在除了她，也没有更合适的人选，那我们就不妨换个角度来看这个问题。尝试一下，看看有没有其他的可能性。

她看着我说，怎么个尝试法？我说，首先，咱们要面对这个现实，就是你需要婆婆帮你带孩子。要接纳这个事实，包括自己和她相处上的矛盾，教育观念上的分歧。这个不要想着一定要说服她，或者改变她。生活习惯，对于老人家，已经是六七十年积累下来的习惯，很难改变。我们自己，也很难为了老人而改变，这样自己会觉得委屈，不自在，毕竟是在自己的家里。但是，既然要在一个屋檐下共同生活，那可以学着去接纳彼此的不同，求同存异。其实很多生活习惯，没有对错，没有优劣，只是个人喜好而已。但我们很容易有偏见，认为自己的方式才是好的，对的。如果老人是来自农村或者偏远一些地方的，或者受教育程度比我们低，我们难免会有一种优越感，更加有“改造”他们的想法，特别担心他们的“不良习惯”会影响孩子，就更想“阻断”他们对孩子的影响。有时候，我们和老人产生冲突，固执地“挑”老人毛病，可能隐藏了我们心里一些不为人知甚至连自己也没有清晰认识到的隐忧。

她听我这么一说，低下了头，沉吟了片刻，然后说道，可能有点吧。她内心里是有点“瞧不上”婆婆，婆婆是北方农村的。在老公面前，她也有优越感。只不过，以前情侣之间、小夫妻之间，这种优越感，让她觉得是“被宠”的感觉，并没觉得是自己的某种偏见。现在婆婆出现了，她突然觉得自己成了那个孤独的少数派，觉得孩子不听她的了，老公也不只是听她的，还会听妈妈的。她觉得自己一直有一种“失控”的感觉。而婆婆，就成了造成“失控”局面的“罪魁祸首”。

我对她说，我太理解你的感受和心情了。我当初也是婆婆帮带孩子的，而且一带就是 12 年。婆婆是目不识丁的农村妇女，而且说着一口我完全听不懂的方言。刚开始，我也好担心她的生活习惯、语言对我儿子产生不良影响。因为我丈夫就深受语言之苦，上大学之前，连普通话都不会说。而且我又是学青少年教育的，初为人母时，还年轻，对孩子教育方面，心里的那种“优越感”肯定是爆棚的，认为自己的方法肯定都是对的，她能懂什么？所以，最先的不适应和冲突时有发生。后来，我渐渐认识到这样是有问题的，不能再这样下去了。因为，我和婆婆之间如果有冲突，对亲子教育肯定是不好的，对夫妻感情也是不好的，对我和婆婆也没好处。那个处处不好的局面，如果是因为我的“执念”导致的，那我改变一下想法或者做法，是不是就能改变这个局面？我是不是这个局面里的关键因素？我的影响力能有多大？我能为此做多少改变或者尝试？老人帮忙带孩子，真的只有不好吗？真的不行吗？我既然无法选择，只能让婆婆帮我带孩子，那我有没有办法，在必须面对现实的情况下，寻找到其中的好处和可选择之处？

后来我发现，果然是。改变看法之后，就会豁然开朗。我找到了自己的选择，那就是我们无法选择现状，但可以选择面对现状的态度和方法。我想到了教育学里一直讲到的因材施教、因地制宜。我个人的理解，“材”指的是孩子本身的差异、特性；“地”

就是指客观环境，就是指我们必须根据实际情况，选择合适的方式，而不能强求所谓的“最佳模式”，或者所谓教科书式的解决方案。“理想状况”是存在的，但我们不能脱离实际把所有事情都“理想化”。所以，我就开始尝试，发掘老人在家庭教育中的独特价值。我们尊重老人的付出，满足老人的需求，尊重老人的意见，让老人在家里也有发言权、参与权，而不是让老人沦为“免费的保姆”。我们必须认同，这是一段非常宝贵的让我们和老人相处的时光。我和丈夫 18 岁就离乡求学，又在他乡工作，基本上很少有机会和父母如此长久相处。和老人相处，我们有机会向老人学习一些生活方面的技能，一起回忆一些小时候的事情。这个过程，我觉得，对孩子也是一份宝贵的教育资源。我们对老人的孝顺，和老人的沟通，对孩子也是一种很好的言传身教。

我想到传统的中国家庭，孩子都是在大家族里养育的，祖辈带给孩子的温暖和影响，是不可低估的。这和父母的爱与教育，不是一种“争夺”和“较量”，而是一种有益的补充。或许，由于现代化、城市化、家庭核心化，年轻家长尤其是母亲，过于强调或者在意自已在小家庭里的权威，觉得婆婆的出现，降低了自己的权威和话语权，很多事情自己做不了主，说了不算。可是反过来想想，孩子如果只有与父母的交往，缺了和祖辈的联结，甚至和故乡的联结，那也是一种很大的缺失。因为，从社会支持的角度看，每个人的支持系统越多维，那相对来说就越安全。而这些联结，是需要习得的，需要通过交往产生。尤其对独生子女，如果只有和父母相处，没有与祖辈之间的联结，没有和父母双方家乡、家庭和家族之间的联结，那孩子的社会支持系统就是相对单一的。所以我想，需要珍视这一教育资源。

于是，我们找到了很多一起带孩子的教育方法和相处之道。在教育孩子方面，每次遇到问题，我们就一起商量，这个事情，以后谁说了算，听谁的。这是一个明确边界的问题。不要靠各自揣摩和争夺，而是加以明确。比如，教育、学习方面的事，听我们的。孩子找到奶奶，她会说："这事听你爸妈的，奶奶不能做主。"而有些事情，就是听奶奶的，比如吃饭、穿衣、睡觉、起床，还有能不能出去玩之类的事，都听奶奶的。家里很多事情，我们也听奶奶的。也许是因为给了老人充分的满足，反倒没有了"争夺"，很多事情，婆婆反倒让孩子听我们的。她也慢慢认识到，父母教育孩子是"有一套的"。有一次她主动和我说："人家都夸我孙子和别的孩子不一样，教育得真好，没有现在很多孩子都有的坏毛病。以后教育孩子的事，都听你们的。"这个过程，我觉得就是一个相互适应、相互尊重的过程。看着是自己退了一步，但实际上，对方也会做出相应的调整和退让，然后，彼此都能看到对方的迁就、宽容、尊重，就会更加看见和尊重对方。

我告诉她，我两周前做了个特殊家庭养育的关爱讲座，因为父母要么残障，要么无力监护孩子，现场来的大部分是爷爷奶奶和外公外婆。他们感觉自己做了很多，也想做好做更多，可总觉得自己不是合适的人，是不被认可的人。当时我就讲了，先要接纳自己是实际养育者，孩子有他们的关爱是温暖的、幸福的。要看到自己的价值和付出，对于孩子，多一份关爱都是好的，无论是谁给予的。我小时候是姑妈养大的，到上小学了才回到父母身边。姑妈很疼爱我，因为不缺爱，所以我从来没有小时候寄人篱下的感觉，只记得自己多了一个疼爱自己的人。当时在场的祖辈都觉得“听得可开心了”。

我对朋友说，你忧虑的那些问题，确实都存在，你也没做错什么。刚才我们说了，首先是面对现实，接纳自己的现状；然后，就是基于现实条件，寻找到自己力所能及的事，去改善做法、改善关系，继而改善系统。因为，家庭是个系统，家庭教育，是个系统工程。靠单方面某个人，很难取得好的效果。没有谁对谁错，好的家庭教育，一定是最适合这个家庭现状和实际情况的。所谓，稳定而有爱的教育环境中，无论学历高低，职位高下，收入多少，社会影响大小，家庭成员之间是彼此包容相爱的，能和谐相处的，且关系稳定，情绪稳定，表达方式稳定。这样，孩子就不会无所适从。其实，如果你和婆婆之间的关系融洽了，你也许会发现，孩子不会总是选择“站”在奶奶那一边，因为，你们之间不是对立关系，孩子也就不必“选边”了。而且，婆媳关系改善，你也会成为获益者。不要总觉得自己是那个“高高在上”的人，是施予的那个人，其实，也要看见和承认，自己也是“有所获得”的那个人。有些时候，可能也是出于一种矛盾“转嫁”，把自己和孩子的矛盾，归因到他人身上，自己就能“免责”，就会轻松一些。而且，这个因素又恰恰是短时间无法改变的，自己的“责任”就可以更长时间地被“转嫁”。这也是另一种形式的不肯“面对现实”。

“面对现实”，这个过程可能很痛苦，因为现实可能很“残忍”，但如果我们真的有勇气和智慧，那前进的方向也就清楚了。

自救策略

☀ 当和老人因为孩子教育的问题发生分歧的时候，可以拿张纸，先把遇到的问题“具体化”，写出来，写具体的事情本身，越具体越详细越好。不要写“认识”或者“判断”，比如老人就是和我对着干，就是和我过不去，就是故意气我之类的话，而要写具体言行、事件和冲突本身。

☀ 然后进一步划分，写下来的那些言行，哪些是客观的有些道理的，哪些是自己主观不能接受的，哪些是确实如此，哪些是自己认为比较严重或者不能容忍的。看看有哪些事是自己“个人偏好”或者“反应过度”，或者当时正好有什么事、情绪刺激了自己。如果换个人、换个场景，自己还会如此应对吗？

☀ 然后继续写解决方案，看看当时的应对，是不是唯一方案，有没有其他解决方案。如果你自己想不出，可以问问闺蜜或朋友，听听其他人的意见。你也许会发现，同样的事，不同人的看法和解决方案真的会不一样。甚至你认为不能忍受的地方，别人可能会觉得“没什么呀”“挺好的呀”。

☀ 可以尝试多一些维度了解自己，了解其他家庭成员，多一些看待事情和他人的视角。不要过于坚持自己的想法就是正确的，尝试着寻找更多的可能性和解决方案。

自问自答

➤ 你有过本来认为自己“千真万确”的，后来发现自己“错”了的经历吗？当时是什么情况？你是多久才发现自己“错”了的？是怎么发现的？这件事对你产生了怎样的影响？

➤ 有没有哪个人，你本来认为你们是相处不好的，后来竟然相处得不错？如果有，你们的关系是如何发生改变的？

➤ 你觉得，怎样的人，才是你更容易接纳的？你觉得，接纳一个人，需要先从什么开始？

他们欺负我家孩子

自述案例

我不止一次被问到，孩子被欺负了，怎么办？有的是在学校被其他同学欺负了，孩子不经意间说起，家长觉得“这怎么行”，要为孩子“伸张正义”，讨个说法；有的则是孩子觉得委屈，想为自己的“正义”和“尊严”而战，家长却担心孩子因此会受到更多“攻击”，是不是会得罪更多人，更有些心疼孩子，希望孩子能“忍一忍”，用息事宁人的态度去解决；有的家长则可能会质疑自家孩子，“为什么人家就欺负你”“是不是你招惹人家了”“能不能从自身找问题”等。

说实话，每次听到这样的问题，我都告诉家长，没有一个标准的答案或者最好的方法。因为这其中涉及很多问题，不能简单用相同的方法处置，即使给了相应的方法，也未必奏效。而且，因为涉及因素太多，相同的方法用在不同的人身上，后续的反应是不同的，那接下来的应对，又成了新的问题。比如学校的文化，孩子对学校的归属感，和老师的关系，和同学的关系，孩子自身的性格特点，孩子在乎的东西，家长的性格特点，家庭的氛围，亲子关系，家长或家庭对孩子的期许和要求，孩子在学校的获得感，孩子的支持系统等，有诸多方面的因素。这既是个综合性、系统性的问题，又是个动态的问题，一直在变化中，是一个互动的过程。采取不同的方法，事态的走向可能就完全不同。

我个人从理论层面上认为，无论采取哪种应对方法，家长最好能和孩子先沟通，听听孩子的感受和意见，而不是家长自己单方面采取自认为正确的方法，想着帮孩子把问题解决了。因为，每个人成长的过程，或多或少都会面临人际关系上的冲突，这恐怕是人生一直需要学习和修炼的课程。有些事，必须亲自经历、亲身感受，才能有自己的认知，实现从间接经验到直接经验的转化。直接经验，就是自己的经验，进而通过不断获得的直接经验而拥有某些能力，获得某方面的自信，以及自己的解决方案、支持系统，形成自己的人生观、价值观、世界观。孩子低学龄段的时候，人际有冲突，家长出面去“搞定”，那大学以后、工作以后，出现人际冲突，怎么办？家长也冲到大学或者单位帮忙“搞定”吗？显然是不现实的。但更多的家长可能会认为，不能让自己的孩子“受委屈”，可能会在意所谓的事情真相和对错，想证明自己的孩子“没错”，想让对方“认错”，想给自己的孩子“撑腰”“出头”，想争到那份“公平”和“善待”。我只能说，家长的心情是能理解的，但现实的情况，未必能如家长所愿。校方的态度、老师的方法和对方家长的态度，涉事孩子的做法，甚至自家娃的表现，可能都不但不能如家长所愿，还会让家长气上加气，更加“憋出内伤”，可能事态的发展，完全出乎自己的意料。这成了更大的难题，从孩子的问题转移为了家长的问题。家长觉得手里捧了个“烫山芋”，拿呢，拿不住；放呢，放不下。这些想法，确实都只是从理论层面上的思考。毕竟，在我的成长过程和我儿子的养育过程中，都没有经历过这一困扰，所以，无法从实践层面给出切身的体验和实际操作方法。

直到我听到2012年伦敦奥运会激光雷迪尔级帆船项目冠军、亚洲首枚帆船奥运金牌获得者徐莉佳的故事分享，才得到了真实案例的启发。

谁都知道，每位奥运冠军都是不易的，但徐莉佳的艰难和神奇，超乎了我的想象和认知。我相信，在大多数人心目中，都认为能得奥运冠军的人，身体条件一定很好，有突出的天赋。可莉佳天生听力只有常人一半，体质也非常弱。父母为了增强她的体质，送她去游泳。她因为听力的问题，在学校和游泳队都遭受了很多嘲笑、捉弄和排斥，一度非常自卑。我不清楚莉佳的父母是怎样引导她的，或者是如何处理这些“不公”遭遇的。身体上的缺陷，不是她的错，她凭什么要承受这些？那些欺负她的孩子，肯定是不对的，可又怎么才能阻挡对她的“欺负”呢？这可能是无解的。但莉佳找到了“解题思路”。因为听不见很多声音，因为很多同学不和她玩，她就选择在别人玩闹的时候读书、训练，反倒多了很多时间和收获。这让我想到，很多大有作为的人，都有类似“不受欢迎”“受排挤”或者某些方面不自信，甚至自卑，所以就在另一个方面发奋图强，实现了自我超越。

相信“命运为你关上一扇门的同时，一定会为你打开一扇窗”的她，一次次面对突如其来的命运，寻找属于自己的“那扇窗”。一次偶然的机会，她接触到帆船，喜欢上了大海的“包容”和“公平”，喜欢上了这种无惧风雨、乘风破浪的感觉。这份热爱，让她投入了艰苦的训练，磨炼出了超强的毅力，收获了宝贵的自信。年仅十四五岁的她，2001年、2002年连续两年获得世界帆船锦标赛OP级帆船比赛的女子冠军。然而，2003年，她因为左腿肿瘤切除手术，需要长达近一年的休养，导致错过了2004年雅典奥运会。这对于一个处于巅峰期的运动员来说是多么大的打击。而她，选择面对，并且找到属于自己的“那扇窗”。她借机弥补因长期训练而落下的学业。她发现在国际比赛中，中国运动员经常会面临“不公对待”，需要自己申诉。对于中国运动员，语言是申诉过程中最大的障碍。所以，她发奋学习英语。后来，这一年的英语学习，不仅解决了她参赛过程中的很多具体问题，还让她可以自学很多国外关于帆船运动的书籍和课程，对复出后的训练提供了很大帮助，更为她后来留学英国，转型从事体育新闻工作等奠定了基础，为自己打开了不止一扇“窗”。同时，因为这一年不能训练，让她对训练充满渴望，复出后备加珍惜时间和训练。用她自己的话说，原来训练，觉得是教练安排的，完成了就行。可经历了一年的休养后，每次训练她都觉得是自己想要的，总觉得时间不够，总想更多地训练。2005年12月复出，2006年8月她就一举拿下了世锦赛冠军。

她的勇于面对、积极应对，不断发挥出神奇威力。她备战2012年伦敦奥运会时意外受伤，左肩骨折，需要治疗3个月。而那时，离伦敦奥运会开幕只剩6个月。所有的人，都觉得她要再次错过奥运会了。而她，再次拿出自己的制胜法宝，调整心态，寻找属于自己的“那扇窗”。一方面，她继续锻炼除了受伤肩膀之外的身体其他部位，训练自己以前最弱的部分；另一方面，通过冥想自己在海上跑船，来细抠每个技术动作，进行另一种形式的训练。她病愈后3个月的训练中，发现自己居然解决了之前最不擅长的大风天气驾船的问题。而伦敦奥运会比赛那天，恰巧就是大风天。她取得了优异成绩，一举夺冠，实现了中国和亚洲帆船在奥运会上零的突破。

听着她分享这些经历，我被震撼和感动。从最先上天的“不公”和“捉弄”，到后来他人的“嘲弄”和“不公”，还有命运的“造化弄人”，她都没有怨天尤人，而是不断从积极的一面去寻找“可能性”。我想，她这传奇的人生，和她父母有着密不可分的关系。不是每个父母都能做到，面对一个天生有缺陷的孩子，而不生出一些哀怨、无助、恼怒等情绪，不生出对命运不公的愤懑。他们甚至会对孩子有些许嫌弃和放弃，至少可能会有某些“低看”和“低估”。他们会有不指望孩子“怎样怎样”，只要能自食其力，过上正常人的生活就不错了之类的想法。所以，我很好奇，便和她交流，父母在孩子的教育中发挥怎样的作用。她认为，父母要学习观察孩子，发现孩子的兴趣爱好和能力特长，并加以引导、给予支持。

我相信，这样的认知，一定来自她父母充满爱的养育。也正是因为有这样的家庭教育，才激发了她的潜能，把每次“意外”都转化成机会，把每次“痛苦”都升华为成长。

她的经历和分享，让我想起了陈海贤博士在《了不起的我——自我发展的心理学》一书里说的：“你是一个什么样的人根本不重要，你怎么跟这个世界互动才重要。”如果稍微延伸一下的话，是不是可以理解为，你遇见什么事根本不重要，你怎么去应对这个事才更重要。这样，就能把“生命所遇”的客观偶然性，与“自身所能”的主观能动性更好地统一起来。

我们还聊到如何克服训练和学习过程中的“苦”和“难”，家长怎么帮助孩子克服这些困难。她表示，有些难和辛苦，必须自己承受，经历过了，战胜了，才能体会到其中的力量和意义，就能收获那份自信和成长。有些东西，别人是无法替代和帮助的，就是要先“开始”，一旦开始了，慢慢就会不一样。

她的分享，让我觉得她不是一名运动员，而是一位心理学家，一位家庭教育专家。她用亲身经历、身体力行、切身感悟，诠释了心理学书籍阐述的很多观点和理论。奥运冠军不是每个人都可以拿的，但她阐释的道理是人人可学的，她传递的精神是人人可学的，她实践的方法是人人可学的，她散发出的自信和魅力是人人可以拥有的，她一次次的再出发是人人可以尝试的。

回到本文开头很多家长的疑问，回味徐莉佳的经历和分享，我想，所有的“欺负”，可能只能靠自己战胜。当然，这个战胜，可能不是当下，不是立即，可能需要一段时间和一定的积累；这个战胜，也不是场面上的“吵赢”或“打赢”，而是更深层次的超越。

自救策略

☀ 孩子面临被“欺负”的局面或事件时，首先要给予孩子的，是情感上的认同关爱和精神上的支持。让孩子感受到自己不是孤立无援的，不是弱小的，不是被嫌弃的或者是糟糕的、不值得爱的。要让孩子感受到父母是爱他的、在乎他的，能够看见他的处境和感受。

☀ 孩子情绪平稳后，试着和孩子讨论事情的经过，不带偏见，不批评，不指责，尽量让孩子多讲一些细节和具体的情节。多提问，问一些孩子没讲到的过程，而不是凭自己的理解“脑补”一些情景或理由。

☀ 和孩子讨论，这样的事情是不是经常发生，是只发生在某个同学身上，还是普遍发生？是偶然因素引起的，还是经常性发生？问问孩子对这件事的看法，以及其他同学和老师的反应、做法等。

☀ 和孩子商量，这件事情有什么解决方案？尽量找出几种不同的方案，并分析每种方案的利弊、可能预见的效果等。然后听听孩子意见，看孩子首选的方案是什么。问问孩子为什么选择这个方案，然后支持孩子尝试用首选方案去解决，并关心后续进展。

☀ 家长不要第一时间冲在最前面，把所有的事情替孩子“搞定”。

自问自答

➤ 你小时候有被同学或者邻居、亲戚欺负的经历吗？当时是怎么解决的？后来的结果如何？

➤ 你有过找父母告状，希望他们帮你撑腰的经历吗？他们有没有如你所愿帮你？当时的情形是怎样的？你的感受是怎样的？你现在回想，有新的认识吗？

➤ 如果你家娃被欺负了，你会如何应对？或者已经有过这样的经历，你是如何应对的？为什么选择这样的方法，效果如何？你现在的感受是怎样的，是不是和当时的想法有些变化？

怎么能让孩子不紧张

自述案例

我儿子高中毕业后，他的老师邀请我担任他所执教新班级的家长沙龙的顾问。这个沙龙有个微信群，会沟通一些家长关心的问题，交流一些家庭教育的心得。我作为“过来人”，有些经验，加上儿子原来在学校的表现和高考的成绩不错，我又有些青少年教育方面的专业背景，也算是有点“名气”，所以，家长们有时候会和我讨论一些问题。

进入高三的第一周，群里就有家长唤我，问道：“开学才几天，不知道是不是因为是高三的节奏一下子紧起来的缘故，觉得孩子压力特别大，情绪很紧张。有没有好的办法舒缓孩子的情绪，让孩子不要那么紧张?”还说有一阵没听到我发言了，希望能给支支招。我当时就回复，我作为这个群的“顾问”，虽然没怎么说话，并不代表没关心，我会看每天的聊天记录，但只在需要讲两句的时候才说话。如果大家都在正常探索，我就是那个默默关注的人。大家有需要的时候，我随时在，但我不会“刷存在感”，也不会非要让大家知道我的存在。孩子教育的过程中，家长，其实也要逐步有这个“分离”“退后”的过程。孩子如果有方向上的大问题，家长需要及时出现。其他的时候，要学会默默关注。

家长们表达了忧虑，觉得孩子紧张，不是很好的状态，如果是暂时的不适应还好，长期这样，肯定不利于学习，所以非常想知道，家长能不能做些什么可以帮到孩子。我对家长们的忧虑和紧张表示了理解，认为进入高三，家长的情绪复杂，是很正常的。家长首先要从“放松”自己、转移注意力开始。我问家长们，现在，你们看见的是孩子压力大，太紧张，你们着急了。那如果孩子没有压力，看上去一点都不紧张，你们是不是也会着急？心里也许在想，都高三了，怎么一点都不知道着急呢？说白了，家长可能的状态是，孩子紧张，你们觉得应该放松点，别那么大压力；孩子不紧张，你们又觉得是不是没进入状态。这说明什么？是家长自己太紧张，太希望孩子进入“理想状态”。而这个“理想状态”就是“完美状态”，张弛有度，既不那么过度紧张，又不那么放松。实际上，没有这样的完美状态，也不应该要求孩子和自己进入这样的完美状态，这只会带来更大的压力，或者更加手足无措。家长看到的紧张程度或者放松状态，未必是孩子真实的状态，很多孩子会在父母面前“故作轻松”，或者孩子的紧张程度自己觉得还行，可父母觉得“太紧张”了。或者反过来，也有可能。而且，每个人对紧张程度的感受也是不一样的。

我和家长们一起分析，高三孩子的紧张情绪，可能来自自己，可能来自学校，可能来自其他同学，也可能来自各方力量的共同作用，这是正常的。进入高三，有这样的反应，是好事。早点进入，早点调适，可以尝试更多不同的方法。如果一直没有紧张，到了考前才出现，可能更难调适，家长也会更担心。家长们表示，确实如此。到了高三，学校的作业量大了，同学之间你追我赶更激烈了。孩子不希望同学都做完作业了，自己还没做完。可是做到很晚还没做完，一方面想做，一方面又不想太晚睡，就特别焦灼。家长看着孩子着急，就劝孩子别做了，睡觉吧，可孩子又不肯，还对家长表现出烦躁，家长也就更加苦恼。既希望帮助孩子，又不知道怎么帮助。

我和家长们继续讨论，首先，接纳这样的紧张情绪，并且做好思想准备，这样的紧张情绪会持续一段时间。很多时候，“我觉得太紧张了”比“紧张”本身，更容易让人情绪失衡。告诉自己，进入高三，紧张是正常的。其次，不要急着去“消灭”紧张情绪，但凡想“消灭”一样东西，都会耗费更多精力、体力和时间；再次，识别一下，真正带给我们紧张情绪的是什么，时间不够用？题目不会做？还是自己不够努力……不做评价地自我觉察，找到内心深处最真实的原因，然后从这个点入手，开始改善，逐步感受力量。当我们沉浸在做事的过程中，就会暂时降低情绪的影响。

有家长主动梳理出了紧张的来源。进入高三，副课少了，以前主课上课紧张，副课可以放松一下，现在这个放松时间没了，主课的量还增加了，等于双重的紧张，在学校里得不到更多的放松；作业量大了，做不完，感觉到同学都做完了，自己不想落后，所以焦灼；心智还不成熟，做不到合理取舍，总想面面俱到。家长告诉孩子，遇到不会做的作业，如果和家人、老师或者同学讨论、商量，搞懂了知识点，即使花了更多的时间，也是值得的，就是收获，尽管这可能会影响到完成当天的其他一些作业。但孩子不接受，觉得哪怕作业完成质量不高，也要先保证完成。所以发生了分歧，带来了一定的焦虑。

看到家长们已经找到了一些方法，学以致用的能力很强，我由衷地赞赏，感受到了家长自身的觉察能力和学习力。所以我就继续深入交流，孩子认为的“感觉到同学都做完了”，其实只是孩子的“感觉”，而并非事实。很有可能，很多孩子和自家娃一样，也是深更半夜了还没做完作业。让孩子认识到，很多时候我们都是被自己的“想象”吓的。这样的引导，比我们对孩子说“放松点，别紧张”之类的话要有用。家长说那样的话，不仅没什么用，有时候可能还会激起更大的情绪。孩子可能会想“又不是你高考，你当然不紧张”或者“我也不想紧张，没办法啊”。也有可能，孩子和你们想的一样，然后就会自我攻击，觉得“就是啊，我怎么那么没用，怎么会那么紧张……”总之，对于情绪和感受，我们很难控制和改变，而且，情绪和感受没有好坏和对错之分，只有“真”和“假”的区别。所以，不必觉得“紧张不好”“不应该焦虑”，而是判断“是不是真的紧张”“紧张的真实原因是什么”，识别和认可自己的情绪，同样也识别和认可孩子的情绪。然后，可以尝试做一些具体的事。比如，拍拍孩子的肩膀，或者后背，真诚地说，“高三了，好像辛苦了很多，不容易啊！需要我们家长做点什么？”让孩子说出紧张什么，不求解决实际问题，只是给孩子一个表达的机会。有些事，说出来就会轻松很多。诉说，是一种舒缓压力的方式。孩子说的时候，家长以听和呼应为主，不要以家长的原则进行评价，那就有可能变成“添堵”，有可能会“不欢而散”，以后孩子就更加不愿意说了。同时，家长还可以分享一些当初自己高三时的做法、感受、体验等，和孩子交流父母高考时与现在高考的不同，还可以讲讲当时的“趣闻”，自己的“糗事”，都可以起到放松孩子心情的作用，还能改善亲子关系，也能间接开拓孩子的视野，找到更多看问题和解决问题的视角。

还有，不必直接给出建议。看上去，给建议是为了帮孩子解决问题，但实际上又会多一重“抗拒”，孩子已经在两难，本来是自己的两个“小人”在打架，现在又多了一个“战场”，听妈妈的还是不听妈妈的？意见相左，带来的结果可能会加重孩子的紧张情绪。可以问问孩子，现在的状况，有什么解决办法，能不能先睡，明天早起再做作业？真的完成不了，又会怎样，有什么后果？其他同学都完成了吗？甚至还有比他完成更少的？或者明天到学校请教老师？这些都可以问问孩子，和孩子聊聊，但不直接做决定，给孩子多一些视角就可以了，最终还是让孩子自己做决定。很多时候，我们家长的想法是对的，但直接告诉孩子，或者要求孩子按照我们的想法做，孩子未必能接受，不仅起不到解决问题的效果，可能还增加情绪负担。这和孩子做作业的道理一样，做作业是为了掌握所学知识点，不是为了做而做。家长给孩子建议，是为了让孩子具备解决问题的能力，让孩子变得更好，让孩子获得成长，而不是为了让孩子接受你的观点和做法。家长的方法再好，孩子不接受，那这个方法就没有意义。而且家长和孩子之间，还可能出现“我们家孩子就是不听我的”和“我妈总是要管我”的“拉扯”和“争夺”，会带来更大的内耗。

家长，尤其是家有中考和高考生的家长，要学会把多一点注意力在自己的事情上，多花点时间忙其他事，孩子这里，适度关心就行。总有个人“24小时全天候360度无死角”地“关心”着，我觉得就不是关心了，而是“窥视”，压力只会更大。想想看，如果总有双眼睛目不转睛地盯着你，你自在吗？能轻松吗？

如果家长管得少，孩子的问题大部分是自己解决的，他就更有自我效能感，就会更有自信和力量感，就会越来越笃定，慢慢觉得“哦，好像我还行，紧张也没有那么可怕”“我居然扛住了……”就像肌肉需要锻炼才能强壮有力量一样，孩子的承受力，也是需要经过锻炼才强的，而这个锻炼，没有捷径，就是承受。家长再着急，也不能替他们承受，所以，尽量做好自己的事，给孩子一些空间和时间。也可以和孩子商量一些放松的具体方法，比如听音乐、冲热水澡、运动、画画、看剧、看球赛、吃坚果（咀嚼可以放松压力、舒缓紧张情绪）或者冥想，也有人理东西会得到放松等。和孩子一起分析、讨论、寻找，注意口气和方法，不要成为责问。事情越难搞定的时候，不妨“暂停”或者“换个频道”，干点别的，就是这个小小的“片刻”，就能让人得到“喘息”，得到一种“满足感”，会重新获得能量。这都是不错的方法。

每个孩子都是独一无二的，解决问题的方法也是千差万别的。所以，家长们不妨抱着一颗好奇的心、探索的心，对孩子多一些包容，多给一点空间和时间，多给一点自由度，让孩子对人生有一点自己的探索。

自救策略

☀ 当你觉得孩子有紧张情绪的时候，先仔细觉察一下，是孩子真的紧张，还是你觉得孩子紧张，或者是你自己有些紧张？

☀ 分析造成孩子紧张的具体原因。选一个最容易解决的点，先着手从那个具体的点开始改进。做具体的事，而不是解决情绪。

☀ 第一个点解决了，无论紧张情绪是否有所缓解，继续探索改进下一个问题，持续关注具体的事情。

☀ 分析适度紧张带来的好处和变化，肯定积极的一面。

☀ 帮助孩子找到最适合自己的放松方式，做点能让孩子精神愉悦、能得到满足的事。

☀ 丰富自己的生活，找到自己的乐趣，转移注意力，不要因为孩子而迷失自己、失去自我。

自问自答

➤ 你是一个容易紧张的人吗？你遇到紧张的事情，一般会采取怎样的方式解决？

➤ 你经历过的最紧张的事情是什么？你是如何应对的？最后的效果如何？

➤ 你有没有体验过，紧张为你带来的“兴奋感”，使你出色完成了某项任务，或者享受了那个过程？

➤ 你害怕紧张吗？为什么？如果害怕，你觉得害怕的是什么？你觉得紧张会给你带来什么可怕的后果？

背诵还可以如此有趣

自述案例

有个妈妈说，孩子的语文比较弱。老师反映孩子总是不肯完成“背诵”作业，希望她能监督一下。她觉得孩子比较排斥“背”这个做法。而她也不主张背，觉得理解很重要，理解了就可以了，为什么非要背。

我问，你觉得你的不主张背，会不会对孩子的学习观念和方法产生影响？你为什么不主张背？你有语文学习心得吗？那个妈妈马上说，她是理工科背景，觉得死记硬背没有必要，而且她内心里也在“挑战”老师背的做法和要求。我哈哈大笑，说道，你现在不奇怪孩子为什么抗拒背诵了吧？其实，不知不觉中，家长的一些观念会影响孩子。本来，背诵就是一个相对枯燥的学习过程，除非孩子特别喜欢名家名篇、诗词歌赋，发自内心地自发记忆或背诵。一个原本就不喜欢做的事或者有难度的事，现在有了家长明里暗里的支持，孩子自然而然就选择“捍卫”自己的想法，站在了老师的对立面，背诵的作业肯定是很难完成了。

我对这个妈妈说，你可以先从改变自己的想法和做法开始，不排斥背诵的学习方法。当然，不可能让自己一下子接受、认同背诵的作用和效果。不能要求孩子立马接受背诵的学习方法，但可以认同孩子的某些情绪，比如排斥背诵。你本身不太认同背诵，那不妨直接和孩子交流，在语文学习方面，自己也是弱项，没有什么好的学习经验分享。对于背诵，妈妈也是不擅长的，所以也没好的方法，没法帮到你。但妈妈可能是个“反面教材”，恰恰能证明，不背诵确实很难学好语文。妈妈觉得已经在这个方向上做了实践，你是不是可以尝试一下其他的方法，不必再走妈妈的老路。对这样的交流，孩子会感到真诚。家长没有逼迫孩子如何做，反倒把自己不成功的经验与孩子分享了，会引发孩子的思考。

然后，可以进入下一步，发现并认识背诵对学习的积极作用。对语言类学科，比如语文、英语等，最先，都是从识记开始的。背诵就是识记的一种方法。学好语言类学科，多读、多背、多写、多练都是必不可少的，这是个积累的过程，没有捷径可走。道理很简单，但很多人做不到。读和背，是学习的输入阶段，先要让自己有“储备”，写和说是输出阶段。只有“储备”多了，才能有所输出。这就是为什么背诵是非常必要的学习方法。知识的学习，是有一系列过程的。书本知识，是显性知识，也是间接经验，就是他人的经验和输出。我们的大脑需要通过反复训练，才能实现对这些知识的再认和再现。再认，就是看到这个知识，能够认得出，选择题基本都是“再认”。而再现，就是能再次呈现出来，这个难度就更高了，填空题、简答题、名词解释、论述题等就属于“再现”。背诵，当然也是属于知识的“再现”，难度比较高。但只有经过了这个“再现”的过程，他人的间接经验，才能变成自己的直接经验，知识的转化才能实现。这也就是为什么当下使用搜索工具如此便捷的情况下，我们还是需要记忆和背诵一些知识。不是为了这些知识本身，而是为了学习的过程。学习和教育不等于知识，知识会随着时代的发展迭代，但学习和教育离不开知识的获得。可迁移的获得知识的能力具有普适性，它能一直帮助我们，引领我们发现问题、解决问题。所以，背诵是获得知识的一种方法，同时，也是促进大脑发育的一种方法。阅读、书写、背诵、表达、理解，调动的都是大脑不同的区域。好比我们走路、跑步、跳跃等动作需要协调身体很多肌肉、关节、神经、器官一样，都有着不同的积极作用。但从学好语文学科的角度来讲，打个不恰当的比喻，背诵好比“吃饭”，不喜欢背诵，好比“挑食”，势必会影响身体健康，对学好语文学科产生不良影响。

认识到背诵的意义后，就可以开始寻找背诵的方法。背诵并非只是死记硬背，理解，是便于背诵的重要环节。首先理解需要背诵篇目的内容，然后理解老师要求背诵的用意，分析这篇文字好在什么地方，文字、布局，还是观点，老师让大家背诵的原因是什么。然后引申一下，这样的文章，在现实生活的什么场景下可以运用，尝试着“输出”一下，对加深记忆和理解都是非常有帮助的。比如，看见波光粼粼的水面，我们可能会说，“哇，好美啊！”但也可以和孩子尝试用诗词或名句表达，如果想到了“天光云影共徘徊”，不妨说说上下句，讲讲作者，讨论一下诗歌创作的背景，诗作表达的深层含义等，这就比死记硬背印象更深，效果更好，更容易记住，也有了更深的理解。一旦孩子体会到这样的背诵方法、记忆方法和学习方法的妙处和效果，就会不断反复使用，越来越熟练，效果也越来越好，甚至会尝到背诵的“甜头”，就不会抵触背诵了。

记得有一年春节，我回北方家乡，正好弟弟一家也回去。侄子有个寒假作业是背诵古诗，而且有很多首，他有些不情愿。我为了激励他好好背，答应他熟练背诵 4 首古诗后，下午就带他去滑冰橇。果然，他很快就背好了。其中，正好有一篇是宋朝诗人杨万里的《稚子弄冰》。我和他在去冰场的路上就讨论起来。先是和他说，我们去冰场玩，也算是“弄冰”的一种形式，然后故意请教他，好像第三句我忘了，是什么什么“穿林响”，他马上接口说，“敲成玉磬穿林响”。我赶紧赞叹，还是你记得清楚，二姑已经忘了。然后又问他，你觉得面对“忽作玻璃碎地声”，诗中的“稚子”会是怎样的反应，是开心地笑还是伤心地哭？他淡定地说，谁知道呢。我问，那如果是你，看着自己正玩得开心的冰碎了，会是怎样的感受和反应。他想了想说，伤心肯定不至于，可能会看看碎了的冰能怎么玩，或者想可以冻冰，第二天继续玩，还可能会看第二天玩的时候，会不会再次发生“忽作玻璃碎地声”……我们就这么一路聊着，把这首诗背了好几遍。连我自己对这首诗都有了较深的印象。我觉得这样的背诵和学习，就是教给孩子一些方法，不仅记住了知识，还领略到了知识带来的乐趣，学会了知识的迁移，理解和掌握了一些学习的方法。当然，还融洽了亲子关系，真正做到了寓教于乐，是“五育融合”在家庭教育中的积极实践。

我相信，这样的生活场景会很多。比如，春天来了，可以和孩子到户外，寻找“《诗经》里的春天”；夏天来了，可以和孩子寻找描写夏天场景的诗词或者文章；过传统节日的时候，可以诵读和这些节日有关的文章、诗篇；可以以植物、农作物或者动物为主题，寻找诗词歌赋，也可以以送别、思念等为主题，寻找相关的篇目……中国的诗词歌赋习惯“借物言志”，所以，大量的作品都和生活场景、自然景观密不可分。做这样的知识迁移，还是非常方便的。这样的学习就非常生动了，对家长的成长也是非常有帮助的。甚至可以进行跨学科的交流，家长可以分享当初学这些作品时的场景、方法和理解，可以分享现在对这些作品新的认识等，实现“温故而知新”的学习效果。

那个妈妈听着，一下子觉得原来背诵还可以如此有趣，还有这么多方法，表示要回去实践一下。我提醒她，语言的学习，是个水磨功夫，急不得。背诵的效果，未必能立即见效，孩子也不可能立即就发生转变，还是要有充分的耐心，慢慢来，细细体会，多多尝试。

我个人觉得，其实不单单是背诵，很多学习方法或者教学方法，或者老师布置的作业，家长可能都未必理解其中的意义，只是从表面上，抱着个人的一些主张进行了判断，甚至把这些想法和态度，不知不觉传递给了孩子。很多时候，家长需要用更开放的心态，接纳不同老师的教学方法，接纳不同知识的学习方法，接纳孩子的不同兴趣爱好和学习习惯，多一些观察、启发、鼓励和探索，真正成为孩子人生路上的“同行者”，而不是“裁判员”。

自救策略

☀ 当孩子对某门功课表示出畏难情绪的时候，不要简单粗暴地批评。可以先思考一下自己或者家人对这门学科的态度，看看家长先入为主的一些想法，是否不知不觉对孩子产生了影响。

☀ 如果发现自己确实对某门学科的学习存在某些想法，可以和孩子一起交流，寻找更多认识这门学科的见解和观点，从中发现自己可以学习和借鉴的部分。尝试找到一个小小的改变点，并从那个地方开始改变。目标不要定得太高，或者寻找一下子很难改变的点，从简单的容易改变便于学习的方法开始。

☀ 从自己其他学得好的学科中寻找好的方法，看看能否实现好的学习方法的迁移，寻找不同学科之间学习方法的差异，找到共同点，产生联结，促进改变。

☀ 和孩子一起学习，善于示弱，真诚地表达，不隐瞒自己的“不好”“不行”和“不能够”，更多让孩子表达、展示，向孩子学习。让孩子感受到自己的进步和可以，就能更好地战胜畏难情绪，改变对某门学科或者某种学习方法的认知。

自问自答

➤ 你害怕背诵吗？为什么？你觉得当下的时代，还需要背诵吗？

➤ 你有没有什么背诵方面的好经验或者痛苦经历？好经验是怎么得来的，痛苦后来是如何解决的？现在的你，还为背诵而痛苦吗？你有什么新的方法了吗？

➤ 你家娃不喜欢背诵的时候，你是怎么应对的？效果如何？

➤ 孩子有特别不喜欢的学科吗？如果有，你是如何和孩子互动的，效果如何？你觉得接下来可以尝试做哪些方面的改变？

这么有趣的书，你怎么不喜欢

自述案例

我自己非常喜欢看书，可以说看书已经成了生活的日常，所以，也会经常和大家分享自己喜欢的书，也经常会有人让我推荐书籍。我基本会根据对方的爱好、特点、需求以及自己对某本书的理解，进行推荐。我从来不会推荐自己没有读过的书，因为我觉得阅读是一个非常主观的学习，某种意义上，是一个有个人的投射、指向，有再次创作和解读的过程。书籍，是他人的知识财富，是间接经验。而阅读，是把间接经验转化为直接经验的一个过程，一定要有自己的参与。所以，我在自己没有参与阅读的情况下，是不会分享书籍给他人的。因为，我觉得没有自己认知和切身体验，分享的“理由”就难免不“真实”或者不“真切”。

因为对阅读的喜爱，2020 年疫情期间，我参加了师妹组织的一个关于“父母成长”的线上读书会。这个读书会，每个月会推荐一本和“父母成长”有关的书供大家共读，有志愿者分章节领读，大家各自写读书笔记，分享读书心得。师妹是北大发展心理学专业毕业的研究生，又在北京某知名高校从事了十余年心理咨询工作，现在同时在做心理咨询和家庭教育工作。她会和大家交流，解答大家的问题。因为是线上沙龙，所以大家都是来自天南地北的人，彼此并不认识，年龄和职业也各异，唯一相同的，就是都是家长。所以，群里的交流是非常活跃的。

记得我们读的第二本书是美国心理学家泰勒·本-沙哈尔的《幸福的方法》。这本书，我非常喜欢的是“反思”和“练习”两个环节。作者可谓用心良苦，书的谋篇布局如书名一样，让读者知行合一地学习和练习“幸福的方法”。

第一个反思“你曾经有没有实现了一个重要目标之后，却没有感到预期的喜悦”立即就把我带入了反思中。我觉得这样的阅读体验非常好，能够引发思考。而且还有练习部分，比如，每天花一点儿时间记录下当天的生活，可以帮助我们找到自己的幸福模式。当时，我抱着将信将疑的心态，正好读书群有写读书心得的要求，就尝试着每天把学习心得写下来，然后发现，除了每天的阅读带来的满足感，习惯的养成还带来了更大的满足和幸福。看着日渐积累的学习心得，自己也有些惊诧，每天写四五百字并不是难题，也能轻易完成。可日积月累下来，一个月竟然可以有上万字，一年就是一本书的内容。当时，就被这小小的幸福方法震动到了，所以，对书中的“从小事做起”的理念有了深刻的认识。书中的理论，对于我，仿佛没有什么新奇的知识和信息，都是“常识”，也不艰涩，没有特别强烈的“求知欲”，但如果认真完成“反思和练习”部分，就会发现，这是一本教会我们如何充分结合“知情意行”的书，而知情意行统一的水准，恰恰就是幸福的水准。作者的想法就是想让

“常识更平常”，这是一本教会人们如何应用的书。这和我以往读的大部分书籍不太一样，改变了我对书籍和阅读的理解，也让自己学到了很多有趣和有用的方法。所以，对这本书，我喜欢得不得了，分享了很多学习心得，在群里表达了自己的喜悦和欢欣。

完全让我没想到的是，群里有不止一位书友，表达了对这本书“读不下去”的感受，或者是对“反思”没有共鸣，大脑一片空白，或者是对“练习”没有兴趣，或者觉得对“幸福”的感觉很虚幻，抓不到，关联不到，想象不到，或者体验不到，没有代入感，没有经验，无法延续体会书中表达的感觉，完全没有我那种“说到心里了”的感受。这让我非常震惊，同时清醒地认识到，人们对同一本书，也会有迥异的感受。第一次深刻认识到，我认为的好书，未必对别人就是好书。这和书籍本身无关，而是和阅读者有关。

进而我们讨论到，同一本书，不同的人会有不同的阅读感受，正如“一百个人眼里有一百个哈姆雷特”一样。这和每个人的性格特点、成长经历、知识背景、阅读喜好等密切相关。这让我想起自己多次努力，却至今都没能读完的《瓦尔登湖》。另一个群友也表达了她曾经也读不下去这本书，但过了多年后重新再读，却发现了很多美好，愉快地读完了。这又让我想起自己对《傅雷家书》的阅读体验。这套书，我是大学的时候就购入了，但当时是否读完，有什么感受，完全不记得了。如今再读，却爱不释手，激发出很多共鸣，让我有了一种想拿笔写写画画的冲动。想来，这和处境、年龄、经历等一系列因素有关，也与自己已为人母的身份有关，对书中父亲的很多忧虑、考量有了更深的理解和联结。

由此可见，对每本书，无论多么知名，都不必强求自己一定要读得津津有味，可以接纳自己的“读不下去”。然后可以“探究”一下，自己为什么读不下去，是某一类书都不喜欢，还是就这本读不下去；是和此时的心境有关，还是和作者的表达方式有关；是和自己的知识结构有关，还是因为个人的喜好等。我觉得，这个“探究”的过程，本身也是阅读的一部分，是学习的过程，是发现“未知”的过程。发现对自己的一部分未知，也能发现和接纳他人与自己的不同，这本身就是很大的收获。如果阅读是精神大餐的话，那就好比有人喜欢火锅，有人却受不了，有人喜欢素食，有人却无肉不欢。各自欢喜，发现自我，安心做自己，却不强求他人成为自己喜欢的样子，这应该也是一种幸福。

因为讲到了“不强求”，有群友分享了她家孩子的一个现象。说孩子本身还是喜欢阅读的，群友把老师发的高中必读书单转给了女儿，告诉她暑假最好提前读起来。没想到孩子回复说，不管是不是我喜欢读的书，只要变成必读书目，就再也不想看了。群友想知道，如果自己不提“最好提前看”之类的建议，孩子是不是就不会如此“对抗”。我觉得，这多少还是和青春期逆反有关，也很能理解她女儿的感受。如果是我的话，可能会说，这是老师发的书单，你们现在都看这么多书啊，然后说说哪本书是妈妈看过的，但是已经不记得了，哪本是没看过的，顺口问一句，这些书里，你最先想看的是哪本？我一般会采用这样的聊天模式，而不会说“你最好提前看起来”之类的话。我可能还会问，需不需要妈妈帮你买书啊？有些书家里好像有，是不是和老师要求的出版社不一样，要不要重新买，还是无所谓？我不会干预孩子看不看或者什么时候看书的问题，认为那是他们自己的事。对于大一点的孩子，指定或规定阅读某些书籍，未必是好的方法，即使你觉得这书再好，也要考虑到孩子未必会喜欢，你的推荐，他未必“领情”。如何引导孩子自主阅读，是需要不断摸索的，而且要视各家情况而定，没有标准的方法或最好的方案。

我分享了我的一些做法。我家虽然书很多，但我从来没有给儿子推荐过什么阅读书目。因为我觉得，他的阅读喜好可能和我不同，而且年龄差异那么大，我也不确定哪些书适合他。我想，书都在那里，他如果对什么书感兴趣，自然会去看，也无需我的推荐。我一直觉得，阅读，就是探索未知世界，探索人类既有文明的过程，所以，就像不同的人，喜欢不同的风景一样，无法要求他喜欢我喜欢的风景。而且我觉得可能男生有男生的阅读取向，加上学科因素，他需要自己找到喜欢的书籍。我之前一直觉得他不是那种非常爱阅读的孩子，但也不是不喜欢阅读。但后来有一件事，改变了我对他阅读方面的认知。他高二的时候，学校请了上海作协副主席、著名作家赵丽宏先生作文学讲座。讲座结束后，在送作家回去的路上，作家和老师交流，对学校的学生给予了高度评价，认为学生的自主阅读意识强，有独立思考精神，能够带着自己的思考阅读，这是非常宝贵的。而这个结论的得出，是因为在提问环节，有学生提问，阅读是很自我的事，每个人的喜好都是不同的，可指定阅读书籍，会不会抹杀学生个性，或者说剥夺每个人探索、发现自己阅读喜好的权利。他认为这是个非常好的问题，说明提问者不是盲目地只是为了读书而读书，而是有着自己的独立思考。老师很激动地告诉我，这个提问者，就是你儿子。我当时非常吃惊，儿子会对阅读有这样独立的思考。

那以后，我觉得可以和他交流一些有点“深度”的阅读体验了。有一次，有家长说自己高中的儿子，和她谈起关于生死的话题，她觉得好沉重，不知道怎么谈，但又担心不谈会不会出问题，所以，问我有没有什么书籍可以推荐阅读。我当时推荐了美国著名心理学家欧文·亚隆的《直视骄阳——征服死亡恐惧》。虽然这是我非常喜欢的一本关于死亡思考的书，但我知道，很多心理学的书籍，对于没有心理学背景的人，读起来可能是有点难度的。我也不确定那个高中生能不能读懂这本书。想到他和我儿子差不多年龄，我就和儿子讨论了这件事，“邀请”他帮我体验阅读一下此书，看看以一个高中生的视角，阅读此书是怎样一个感受，能否读懂。没想到，儿子住校一周回来，就兴冲冲地告诉我，这是一本非常棒的书，读得酣畅淋漓，很快就读完了。然后，他把家里所有欧文·亚隆的书都读了。这次的“邀请”阅读，让我学到了一种方法，也拓展了对孩子的了解。后来，我经常会就青少年方面的问题和儿子讨论，对书中的某些观点找儿子“求证”，了解现在的青少年是怎样的想法，是不是像书中说的那样，有没有那样的现象等。他也因此对我读的书感兴趣，等我读好了，拿去读。我等他读好后，交流读后感，看看同样一本书，不同年龄段的人会有怎样不同的阅读体验。再后来，他会分享一些他觉得不错而且我可能会感兴趣的书，我读完后，会和他交流心得。对这样一种愉快的“共读”经历，我们彼此都很享受，都很有收获。当然，这是我起初并没有想到的。

我觉得，阅读和教育是一样的，要因人而异，不能强求。我们对同本书的不同感受，就像我们的孩子对同样的学科、同样的知识和技能的感受一样，有的孩子觉得非常简单，有的孩子却觉得很难；有的孩子非常喜欢，有的孩子怎么都喜欢不起来。这是差异，也是事实，是规律，我们强求不来。探究后欣然接纳，发现差异、尊重差异，并能顺乎那个特质，激发潜能，才会有心理体验，才能感受幸福。每个孩子，在我们眼里，是不是也是“一本书”，需要用心“阅读”？每本书都有各自的精彩，只是“阅读”的方法要因人而异，“阅读”的喜好也要因人而异。有些时候，我们对孩子生出各种“不喜欢”“不满意”，其实，可能不是孩子这本“书”不好，而是我们还没找到“读懂”这本书的方法而已。

自救策略

☀ 把孩子最令你不满意的一些言行或者习惯、喜欢写下来，然后写出自己不满意的原因。看看这些原因，是自己的个人喜欢、偏见，还是确实有什么现实的不良影响。

☀ 列举孩子至少一个在你眼里是不好的特点，但在别人眼里却是难得的优点。你如何看待别人对孩子这个特点的评价和自己的差异。问问孩子自己对这个特点的认识和评价，看看是否有差异。

☀ 写出至少一个自己不以为然的性格特点或者言行，而在别人眼里却是了不起的能力。

☀ 写出自己最不喜欢被人强求的事，以及自己当时的感受和应对方法，考虑是否有其他解决方案。

☀ 写出自己最容易强迫孩子做的事，列出强迫孩子做的原因。觉察一下，这些原因是不是自己的主观偏好。听听孩子的意见，这些事情他是否愿意做，或者能否用他自己喜欢的方式做。

自问自答

➤ 你有过自己很喜欢的某本书或影视作品等，分享给他人后，他人不喜欢的经历吗？你当时是怎样的感受，后来又是怎样应对的？

➤ 如果你给孩子的某样东西，孩子不喜欢，你会有何反应？

➤ 你有过对某本书，曾经不喜欢，但后来读得津津有味的经历吗？你觉得是什么使你发生了这样的变化？

“你家孩子我没法教了”

自述案例

经常有家长问我，遇到老师打电话来，说孩子的各种问题和不是，该怎么办？置之不理显然不行，可按照老师的要求，孩子分明做不到，自己也想了很多办法，不仅没有什么效果，还严重影响了亲子关系，搞得家里“鸡飞狗跳”，自己也疲惫不堪。

确实，除了家庭关系，家校关系也是非常重要的一组关系。面对老师给家长打电话或者提要求这样的情况，部分家长的反应，都是本能地站在老师这边，批评孩子。一方面，确实是孩子没做好某些事情，家长着急加生气；另一方面，是因为家长接到老师的电话，会有一种感受，认为是“自己也被批评”了，所以，防御机制马上会启动，指责、否认、反驳都是常见的防御机制。指责当然是指责孩子，因为确实是孩子某些方面没做好。否认，自然是认为自己是没错的、无辜的，肯定会再次把责任指向孩子。反驳，多数不会直接针对老师，但可能会在心里有某些不认同老师的“反驳”声音，可能转化为对老师意见的不采纳、抗拒，另一种就是继续投射到孩子身上。而孩子，面对家长的“责问”和“批评”，一样是会启动这些防御机制的，所以，对问题的解决肯定没有帮助，最终就陷入了那种“死循环”里。

而我弟弟，在他儿子上游泳课的过程中，呈现了一个精彩的成功案例。他儿子升四年级的暑假，因为还没学会游泳，所以早早报好了朋友推荐的“一对三”培训班。学期马上结束时，学校通知说暑假有个10次课的游泳班。这样一来，整个暑假两个月就排满了游泳课。

游泳有快乐的开始。孩子对游泳课，开始还是挺兴奋的，因为可以每天坐地铁去源深体育中心，离陆家嘴很近，一出地铁站就可以看到东方明珠和上海中心大厦。游泳教练做了十多年儿童游泳培训，对小孩很有耐心和经验。开始的几节课，教的是基础的蛙泳动作和闷水，这些在以前游泳班学过，所以比较轻松和快乐。但接下来的学习过程，就变得异常艰难。

游泳有痛苦的过程。前期课程，教练只是微信留言，让多练习闷水和手部动作。大概到第五次课程后，教练打电话说，是不是孩子运动能力差，很懒，一直没有进展。我弟弟跟教练解释，孩子非常怕水，对运动技能的掌握是比较慢的。这从幼儿园学跳绳、拍篮球就能明显看出，但经过一段时间的练习，都能掌握得不错，只是需要坚持一段时间。教练表示会调整教学内容，给他减轻压力。之后的几节课，我弟弟在外面观察到，教练基本没有跟孩子交流，只是让他在池边自己练习。从这时开始，每天课程结束出来，孩子都说不想去游泳了。好在他喜欢坐地铁，所以回来的路上通常都挺开心，但晚上让他练习闷水等动作就很难，基本每次都要哭。所以每天晚上都要跟他谈心，讲他以前学篮球和骑自行车时哭鼻子，也很难，但最终都学会了，而且水平都不错。让他知道过程总是很艰苦，但最终都会像打篮球那样取得成功。另外，在课程结束晚的情况下，在外面的餐厅吃饭，也增加了他继续上游泳课的一点兴趣。虽然一直说不想去，但每次还是能按时出发。第 10 次课结束后的晚上，教练第二次给我弟弟打电话，说她实在没法教了，孩子不仅不肯练，而且从之前偷懒到抵抗，叫不动，还跟她吵架。一次课下来，嗓子都哑了，觉得实在不行就算了，之后的课程费退了就是。但我弟弟觉得从自己观察的情况看，孩子已经在进步，说不想去的次数越来越少，而且自己带着装备可以游几次，动作和节奏已经明显有进步。只是主动性还是差，不像其他小朋友一直游来游去，很活泼。我弟弟跟教练说，我们再坚持看看吧，他一向进入状态比较慢，撑过这个最艰难的点，就会好很多。教练确实辛苦了，但家长肯定希望孩子能坚持下来，能有收获。家长会继续多跟孩子说说，让他主动多练，尽量达到教练的要求，把每次要求的量都完成好。跟教练通过电话后，我弟弟虽然急出一头汗，不过还是坚持了自己的观点。他跟孩子谈话，嘱咐几点必须做到：认真完成教练给的任务，积极主动练，不要偷懒。让孩子说一下目前自己对游泳的感觉和想法，想一想过去学拍篮球和骑自行车时的情况。过程一样很艰难，也哭过鼻子，但最后这两样都学得很好，成了拿手本领。游泳也一样，现在是最难的时候，坚持一下就好了，而且现在有很大的进步。如果觉得水冷，那就买一件全身的新泳衣，有袖子和裤子的一体式的。这点很有用，孩子有了新的兴奋点。爸爸和孩子一起在网上选泳衣，孩子开心得不得了。因为一件新泳衣，孩子又期待上游泳课了。

游泳有意想不到的结果。从有新泳衣开始，孩子没有再说不想去游泳。差不多还剩七八次课程，我弟弟本来想能坚持上完，不管能不能学会，至少不打退堂鼓，战胜怕水的心理就好，之后还有学校的10次课，可以继续学。可没想到的是，教练在一次课程结束后突然给我弟弟发微信说，重大突破，孩子可以自己横渡游过去了，虽然只有10米的距离，但动作标准，呼吸和节奏都完成得不错！显然教练很激动，因为她下午的教学是连着的，我侄子的课上好后，要继续给后面的小朋友上课，所以通常不会在下午发微信，都是晚上才说一下情况，教练也是被他的突然进步给惊喜到了。而且她至今都没搞清楚，为什么突然就可以游了，以前要吼要拉，甚至是吵架喊救命，突然就变成自己主动游。更有趣的是，会游的第二天，课程结束了，孩子跟教练说了再见后，到更衣室打电话给爸爸，说没游够，想继续游，就是怕超时。爸爸告诉他，超时不要紧，只要再付钱就行了。但需要找到教练，教练同意了再游，让教练看着，不能自己游。他激动不已地回去找教练。之后的游泳课，就变得不想让他游都不行，而且每次都会说，怎么马上要结束了，刚喜欢上游泳就要结束了。再后来学校的10次课，他自然是开心加自豪，因为去上课的都是不会游泳的同学，他可以时不时给同学指导一番，有怕水的同学哭鼻子，他还耐心开导。从害怕游泳到游泳成为自己可以炫耀的一项本领，真是一个意想不到的结果，更是一个很大的收获。

弟弟由此讲了自己的几点切身体会。首先，最了解孩子特点的一定是家长，对孩子的学习过程要多关注，是否孩子本身的特点就是这样，上手慢，过程痛苦，但突破一个关键点就可以突然开窍。只有了解了，才能更好地选择坚持还是放弃（有时放弃也是正确的选择）。其次，培训班老师的观点也并非都正确，尤其是一些需要考级的培训。培训老师更功利些，追求在短时间内培训出更多能完成考级的学生，既能实现眼前的经济效益，还能对后续宣传、招生产生积极影响，对费劲的学生肯定没耐心。他们愿意教的通常是听话的，短时间可以出成绩的。这也是可以理解的心态和做法。但这并不代表你的孩子将来成绩真的会差，只是对培训老师来说投入产出比不好。不要一味批评或表扬，尤其不要仅出于教练和老师的反馈信息。要找到孩子感兴趣的东西。孩子很简单很直接，把好的结果跟实际的感受结合起来，孩子才容易有动力。还要把孩子之前的成功经验迁移过来，让孩子从自己之前的成功中获得力量，树立信心，找到方法。

我由衷为弟弟一系列有爱的尝试高兴和点赞，进而想到了《了不起的我》里提到的“小步子原理”。当我们面对阻力，难以迈开改变的步伐时，最有效的方法，就是采取“小步子原理”。简单说，就是在改变的路上，迈出小小的一步，获得一个小小的成功。通过不断获得小的成功来积累经验，从而为下一步行动提供心理动力。小改变更容易开始，不会让我们望而却步。而小成功又能让我们不断体会改变的好处和成功的喜悦，也会塑造一种希望感，愈发相信改变是可能的，并不断促成新的改变。所以，成功一定是在行动之后，首要的问题就是开始行动。而我弟弟，就非常巧妙地抓住了促成孩子行动的契机，并且只提出一个小小的目标“解决下水冷的问题”，而不是提出学会游泳这个大目标。如果一开始就盯着最终的那个大目标，孩子可能还是没有勇气下水游。

很多家长面对孩子的问题，尤其是老师反映的问题，可能会迫切地希望“改正”。可实际上，有时候，我们越迫切地希望改正，孩子就越迈不出改正的步伐。所以，家长一方面要做好和老师的沟通工作，让老师看到孩子的特殊性，为孩子争取到更多的时间，另一方面，帮助孩子找到最近的目标，最容易实现的改变，最能接受的方案，然后和孩子一起行动，让孩子感受到小小的成功、小小的进步。当孩子取得进步和成功的时候，要给予大大的肯定和鼓励，孩子就会更加有信心继续前行，获得一个接一个小小的成功，最终就是大改变和大成功。这时候，一起被改变的，就不仅仅是孩子，还有老师和家长。相信看到孩子这样神奇的改变，老师和家长一样会发出赞叹，会改变自己的认知，会有更多感悟，也会对孩子有更多的耐心、信心和好奇心。

自救策略

☀ 当孩子完不成某项任务的时候，不要急于批评，尤其当老师打来电话的时候。先问问孩子，具体的难处在哪里，孩子的困境是什么。不要想着立即解决问题，向老师“证明”自己和孩子“没问题”。就算老师说只有你家孩子有这样的问题，也不要攻击孩子或者自我攻击。

☀ 看到孩子的优势和长处，寻找能让孩子发挥长处的地方，或者找到孩子更容易上手的地方，更容易改变的地方，更容易接受的方案。一定要多了解自己的孩子，多和孩子沟通，给孩子提供支持，帮助孩子战胜困难，帮助孩子迈出改变的第一步。

☀ 即使孩子有一些“小借口”，也不要戳穿，让孩子的一些“小阴谋”得逞。或者找到孩子一些小的“兴趣点”“兴奋点”，把孩子“激活”，帮助孩子树立信心，引导孩子一点点开始改变。

☀ 寻找到孩子既往类似情况的成功经验，让孩子回想当初是怎么坚持过来的，如何成功的，以及那次成功对现在的影响等，让孩子看到和相信自己是可以的。

☀ 当孩子有小进步的时候，一定给予及时的肯定。家长的看见和认可，对孩子是极大的鼓舞，能成为他们更大的前行动力。

自问自答

➤ 你有没有让你忍不住发出“我终于成功了”感慨的事件？如果有，是什么时候的什么事，当时是怎样的感受？你现在想起此事，是不是依然有幸福感和满足感？这一事件，对你产生了什么后续的影响？

➤ 你家孩子有没有过成功体验？如果有，当时的情景是怎样的？孩子有没有再次和你提起过此事？你有没有感受到这件事对孩子产生的后续影响？

➤ 你小时候最不敢做的事是什么？为什么？现在这个情况有改变吗？如果有，你是怎么做到的？如果没有，是什么阻碍了你的改变？

妈妈，你怎么能先吃

自述案例

这是个我多年前亲身经历的故事。当时儿子刚上小学二年级，暑假带他坐火车回我家乡。我们刚把卧铺上的东西整理好，对面铺位就来了一对小夫妻，带了个上幼儿园的男孩。小男孩一坐到铺位上，就向妈妈要了手机玩起了游戏。当时正是午饭时间，妈妈问了好几遍要不要吃饭，孩子都回答“不要”。爸爸说，别管他了，我们赶紧吃吧，等他饿了再说。妈妈想想也是，自言自语道，趁着他在玩，我先吃。谁想，妈妈刚咬了两口汉堡，孩子突然大叫：“妈妈，你怎么自己先吃啦，我要吃我要吃！”妈妈听到儿子这样说，竟然一下子手足无措，面露羞愧之色，连声对孩子说：“宝宝对不起啊！妈妈不是看你在玩嘛，这就给你弄着吃。”就这样，孩子手里玩着手机，妈妈给他喂汉堡。

看到这一幕，我当时就在想，这个妈妈错过了非常好的教育机会，显然，她处理孩子这一要求的做法是欠妥当的。尽管我看在眼里，急在心里，但终究这是别人的“家事”。基于“边界”原则，既然未被邀请，他们又不妨碍公共秩序，我是无权对别人的家庭教育指手画脚的。只是心里激起了更大兴趣，想这一路上可以对这样的家庭多一些观察，毕竟我们要共同相处36个小时。

虽然我们大人有“边界”意识，但孩子没有。没多久，两个孩子就玩到了一起。玩的过程中，那个男孩表现出了各种让妈妈头疼的事，妈妈也是疲惫不堪。好不容易到了晚上，玩累的孩子睡着了。我在铺上看书，那妈妈主动和我攀谈起来。她说：“你家孩子虽然只比我家孩子大两岁，但明显更有礼貌，更有节制，对小朋友很谦让。同样是男孩，你家孩子没有那些让我头疼的毛病。你也没有我那么累，只是偶尔和孩子说两句，关照一下，其他时间，都是在看自己的书。”

她觉得不可理解，又很羡慕，向我请教经验，是不是她家孩子大一点就好了？

我笑笑，告诉她，是不是孩子大一点就会好，我不敢确定，但就眼前发生的事，我想，我是会和她有不一样的处理方法。她一听，马上催我说说看。我就正好拿中午吃饭的事，和她分享了我的想法和做法。

我对她说，首先，我觉得你不必为比孩子先吃饭而愧疚。自始至终我都看见了，之前你问过孩子，孩子明确表示了个人意愿“不吃”，然后你也是基于“趁着他不吃的时候，自己先吃好，待会他要吃的时候就可以立即给他弄着吃”的想法，所以，并不是完全没有顾及他。但是当孩子提出异议的时候，你立马就觉得自己确实不对，然后就放下自己正在吃的汉堡，开始喂他吃，而且是一边玩一边吃。其次，如果是我，我会在这个时候，明确告诉孩子两个原则。第一，我之前是征求过你意见的，是你说不吃的，妈妈才开始吃。要让孩子明白，自己说过的话，要算数，要为自己的选择负责。第二，我会告诉他，因为你要让我喂，所以，你要等我吃好了才能再吃，除非你自己吃，那想吃就可以吃。让孩子再次选择，是现在自己吃，还是等妈妈吃好了再喂他。其实，汉堡已经是他可以自己吃的食物了，不需要你喂。这样，让孩子明白，自己随时都是有选择权和决定权的，而且，既鼓励了孩子“自食其力”，又让孩子感受到了“边界”，即使是父母，也是另外一个人，也要有一定的规则，不是自己想怎样就可以怎样的。你对他的态度，不是爱他，而是娇纵。对他的需求随时随地满足，否则你们就觉得是自己没做好，或者说对他不够好，那最后的结果就是他喜怒无常、随心所欲。所以，你觉得很累，头疼的事不断，他却从来不觉得自己有什么不对。社会的规则、公共的秩序，都是先从家里开始习得的。尤其是独生子女，生下来就是“完全独占”父母的爱和家里的资源，更少机会习得“分享、共处”等规则，这就需要父母和孩子明确一些规则。让孩子从日常生活中习得这些规则，对孩子的成长是非常有帮助的。你也会慢慢觉得不是总在“救火”，总是不停为他处理事情。

那个妈妈恍然大悟，然后说了自己的一些认识和反思：“举一反三，一下子就明白了，有些事情是连锁反应，是有规律的，而不是偶发事件。”我很开心，能和她聊亲子教育的话题，并赞赏了她的学习力。她也很欣慰，此行遇见了我们，看到了不一样的孩子和家庭，看见了不一样的家庭教育方式，还有了如此深入的交流。

自救策略

☀ 要有边界意识，即使在家庭成员之间。再亲密的关系，都应该有自己的权利，有一定的规则、距离和空间。不是父母就应该为孩子“随叫随到”，就要“牺牲一切”。当然，这是指常规状态下，突发状况例外。

☀ 要想有好的边界意识，就必须先明确一些规则，这些都是要有言在先的。一方面，为了明确“边界”，另一方面，规则也会让孩子更好地学会选择和信守承诺。所以，规则的制订，需要家长和孩子一起讨论制订，得到共同认可，这样执行起来才会有效果。同时，讨论规则的过程，本身也是学习。

☀ 制订规则的时候，要明确修订机制、容错机制、评价机制，也就是说，规则不是一成不变的。执行的过程中，发现某些不合理的地方，可以通过商议进行修订，允许犯错，如果做不到，实现不了，需要承担什么后果，都需要在规则中明确。同时，明确一个时限，对规则的执行情况进行评价，讨论是否需要修改等。和孩子一起制订规则的过程，意义远大于最终的结果。

自问自答

➤ 面对孩子提出的要求，你做不到的时候，会如何解决，会有愧疚感吗？能理直气壮地表达自己的想法吗？为什么？

➤ 你有没有和孩子一起讨论制订一些家庭规则的经历？如果有，当时是怎样的情形？制订的是哪方面的规则？你们是如何制订的？如果没有，你们遇到问题的时候是怎样解决的？

➤ 你觉得孩子的诉求就是优先级的吗？面对孩子的诉求和你的状况发生冲突的时候，你会如何解决？

我家娃没想法

自述案例

我遇到很多家长来听取我的意见，想知道我的想法。大到孩子的中考择校、高考志愿填报、专业选择，毕业时的职业取舍，小到兴趣班的选择、学习时间的安排、假期计划等。更有甚者，和我大谈理想中女婿或儿媳的模样，从职业、学历到外貌、性格，再到家庭、地域等，可谓全面详实，令我惊讶。

可当我问到那你家孩子是啥想法，回答无外乎这几种：我家娃没想法，他说都听我的；他能有啥想法，小孩子，懂什么；我觉得他的想法很幼稚，不能听他的。

每次听到类似的回答，我内心都升起一股悲凉，对那些孩子充满了心疼和怜惜，为他们生命中最重要的某些东西被抽离、被剥夺而感到心痛，心里隐隐有一个声音在说话："可能又要诞生一个空心病的孩子了……"

"想法"和其他任何一种学习成果一样，都要通过不断学习而习得。早在 100 多年前，美国心理学家、心理学联结主义的建立者、教育心理学体系的创始人桑代克，通过"迷笼实验"提出了自己的学习理论，认为动物包括人的学习，会在反复尝试获得的过程中，把错误或者无效的动作逐渐“取消”。虽然他的理论后来被不断发展，认为过于简单、机械，过于强调了环境对学习行为的影响，抹杀了学习的主观能动性，同时，把人类简单地等同动物，存在缺陷，但大量的事实也证明，虽然人在学习的过程中存在主观能动性和个体的差异，但“迷笼实验”得出的试错观点，还是在很多人的学习过程中得到了验证。

通过桑代克的理论，我们就能很好地理解，当孩子一次次提出自己的想法，一次次被否认，或者被批评、被忽视，孩子就会逐渐认为自己的想法是“无效”的或者“错误”的，接下来就会“自动删除”这个做法，也就是放弃自己的想法，或者是不知道如何形成所谓“正确的想法”或者“有效的想法”，或者就接纳了家长的想法，认为那就是“正确的想法”。久而久之，就成了“没想法”的娃。

当然，认知心理学认为，人不同于动物，不是只有简单机械的“条件反射”等情景行为反应，还有个体的主观能动性，行为是可以通过认知的改变而发生改变的，这也恰恰是人类有目的学习的价值和意义所在。确实，也不是所有的孩子，因为父母的“高压”或者“剥夺”就都成为“没想法”的孩子，反倒有些会成长为极具“抗争性”的孩子，也就是非常“逆反”的孩子，有些则是“阳奉阴违”或者“韬光养晦”，集聚力量，等待自己更有力量的时候再和父母“争夺”自己的权利，实现自己的“想法”；有些，则是在自己不在意的事情上都听父母的，没想法，但到了自己非常在乎的“大事”上，就非常有自己的想法，比如高考志愿、择偶标准等。

有个孩子和我说，觉得他妈“太可笑”了，天天为他找什么样的对象“瞎操心”，因为，他妈妈连他是“不婚主义者”都不知道。我问他，为什么不告诉妈妈你是“不婚主义者”？他反问我，告诉有用吗？她懂吗？她能理解吗？她能接受吗？何况，她也从来没问过我啊！

这其实也是孩子一种抗争的方法。你认为的“他没想法”，其实是他觉得想法和你不同，说了又没用，索性就不说了。但不说，不代表他没想法，只是你不知道他的想法罢了。

自救策略

☀ 从小事上先开始尝试，听取孩子的意见和想法，让孩子自己做主。比如，今天穿什么衣服，几点钟做作业，早饭吃什么。可以和孩子讨论不同做法的利弊，但最终决定让孩子做。事后可以继续和孩子讨论，问问孩子的感受、认识。千万不要幸灾乐祸地打击和批评孩子“看吧，知道错了吧，叫你不听妈妈的。不听老人言，吃亏在眼前”……有些感受和认识，自己亲身体验过才更有意义，才能得出自己的认知。所以，先从一些小事开始尝试，孩子逐渐就会形成一些经验和自己想法，就不会简单直接地为了“逆反”而反对父母的想法，也不会完全放弃自己的独立思考，成为一个“空心人”。

☀ 当自己想替孩子做主的时候，把自己的想法先写出来，把想法的利弊也列出来。请孩子和配偶或者其他家人也写出各自对此事的想法，然后大家把各自的这些想法拿出来一起商量。这样的做法，最大的好处是，避免某个人的想法没有完全表达就被打断，甚至出现争吵的局面，从而大大影响想法的表达和沟通的效果。其次，写下来的过程，本身就是一个梳理、思考和表达的过程，经过这个过程，有些带着个人感情色彩或者情绪的想法，可能就会被过滤掉。再次，书写便于保存，方便事后“复盘”，进行更加深入的思考，同时，也可以时常拿出来翻看，达到“温故而知新”的效果。

☀ 抱着一颗包容的心，充分尊重孩子的想法。每个人都是独特的生命体，有自己的感受、需求和认知，不要用自己的喜好、经验去要求孩子；更不要把孩子当成自己的“私有财产”或者“附属品”，剥夺孩子感知体验生命的人生权利。

☀ 不要用“我都是为你好”的思维绑架孩子。什么才是真正对他的好，什么才是他需要的好，需要他自己感受，自己觉知。家长需要不断自我觉察，是否有意无意间犯了“越俎代庖”的错。

自问自答

➤ 当孩子对你说出自己的某个想法的时候，你通常都会怎么回答？

➤ 当孩子的想法和你的想法不一致的时候，你一般会如何解决？

➤ 你有没有因为孩子的想法而改变自己决定的时候？如果有，当时是什么情形？是什么原因促使你放弃了自己的决定？如果没有，那是为什么？你能否尝试听取一次孩子的想法？

➤ 你小时候，父母听取过你的想法吗？你当时是怎样的感受？

➤ 现在你的父母会听取你的想法吗？你会听取你父母的想法吗？

谁叫你当初不听我的

自述案例

我听到很多家长类似的“吐槽”和“控诉”，说孩子在做某件事的时候，家长给了建议，或者提醒过，但孩子不听，最后的结果往往是“如家长所料”，最担心的结果还是发生了。这时候，家长说得最多的就是“看吧，我都说过了，你偏不听，现在相信了吧。被我说中了吧，不听老人言，吃亏在眼前。现在明白了吧，我说的道理是对的”……而且，后面可能还会跟着有类似“以后知道听我话了吧，我都是为你好”之类的教诲。

我曾经无数次对遇到这样问题的家长讲过，也在上课的过程中讲到，遇到孩子做错事或发生状况的时候，千万不要说“我早就和你说过，谁叫你不听我的。看，被我说中了吧”之类的话。原因有三：一是这些话于事无补，不是建设性的话，不能解决当下的现实问题，不能改善处境，于当下无益；二是这些话会加重孩子的挫败感和无力感，除了事情本身的影响外，又多了父母的责备和抱怨；三是这些话会让孩子感受到一种“幸灾乐祸”，一种“你赢我输”的压迫感。这是从孩子的角度看，那么从家长的角度看呢，这些话背后折射出来的，是家长的控制欲，希望孩子能听自己的。孩子当初没听，看上去家长退让了，但内心是不接受的，所以出现如家长所料的结果时，第一反应不是给孩子提供支持，解决问题，而是印证自己的正确。归根结底，还是自我视角。这不是立足当下如何解决问题，而是追溯过去，把责任推到孩子身上，自己的优越感和获胜感会增强。而且因为“过去”是无法改变的，这份“胜利”也就永远属于自己了。某种程度上，家长看着是无意伤害孩子，只是“说出了事实”。但通过说这样的话，家长可以得到“击败”孩子的满足感，还可以让孩子以后更加“听家长的话”。这些深层次的觉察，不是每个家长都能认识到的，包括我自己。直到我亲身经历过一次类似事件后，才有了更深的觉察。

因为我一向自诩懂一些青少年教育和心理学知识，所以在和孩子沟通时，有些话，是肯定不会说的，有些话，则是提醒自己不要说。既然是提醒不要说，显然，有些话心里是冒出来过的，只是被自己克制住了，包括以上类似的话。我想，有些道理，让孩子亲身经历后自己得出来，肯定比我直接说教好。只要最终他明白了那些道理就好，不必自鸣得意彰显自己曾经的教诲。之前，貌似都还做得不错，即使高考这样的大事，也都尊重了儿子的个人意愿，事后他也交流了一些看法。我就把以上类似的话咽下去了，觉得只要最终明白了就好，还是让他亲身体验吧。可是，事实证明，我的这种认知还是有条件的，是在我认为能承受的范围，而不是无条件的。

2021 年暑期，儿子原定参加完学校的社会实践活动后，直接去南京参加一个培训，所以提前订好了去南京的机票。后来因为培训报名未被录取，意味着可以直接从实践点回上海。由于得知此消息时，离返程时间已很近，机票改签也出现了问题，加之到上海的机票只有“红眼航班”，深夜到机场后回家的交通也是问题。所以，儿子思考再三，还是不改签了，继续到南京，然后乘机场大巴直接到火车站，坐火车到上海正好是早上6点多，就可以直接乘公交车回家了。本来已经没问题了，可就在他去南京的前一天，南京发现了1例新冠肺炎确诊病例。他经过研判，觉得问题不大，也没有官方消息说“禁止前往”，风险级别也没调整。我的想法是，尽量别去，还是改签，减少不必要的麻烦。毕竟途经有病例区域，对自己后续的行程可能会产生影响。因为他后面还有去北京培训的安排，还有同学自驾游聚会等。一旦行程码显示去过疫区，可能会受影响。但最终，还是尊重了儿子的个人意愿，按照原计划，经南京回上海。一周后，他突然接到社区防疫电话，要集中隔离，尽快准备好个人物品，疾控车随后到我家楼下接。在微信里看到这个消息，我一下子懵了，第一反应是：“我会不会受影响，我需要做什么，要向单位报备吗？要居家隔离吗？”正好当时单位有非常重要的工作任务，我又必须参加。那会不会产生一系列的影响，我该如何解决？脑子这样一番飞速运转后，在微信里对儿子脱口而出：“现在明白我当初说的了吧，建议你改签，不要去了，是为了什么吗？”说的时候，自己也没觉得什么，甚至觉得自己非常在理。现在看着手机，我隔着屏幕都感受到了强烈的责备、抱怨和咄咄逼人的气息。儿子回我的信息更是给我上了一课。他说：“我本来也没有不明白你的意思，也不是不知道风险，隔离也没有任何情绪。但是你这句话一发，我火气很大。”看到他的回复，我瞬间清醒了，意识到了自己犯的错误。第一时间向儿子道歉，承认自己带了情绪。然后开始把自己拉回现实，聚焦当下，关心儿子被隔离需要做的事。

接下来，我继续进行了更深入的自我觉察，有了更多的收获。首先，庆幸儿子说出了他当时的真实感受，让我清醒了。其次，儿子已经是 20 岁的大学生了，法律意义上是成年人（尽管在很多家长眼里，大学生还是孩子），他也足够强大到可以表达他的真实感受，并让我知道。可是很多更年幼的孩子，或者虽年龄不小，但内心不够强大，没有“力气”在家长面前说出自己的真实感受。他们只是自己生闷气，或者进一步自我攻击、自我否认，然后不得不接受父母的指责和控制。即使孩子“有力气”说了真话，作为家长，还需要有接下来的自我觉察，以及承认和道歉的能力。就像不是每个孩子被家长“攻击”后都能“表达”或者“反击”一样，不是所有家长能够接住孩子的“表达”和“攻击”，能够承认自己的错误，接纳自己的不足和孩子的反馈，更别说道歉了。这些，同样需要力量。如果家长内心不够强大，感到承认错误和道歉是不能接受的，是会让自己变得更虚弱，那家长的反应可能就是暴跳如雷，进一步指责“明明就是你错了，还说不得了”。接下来，要么是更加激烈的对抗，要么是孩子选择回避，有事不再说，尽量少和家长说话，“你说啥就是啥”，实际上却是“我该干啥干啥”。这也就是为什么那么多家长觉得自己对孩子说的话一点用都没有，而且孩子干什么都不告诉家长。还有一种状况就是，孩子彻底“臣服”，像“斗败的公鸡”一样，从此失去斗志和活力，全听家长安排。能欣然接受家长安排倒也好，亲子关系的平衡达成了，孩子也就“享受”父母的一路安排。怕就怕，一方面只能服从，一方面却心有不甘，那就会出现“拉扯”，孩子就会处于“内耗”中，轻的，可能学习效率低下，寻求其他方面的满足，比如打游戏；严重的，久而久之可能会出现一些心理障碍甚至疾病。

作为有着相关知识素养的我，在这个瞬间，依然会说出这样的话，更何况很多根本没有这方面知识的家长，说出这样伤害孩子的话是在所难免的，很多时候，可能根本没认为这些话有问题，更别说事后觉察了。

我虽然立即进行了自我觉察，但内心情绪也不是一下子就平复的，认知也不是一下子就清晰的。

觉察后出现的第一个感受是“自责”，觉得自己太不称职。这时候不是关心孩子的处境，给予他积极的支持和无条件的爱，而是想到他带给我的一系列麻烦，进而联想到他“当初的不听话”，然后对他说出那么有攻击性的话。自己作为一个有专业知识的母亲，还犯这样的错误，觉得自己不够专业，水平差。由此联想到，以往上课时或者辅导时，要求或建议家长不要说“翻老账”的话，但真正做到是多么不容易。发现有自责情绪后，进一步觉察了一下，这也是对自己的“攻击”，是自己“希望一切都是好的，都是可控的”思维在作怪，要接受当下的自己，接受自己也有很多做不到，自己这样已经很不错了，不必苛责自己。能做到不苛责自己也就不会指责和抱怨孩子，同样，也就看到孩子“已经很不错了”。同理，这样的心态和方法，也适用于配偶、同事和其他人、其他事。

第二个感受是“委屈”。觉得凭什么呀，为什么道歉，自我觉察的都是我，难道就因为我是母亲，有相关专业知识？没有受过这方面教育，我行我素、随心所欲的家长，不也当得好好的吗？难道我就没有内心需要吗？我总是关注对方的心理需求，满足了别人，压抑了自己，那不是对自己也不好吗……难道只能“憋屈自己，成全孩子”吗……还想到，自己之前做的那么多次“对”的时候，也未必得到认可，现在“错”了一次，就要道歉、反省，那之前的那么多次“对”，有感谢过吗？说不定孩子根本不觉得那是妈妈“值得骄傲”的，而是认为“那就是应该的”……当我任由自己的“委屈”思绪飞舞一阵后，渐渐开始觉察到更深的自我。我所有的“委屈”产生，说明我内心依然有高高在上的优越感，高于其他家长，高于孩子，而不是平等心。没有平等看待自己和他人，会把自己的观念强加于人，认为自己是对的。所以，容易不放过每个“印证”自己正确的机会。会以自己的认知和标准要求他人，认为自己能做到的，别人也应该做到或者能够做到，忽略了他人的感受和需求。所以，很多“付出”和“做法”就带有心理上和道德上的坡度，认为自己是“施与”的一方，对方应该“心存感激”。如果对方“不领情”，或者自己觉得“不情愿”，就会出现“委屈”情绪。可事实上，如果所有的做法，都是基于对方视角，而不是自我视角，是基于对方的成长规律，基于对方的实际需要，然后对照这些规律和需要，反观自己所能，再采取措施和做法，就不会有优越感和委屈，也不会不断需要对方认可而得到满足。这一点，同样适用配偶、其他家庭成员和同事、朋友等。这一觉察，一下子让我神清气爽了很多，也意识到以往工作中有些“磕磕碰碰”“吃力不讨好”的事，并非只是对方有问题。

第三个感受就是“感谢”。要感谢儿子对我的这次“表达”和“还击”。有朋友得知我儿子这次和我的对话，对我说，“好像你儿子第一次怼你吧?”我回答说不是，他以前也怼我，但那是青春期的情绪，为了怼而怼，我能识别和接受。可这次不一样，是他真的有道理。对我和很多家长，都非常有警示作用。这是孩子的“声音”，不是每个家长都有机会“听到”，包括我自己。我感谢他用如此清晰的表达，让我感受到了家长这样的话语的“杀伤力”。

无独有偶，当天晚上和我妈视频，听说我外甥辞职后，原本以为没问题的两家单位最终都没有录用导致他处于失业状态，我姐脱口而出一句，“看吧，当初让你先别辞职，等新单位录用通知拿到再辞也不迟，就是不听，现在吃苦头了吧……”外甥立马就情绪不对了。我因为刚刚领略过这话的“杀伤力”，非常能明白外甥的反应和我姐的心理。这再次证明，孩子们面对这样的话语，都是“不能接受”的。而家长，犯这样的错误，真的是很普遍。

这让我想起了之前一个曾经有过进食障碍的孩子，和我聊起她妈妈时说的一些话。她不知道为什么，妈妈和她说话，经常会让她情绪“崩”。她也觉得妈妈说的有道理，可明明有哪些地方不对，自己又说不出来哪里不对，而且又说不过妈妈，“妈妈太能说了，我总是讲不过她。”可我又明明能感受到，我是不开心的，我是不能接受的，或者我不想那么做的。可她更有道理啊，我是不是只能听她的？可是，我更想听自己的，听我心里的那个声音。但是，我也没办法，我也不知道怎么办。我问她，是不是很无助，很挫败，想反击又不知道如何反击，有力气却不知道怎么用，用到哪里去，有那种很撕扯又很无力的感觉？她说，对的对的，所以，我选择节食，通过控制饮食，感受自己的“力量”，感受对自己的“可控”。妈妈喜欢我胖胖的，她最关心的就是我的饮食，她以把我“养得很好为骄傲”。我通过控制自己的饮食，也能感受到一份“对抗”她的力量，有那么一点点“获胜感”。同时，我选择“逃离”，去外地读书，就是想能更多体会到“自己做主”的那种“力量感”。

从这个孩子的诉说中也再次说明，妈妈们追求的“正确”和证实孩子的“错误”，对孩子的“杀伤力”是极大的。尽管这只是一句句“确实在理”的话语，或者一些所谓的“关心”，却对孩子产生了“杀伤力”，还破坏了亲子关系。很多家长可能不明白，我明明就是希望孩子不要“走弯路”“少受罪”，可怎么就变成“伤害”他们了？其实，孩子的路，终归是要他们自己走的，该受的“罪”也还是要受的。妈妈们一方面要抽离自己的那份“投射”，不要把自己的需要强加到孩子身上；另一方面要放下自认为的那份“责任”，让孩子为自己的言行和人生负责。只有这样，生命才能得到成长。

自救策略

☀ 先回想一下，自己和孩子交流的过程中，有没有孩子一下子就“炸”了的情况。当时是怎样的情景，自己说了什么话，孩子是如何回应的，自己又是怎么应对的，孩子后来的言行是怎样的。

☀ 以上的回想，可以写下来。也可以让其他家人一起回想同一事件，他们的感受和记忆是否相同。

☀ 可以和孩子讨论曾经对妈妈（或者爸爸）最不满的话，以及为什么不满。当时听到家长如此说，内心的感受是怎样的，后来是如何应对的。

☀ 真诚地向孩子或者配偶道歉，对自己曾经说过的某句话、做过的某件事。无论他们是否原谅，都要说。他们可能未必当时能说出原谅的话，但道歉对孩子是非常好的示范，对自己也是很大的进步。因为道歉是需要勇气的，同时，也是需要学习的。家长的道歉，既对事件本身的解决有积极意义，又能让孩子学习到道歉的方法，感受到道歉的力量和意义。

☀ 和孩子、家人约定，以后发现自己有什么让他们“不舒服”的言行，及时表达和告知。家人的及时沟通真的非常重要。但前提是，要以真诚的态度表达，并能以开放、平和的心态接受。

☀ 当你第一次接受“提意见”后，立即进行自我觉察，记录下自己当时的情绪体验、反应。真实记录就好，不要否认自己的任何情绪和感受，也不要自我攻击。然后再觉察，自己所有的情绪和感受背后的需求，看怎样才能既满足自己的需求，又不伤害他人。这就到了更深层的自我探索阶段，自己才能得到更多的成长。

☀ 当有了一次自我觉察改变自己的言行后，体会自己心里的感受，是否带来了不一样的感受。如果有，记下来，并继续实践，反复使用。

自问自答

➤ 孩子向你提出“抗议”的时候，你是怎样应对的，有没有进行过反思？如果有，是怎样的反思？如果发现自己确实有欠妥的地方，你会主动道歉吗？或者尝试做一些改变吗？如果有，是怎样改变的，效果如何？如果没有，是因为什么？

➤ 你小时候被父母用这样的语言说过吗？当时的感受是怎样的，你的反应是怎样的？

➤ 除了孩子，你对配偶、同事或其他人，说过类似的话吗？当时的情景是怎样的，他们的反应是怎样的，有人因此对你有过不满吗？

后 记

正如所有的成长都伴有或多或少的痛苦一样，书写的过程对于我，也是痛苦的。所幸，这痛苦背后，带给我更多的是成长。

2018 年 4 月，从第一次在儿子面前明确表达要写这样一本书开始，已经历时四年。这四年里，我一直被这本书在身后“逼”着。我花了大量时间阅读心理学和亲子教育类的书籍，丰富了自己的知识体系，更新了很多知识点，学到了很多新的理念。这直接导致我越来越怀疑自己的能力，越来越质疑这本书的意义和必要性，几度搁置书写，甚至想放弃。

某一天，我突然觉得，这像极了“生命成长”的过程。孩子们在“长大”的过程中，是不是也是如此这般“怀揣梦想”“不断探索”“不断求知”，可越是“学”得多，“看”得多，越会生出更多质疑和迷茫……青春期会如此，人生重大转折期会如此，职业发展瓶颈期会如此，亲密关系、亲子关系，无不让人生出诸多“自我怀疑”和“灵魂拷问”。但这，不正是人生的必经过程吗？这不正是人生“有滋有味”的地方吗？

于是，我突然明白，写这本书，对于我，就是一种成长方式，是一个“自救”的过程。用发展心理学的观点看，到了人生不同阶段的我，需要解决自己不同的人生问题，促进个人成长、个性发展，满足自己的心理需求和人生价值追求。我正走在探索人生的路上，探索自我更多可能性的路上，探索更全面发展的路上，探索更大价值的路上。

于是，我不再担心这书会不会有人看，不再担心看过的人会不会给我“差评”，不再担心会不会有人认为我是在“消费”儿子。也不再苦苦追问，把自己搞这么累值不值，也不再考虑别人追问，出书图什么。

写书的过程，是我不知不觉被滋养的过程。读过的每页书，就像自己吃过的每顿饭，不知不觉，就让自己“长”成了今天的样子。因为这样的成长，回看自己曾经的一些想法和做法，就像一年级孩子，骄傲地说自己幼儿园时候的言行“很幼稚”一样。如今的我，看到了曾经的我的“不成熟”和“幼稚”，但在更“成熟”的人眼中，我却依然“幼稚”如小学生。而此刻，我不会因为这份可能被认为的“幼稚”而失落、不满或者伤心，反倒多了一份欣喜。因着这份“稚嫩”，因着这份孩童般的求知欲、好奇心和探索力，仿佛看到了自己生命鲜活的成长和更多的可能性、更大的探索空间、更广阔的未知。脑海里冒出了“苟日新、日日新、又日新”的古训，仿佛一下子有些明白，生命的活力，和年龄无关，而是在于每天都能有所“更新”，有新的变化，新的成长。

所以，我觉得这本书最大的获益者是我自己。我多了很多自我觉察，不再像以前那么“确定”和“自以为是”；我多了很多不同的视角，不再像以前那么“确信”和“固执己见”；我多了很多欣喜和温暖，收获了很多感动和感谢，让我获得了前行的动力；我收获了勇气，不惧怕自己的稚嫩和不完美，不惧怕他人的质疑和不认可，不惧怕内心的迟疑和不确定……

这本书，带给我的，不是成功，也不是成名，而是成长。所以，这本书，对于我，最大的意义，就是用心“写”了。正如每个孩子的生命，最大的意义在于他们认真地“活”了，无关乎最后是否成功或成才。正如每个家长，不会因为确信孩子未来能成功或成才，才养育孩子。做家长的意义，在于孕育生命的种子，开启生命的神奇之旅。苛责自己，那我们可能就无法出发；追求完美，那我们可能就寸步难行……重要的是，我们真诚地“爱”过，用心地欣赏过孩子的生命奇迹带给我们的“新鲜”和“新奇”。也许，你会惊奇地发现，自己的生命，也有了新的定义和意义。

这本书，虽然是我写的，却又不只属于我。每个案例中的参与者，都是共同的书写者。而每一次的书写，又都会激发我新的思考，进而改变我的课件，或者改进我的工作，或者改善我的任何一次沟通、任意一次互动……而这些变化，又再次生发出新的案例和新的思考，成为新的书稿内容。生命就是如此交互产生了联结，本书就是如此被大家共同参与地书写着。

如果，你在书中看见了自己的“影子”，那么，你就不仅是我的同行者，还是本书的书写者。